학부(교직)학생과 교육대학원
(수학교육전공)학생을 위한 교재

수학
교육과정특론

편저 박영식

UUP.

수학교육과정특론

▪ 2013년 2월 20일 초판 인쇄 ▪ 2013년 2월 26일 초판 발행
▪ **편저자** 박영식 ▪ **펴낸이** 이 철
▪ **펴낸곳** **UUP.**(울산대학교출판부) 680-749 울산광역시 남구 대학로 93(무거동) 울산대학교 출판부
▪ 전화 (052)259-2488 팩스 (052)277-3011
▪ **홈페이지** http://uup.ulsan.ac.kr
▪ **출판등록** 제370-1996-000001호(1996.3.13)
▪ ₩ 16,000

ISBN 978.89.7868.303.6 (93370)

머리말

이 책은 교사가 되고자 하는 학생과 교육 현장에서 학생들을 가르치고 있는 교사들을 위한 교재로, 교육의 필요성을 알게 하고 교육의 목적이 무엇이며 교육의 구조가 어떤 것인지를 생각해 보여 주는 것이다. 즉, 교육과정의 이론과 교육의 목적에 대한 내용을 다루게 된다. 교육과정의 문제에 대해 다루는 사람에 따라 논하는 방식이 여러 가지이다. 어떤 사람은 교과서나 참고서, 지도서 등의 교육과정 자료들을 말하기도 하고, 또 어떤 사람들은 수업 외 활동들의 학교 전체 프로그램의 구성이나 그에 따른 문제들을 논하기도 한다. 예를 들면 어떤 학교의 교육과정이 너무 어렵고 복잡하다거나 실제생활과는 관련성이 적다는 등의 비판을 하기도 한다. 또는 바람직한 교육과정을 설계하기 위해 표준적인 방법이 있는지에 의문을 갖는 사람들고 있다. 교육과정의 문제에 대한 논의의 방식이 여러 가지 있지만, 여기에서는 교사들이 가르치는 장면에 직면하게 되는 교육과정의 보다 기본적인 질문을 다루고자 한다. 교육자들이 가지는 목적인 교육행위를 동기 짓고 안내하는 역할을 한다. 교육의 목적은 그 성격에 따라 추상적이고 장기적인 것이 있을 수 있고, 보다 구체적이고 실현적이면서도 즉각적인 성취가 가능한 것도 있을 수 있다. 제1장에서 "교육의 목적"에 대한 중요한 몇 가지를 살펴보고, 그 중에서 금세기 교육적 논의를 전통주의적 입장(traditionalists)과 진보주의적 입장(progressives)에서 비교하며 그들의 생각을 자연스럽게 교육과정의 문제에 접근 시켜 다음 주제들로 연결시키고자 한다. 제2장의 "교육과정의 합리화"는 선택된 교육의 목적을 달성하기 위하여 어떤 교육 프로그램이 마련되어져야 하는지를 논의하게 되며, 여기서는 그 목적을 달성하기 위해 적합한 학교 조직과 교육의 방식이 고려되어야 하고, 무엇을 가르쳐야 하는 것 못지않게 가르치는 방법이 더 중요하다. 제3장은 "교육과정 현상의 개념화"에서 교육과정에 대한 '이론화'의 문제를 살피고 교육과정의 개념을 학교에서 배워야 할 일련의 교과라고 보는 생각과 학생들이 가지는 경험의 총체라고 보는 생각 사이에는 어떤 차이가 있는가?를 말 하고자 한다. 제4장의 "교육과정 구성의 절차"에서 타일러, 슈왑 그리고 프레이리의 교육학 이론에서 제기된 내용을 기술하고, 제5장과 제6장에서는 교육과정에 대한 이론이 논의 되고 "교과내용의 선정, 조직 및 지도"의 제7장과 제8장의 "교육과정의 인지심리", 그리고 제9장의 "교육과정의 현안문제"가 논의 된다. 마지막에 부록으로 2009년 개정 수학과 교육과정(교육과학기술부 고시 제 2011-216호<별책 8>)을 수록하여 참고로 삼고자 한다.

편저

차례

5장 교육과정의 이론(Ⅰ)

6장 교육과정의 이론(Ⅱ)

7장 교과제용의 선정, 조직 및 지도

8장 교육과정과 인지 심리

9장 교육과정의 현안문제

색인

부록 2009년 개정 수학과 교육과정

1장
교육의 목적

1. 이상적인 교육의 목적

교육의 목적은 교육이 추구하는 가치관을 기반으로 성립되는 것이므로 이상적인 인간상을 구체화하는데, 가치관은 시대나 장소에 따라 또 학자에 따라 달라지게 되므로 교육목적도 다양하게 진술되어지고 있다.

고대 그리스 시대로부터 오늘날에 이르기까지 교육이 무엇이며, 그것이 어떠한 일을 하여야 하는가 하는 문제는 많은 서양 사상가들의 관심사가 되어왔다. 그 중에서도 서양 문명에서 교육적 사고와 행위에 깊은 영향을 주고 있는 인물로서 세 사람의 철학자를 생각할 수 있다. 일찍이 기원전 4세기에 『국가론(Republic)』을 저술하여 정의로운 사회의 건설을 위한 교육과 정부의 역할을 제안한 그리스의 철학자 플라톤(Platon ; 428~328 B.C.)』과, 18세기에 자유를 향한 교육의 주창서라고 할 수 있는 『에밀(Emil)』을 펴낸 프랑스의 정치철학자 루소

(Jean-Jacques Rousseau ; 1712~1788), 그리고 『민주주의와 교육(Democracy and Education)』이라는 저서를 통해 개인의 성장과 진보적 민주사회의 건설이 교육의 궁극적 목적이라는 점을 갈파한 20세기 미국의 철학자 존 듀이(John Dewey ; 1859~1952)가 바로 그러한 사람들이다.

이제 위의 세 철학자들이 주장하는 각 교육론의 내용을 살펴볼 차례이지만, 그 전에 우선 교육과정과 목적에 관한 논의가 그들의 교육에 관한 주장 속에서 어떠한 위치를 가지는지 알아보자. 위의 세 사람에게 있어 교육이란 이상적인 상태를 실현하기 위한 도구로 생각되었다. 그것은 플라톤에게 있어서는 정의로운 국가의 형성이요, 루소에게는 자유로운 개인의 성취이며, 그리고 듀이에게 있어서는 참된 민주사회의 건설이었다. 이처럼 그들이 생각하는 이상적인 상태란 아마도 완전한 성취가 불가능한 희망을 진술하고 있는 것인지도 모른다. 또한 그들의 희망 속에는 우리가 극복하고자 노력하는 정의롭지 못하고, 자유롭지 못하며, 민주적이지 못한 우리의 삶의 현실을 가정하고 있는 것이기도 하다. 따라서 그들은 우리들이 끊임없이 추구해 나아가야만 하는 이상적인 목적으로서의 선(善)이란 무엇인가를 말해주고 있는 셈이다. 그들은 우리로 하여금 정의와 자유와 민주주의를 값있게 여기도록 말해주고 있으며, 그것은 동시에 교육의 실천과 과정이 이러한 가치와 일관되게 이루어져야 하며, 그 일부분이나마 성취할 수 있도록 노력할 것을 제안하고 있는 것이다. 결국 그들의 주장은 인간의 행복한 삶을 추구하는 과정에서 선과 행복이 무엇을 의미하는지에 대한 판단을 말해주고 있으며, 이를 위한 교육의 역할을 강조하고 있는 것이다.

교육자는 마땅히 그러한 이상적인 목적을 가져야만 하는가? 영국의 현대 교육철학자인 피터스(R.S.Peters)는 교육활동에 있어 그러한 이상적인 목적을 생각하는 일이 반드시 필요한 것은 아니라고 주장하기도 한다. 그가 보기에 이처럼 듣기에는 가치 판단이나 실천 과정에 별반 도움을 주지 못한다는 것이다. 이에 대하여 다음에 소개될 플라톤과 루소, 그리고 듀이의 교육론에 대한 간략한 설명을 살펴보면서, 이상적인 교육의 목적이라는 것이 교사의 일상적인 가르침의 활동 속에서 어떠한 역할을 하고 있는 것인지 한번 생각해 봄직하다. 그것은 교육활동의 구체적인 실천에 꼭 필요한 것인가? 혹은 실제 활동과는 아무 관련없이 오직 교육대학이나 사범대학에서 가르쳐지는 저명한 철학자의 옳고 지당한 말씀에 불과한 것인가? 등을 생각하게 할 수 있다.

플라톤의 생각에 의하면 교육의 이상적인 목적은 정의로운 국가의 건설에 있다. 그의 대표적인 저서『국가론』을 보면, 소크라테스(Socrates)가 정의로운 사회의 건설을 위한 교육활동의 기본 전제가 되는 몇 가지 질문을 제시하는 것으로 시작된다. 정의란 무엇인가? 어떠한 사회적·정치적 삶의 형태가 정의로운 국가의 건설을 보장하는가? 정의로운 국가는 분명히 강자가 약자를 일방적인 방식으로 통치하는 사회는 아닐 것이다. 플라톤에게 있어 정의로운 사회는 서로 다른 집단간에 균형과 조화가 이루어진 상태이며, 사람들이 자신의 본성에 따라 공정하게 대우받는 사회라고 할 수 있다. 그러나 여기에서 사람들이 자신의 본성에 따라 대우받는다는 것은 무엇을 의미하는가? 플라톤의 생각에 따르면, 이상적인 도시국가는 가장 지성을 갖춘 집단에서 지배자가 나와 모든 시민을 공정하고 현명하게 다스리며, 용기있고 강인한 사람들은 군인이 되어 외부의 침입을 막는 일에 봉사하고, 재능이 재화의 생산과 관리에 있는 사람들은 농부나 장인이 되어 사회가 필요로 하는 일에 헌신하면서 각자가 자신의 분수를 지키는 사회인 것이다.

플라톤이 보기에 개인은 사회와 마찬가지로 개체를 구성하는 각 부분들이 균형과 조화를 이루며 가능할 때에 잘 성장할 수 있다. 고대 그리스인들은 인간의 몸이 크게 세 가지 영혼의 부분으로부터 우리를 움직이는 생기와 힘을 얻게 되는 것이다. 그가 말하는 영혼의 세 부분이란 우선 개인의 욕구와 필요를 표출하고 그 충족을 추구하는 '욕망의 부분(appetitive part)'과 자기 보호와 생존을 위하여 불필요한 욕구를 억제하는 '기개의 부분(spirited part)'이 있으며, 이러한 욕망과 신체적 행위에 대해 이성적 사고를 통한 현명한 판단을 제공해 주는 '이지적 부분(rational part)'으로 나누어진다.

이제 플라톤이 보는 행복한 사람이란 이러한 세 가지 영혼의 부분을 조화롭게 소유하고 있는 사람이요, 정의로운 국가란 곧 이 세 가지 종류의 기능을 갖춘 시민들이 균형을 이루고 있는 사회인 것이다.

그러나 모든 사람이 모두 이 세 가지 성질을 균형있게 갖추고 있기는 어려우며, 사람마다 서로 다른 특성과 능력, 재능들을 갖고 태어난다. 어떤 사람은 영혼의 욕망 부분이 특히 강한 경우도 있고, 기개의 부분에 크게 지배받는 사람도 있으며, 또한 이지적 부분이 크게 발달된 사람도 있다. 플라톤에게 있어 교육체제란 바로 이러한 개인적 차이를 가려내3고, 그들이 갖는 지배적인 영혼의 부분을 잘 훈련시켜서 균형있는 질서를 갖춘 정의로운 사회의 건설을 돕는 일이다. 욕망의 부분에 의해 강하게 지배되는 사람들은 농부나 건축가, 상인 또는 기능인이 되게 하여 자기 자신과 타인의 욕구를 충족시켜 줄 수 있도록 교육하고, 높은 기개를 갖고 있는 사람에게는 전쟁에 필요한 무예를 가르쳐서 병사나 경찰이 되도록 함으로써 내부적인 질서를 잡고 외적의 침입을 막는 일에 희생적으로 용감하게 봉사하도록 한다. 그리고 이지적 부분이 특히 발달한 사람들에게는 상당한 정도의 지적이고 철학적인 훈련을 통하여 현명한 입법가나 재판관 등 국가의 고위 지도자로 교육시킨다는 것이다. 따라서 플라톤이 그리는 궁극의 이상은 교육을 통하여 그 사회의 구성원들을 훈련시킴으로써 잘 움직여 가는 질서있고 균형잡힌 사회를 이룩하는 일이라고 할 수 있다. 오늘날의 학교교육은 어떠한가? 지금도 교육은 우리 사회가 필요로 하는 여러 가지 다양한 직업의 세계를 위해 학생들을 분류하여 훈련시키고 있다고 보는가? 그것은 정당한 일이라고 생각하는가? 교육과정과 목적의 문제를 생각할 때, 플라톤의 기본적인 논리에 찬성하는가? 등이 우리가 생각해 볼 수 있는 과제이다.

루소는 18세기 그가 살고 있던 당시 사회의 부패상을 보면서, 저서『에밀』의 첫머리에 다음과 같이 적고 있다.

> "조물주의 손을 떠날 때 모든 것이 선하였으나,
> 인간의 손에 넘어오면서 그것은 악해지고 만다.……
> 인간은 무엇이든 바꿔놓기를 좋아해서 어느 것 하나

> 자연이 만들어 놓은 상태 그대로 내버려 두려고 하지 않는다. 인간 그 자체도 마찬가지이다. 그들은 자기 자녀를 마치 길들여진 말처럼 자기에게 복종하도록 훈련시키고자 하고, 정원에 있는 나무처럼 자기가 원하는 모양으로 자라도록 만들고 싶어 한다."

이 글에서 알 수 있듯이 루소는 한 국가나 사회 또는 부모는 아동의 발달과 교육에 부정적인 영향을 주는 존재로 보았다. 그들은 사회화되고 교육받은 사람의 모습이 어떠해야 하는가에 대한 자신의 생각을 아동들로 하여금 무조건 동조하도록 강요함으로써, 아동들로부터 참된 자기의 모습을 잃어가도록 만들고 있다는 것이다.

루소는 그의 한 정치 논문에서 "인간은 본래가 자유로운 존재로 태어나지만, 사회속에서 수많은 쇠사슬에 묶이게 된다"고 주장하였다. 여기서 그가 말하는 '쇠사슬(chains)'이란 개인들로부터 그들의 참된 자아를 격리시키고 일정한 모습으로 조형해 가는 그 사회의 지배적인 인습의 제약을 의미하는 것이다. 루소가 생각하기에 인간이 자신의 본성에 충실하면서 참되고 진정한 개체로서 자유롭게 성장해 갈 수 있는 유일한 길은 인간 발달 과정에 있어서의 결정적 시기라고 할 수 있는 유아기에 사회의 영향을 받지 않도록 하는 일이다. 『에밀』은 바로 그의 이러한 이상적인 교육의 모습을 한 자유로운 청년의 발달 과정을 통하여 그리고 있는 것이다. 에밀이 12살에 이르기까지의 초기 교육은 책보다는 직접적인 경험을 통한 학습에 바탕을 두며, 성인들로부터 지도를 받기보다는 자연을 통한 학습을 강조한다. 루소의 기본적인 생각은 어린 아이들은 자유롭고 자연스럽게 커야만 한다는 것이다.

물론 에밀에게도 가정교사는 있었다. 그러나 가정교사의 역할은 학과를 지도하는 일이 아니라 그의 발달 과정을 따라 자유롭게 학습이 이루어지도록 돕는 일이었다. 자유롭고 자연스러운 학습이 어떻게 가능한가 하는 것은 에밀이 유리창을 깨뜨렸을 때 가정교사가 행한 지도 방식에 잘 나타나 있다. 어느 날 에밀이 몹시 화가 나서 그의 침대에 있는 유리창을 깨뜨렸을 때, 가정교사는 에밀을 야단치지 않았을 뿐만 아니라 그것을 고쳐놓도록 타이르지도 않은 채 그냥 내버려 두었다. 그날 밤 에밀은 너무 추워서 잠을 이룰 수가 없었고, 화가 난다고 유리창을 깨뜨린 것에 대해 스스로 후회하게 되었다. 가정교사는 이처럼 '자연스러운 방식(natural lessons)'으로 에밀을 교육하였고, 그러는 동안 그는 형식적인 가르침의 방해를 받지 않고 자신의 신체적, 정서적 특성들을 키워나갈 수 있었던 것이다.

에밀이 12살이 넘어 그의 신체와 감각이 발달했을 때, 그에 대한 교육은 지리학이나 천문학 등을 포함하는 보다 넓은 영역으로 확대되었지만, 여전히 형식적인 수업은 제공되지 않았다. 가정교사의 도움은 있었으나 사회로부터는 어떠한 영향도 받지 않은 채, 직접적인 관찰과 경험을 통해 지구나 다른 행성에 대해 알기도 하고, 스스로 목공일을 배워 자기에게 필요한 것을 만들기도 하였다. 에밀에게 처음 주어진 책은『로빈슨 크루소(Robinson Crusoe)』였다. 이 책을 통해 그는 글자 읽는 법을 배우고, 크루소의 좋은 경험들을 대리적으로 가질 수 있었다. 에밀이 14살쯤 되었을 때, 가정교사는 그로 하여금 지금까지의 모든 학습들이 결국 한 인간이 되기 위한 자발적인 노력이었음을 스스로 깨닫도록 인도하였다. 이로부터 에밀은 타인도 나와 마찬가지로 가치로운 존재라는 인식을 갖게 되고 타인에 대한 공감과 책임감을 느끼게 되는데, 이때가 에밀에게는 역사나 신학 또는 철학을 공부하기 시작할 때요, 사회의 자유롭고 책임감 있는 한 구성원이 되는 때인 것이다.

지금까지 살펴본 바와 같이 플라톤에게 있어서의 교육적 이상은 각 개인들을 적절히 교육하여 그 사회가 필요로 하는 분야에서 봉사하도록 함으로써 균형있게 잘 움직여가는 정의로운 사회를 이룩하는 데에 있는 반면에, 루소는 개인이 갖는 독특한 가치에 비중을 두고 있기 때문에 사람마다 각기 다른 개성과 인간성의 성취를 위해서는 교육애 있어서 자유가 무엇보다 중요한 것으로 여긴다. 이처럼 교육의 주된 목적을 개인에게 두어야 하는가? 혹은 사회에 두어야 하는가?의 문제는 교육의 역사에서 오랫동안 대립적인 갈등을 보여온 주제였다. 오늘날에도 예외는 아니어서 1980년대 교육을 통한 우리 사회의 정치적·경제적 발전을 추구하는 사람이나 급변하는 세계 속에서의 생존을 염려하는 많은 사람들은 국가보고서에서 우리의 교육이 고도산업사회에 필요한 사람을 길러내야 한다고 보며, 그러기 위해서는 교육의 수준을 높이고 기본 필수교과가 강조되어야 한다고 주장한다.

그러나 반면에 현대 사회세서의 교육의 비인간화 문제를 걱정하고, 1970년대 교육 속에서 개인의 필요와 의미를 강조하며, 개인이 갖는 차이에 따라 교육이 이루어져야 함을 주장하는 소리 또한 적지 않은 것이 사실이다.

듀이는 학교교육 속에서 이러한 두 가지 대립적인 관점의 그 어느 쪽도 일반적으로 무시되어서는 안 된다고 보았다. 즉 교육은 사회의 요구를 충족시키기 위해 개인의 발달을 침해할 수 없으며, 또한 사회의 균형과 조화를 희생시켜 가며 개인의 자유를 추구해서도 안된다는 것이다. 듀이는 플라톤이 개인간의 차이를 인식하고 사회생활에 있어서의 협동적인 관계를 중시한 점은 인정하지만, 플라톤이 인간의 차이점을 너무 좁게 생각하여 오직 세 가지 종류로만 인간의 재능을 구분하는 데에는 비판적이다. 민주주의 사회에서의 교육은 단지 노동자와 군인, 그리고 지도자의 세 계층을 길러내는 일 이상의 것이어야 한다고 그는 주장한다. 또한 듀이는 루소가 사람들의 서로 다른 개성을 강조하고 학습에 있어서 자유로운 경험을 중요하게 생각한 것에 대해서는 찬성하지만, 학습의 사회적 측면을 지나치게 경시하고 있다고 비판한다. 우리 인간의 천부적인 능력은 다른 사람과의 상호작용을 통하여 실현되고 발달될 수 있는 것이라고 그는 주장한다. 결국 듀이의 교육철학적 노력은 이처럼 사회와 개인이라고 하는 서로 조화될 수 없을 것처럼 보이는 두 가지 목적간에 조화를 추구하는 일이라고 할 수 있다.

듀이에게 있어 민주주의란 단순히 정부 운영의 한 가지 형태를 의미하는 것이 아니다. 그것은 사람들이 집단 속에서 자신의 경험과 관심과 가치를 자유롭게 교환하면서 함께 일하며 살아가는 공동의 삶의 방식이다. 민주주의는 또한 그 집단 속의 모든 사람들이 각기 한 개인으로 성장하고 발달할 수 있도록 도와주고 지원하는 사회적 환경이기도 한 것이다. 따라서 듀이가 생각하는 이상적인 학교는 '발생학적 사회 공동체(embryonic social community)'의 형태의 갖는 것이다. 그곳에서 학생들은 교사로부터 교과를 배울 뿐만 아니라, 학생 상호간의 협동 과정을 통하여 서로를 가르침으로써 인간 공동체의 한 구성원이 되는 법을 배우게 되는 것이다.

듀이의 교육론의 핵심을 이루는 아이디어는 진정한 학습은 오직 경험을 통해서 가능하다고 하는 생각이다. 한 개인이 자유롭게 성장 발달하기 위해서는 그 자신의 경험으로부터 학습이 이루어지지 않으면 안 된다. 이를 비유적으로 표현하면, 의미있는 학습이란 마치 탐험가 미지의 세계를 탐색하여 갖는 경험과 유사한 것이다. 탐험가는 미지의 세계를 모험하면서 새로운 전망에 놀라기도 하고, 처음 보는 폭포나 산을 발견하기도 하며, 희귀한 동물을 만나는 등 여러 가지 흥미로운 일들에 직면하기도 한다. 이제 탐험가가 여행에서 돌아오면, 그는 자기가 경험한 것을 토대로 탐험 지역에 대한 대략적인 묘사를 통하여 지도를 작성하게 되는 것이다. 그러나 교사들은 흔히 학생들에게 어떤 교과의 내용에 대한 지도를 주면서도, 그것이 학생들의 직접적인 경험과 관련을 맺도록 하는 데 실패함으로써 그 지도가 학생들에게 의미있고 유용한 학습이 되지 못하고 있다고 듀이는 비판한다. 이에 따라 "행함으로써 배운다"든가 "경험으로부터 배운다"는 말은 20세기 전반부에 듀이의 생각을 교육실천에 옮기고자 했던 많은 진보주의 교육론자들의 구호가 되기도 하였다.

경험을 통한 학습이라는 듀이의 아이디는 루소와 상당히 유사한 것이다. 그러나 듀이의 교육론에서 학생들에게 주어지는 자유란 루소가 보는 것과는 다른 것이다. 듀이에게 있어서의 자유란 참된 민주 사회의 건설에 도움이 되는 사회적 삶의 형태 속에 내재되어 있는 것이기 때문이다. 따라서 듀이는 이처럼 개인과 사회라고 하는 모두 가치로우면서도 서로 대립적인 것으로 보이는 두 목적간의 균형을 추구하고자 하였고, 이를 위해 자유롭지만 협동적인 이상적 민주 사회의 분위기 속에서 개인에 대한 풍부하고 의미있는 교육을 강조하였던 것이다.

이제 지금까지 살펴본 플라톤과 루소, 그리고 듀이가 말하는 목적이라는 것의 성질을 다시 생각해 보자. 분명 그들이 보는 교육의 목적이란 단순히 식물을 재배하거나 누구에겐가 타자기 치는 법을 가르치는 목적과는 다른 것이다. 식물을 재배하거나 타자기를 가르치는 일에는 어느 정도 정해진 절차가 있으나, 자유로운 개인들로 구성되는 정의롭고 민주적인 사회를 이룩하는 일은 그보다는 훨씬 복잡하고 까다로운 일이다. 더구나 채소를 재배한다거나 유능한 타이피스트를 길러내는 일은 얼핏 보아 얼마든지 성취 가능한 목적으로 보이지만, 정의롭고 자유로우며 완벽한 민주주의 사회를 성취한다는 것은 결코 가능할 것 같지 않아 보인다. 이러한 점에서 피터스는 이상적인 목적의 문제를 논의하는 핵심은 어디엔가 존재한다고 보는 결과를 얻는 일이 아니라, 바로 그것을 추구하는 과정과 절차에 있다고 보았다. 다시 말해서 교사가 정의나 자유 또는 민주주의와 같은 교육의 목적을 갖는다는 것은 교육자로서 정의롭고 자유로우며 민주적인 방식으로 교육을 행한다는 것을 의미한다는 것이다. 따라서 피터스에게 있어서 자유니 정의니 민주주의니 하는 것은 성취되어야 할 목적이라기보다는 오히려 어떤 방식으로든 교육의 과정을 통하여 전수되어야 할 가치인 것이다.

2. 진보주의와 전통주의의 관점

미국 교육에 있어 20세기의 전반부는 진보주의 교육론자와 전통주의자들 사이의 치열한 논쟁과 싸움의 시대였다고 말할 수 있다. 진보주의자들은 듀이의 생각에 따라 교육과정을 새로운 방식으로 보고자 했고, 반면에 전통주의자들은 지적으로 건전하고 문명화된 사회를 유지하는 데에는 기본 교육과정이 필수적이며, 그것은 변화될 필요가 없다고 주장하였다. 이러한 대립적 관점을 사이의 싸움은 특히 초등교육의 실제에 많은 영향을 주었고, 나아가 교육과정 이론에도 큰 영향을 미쳤다. 사실 이러한 진보주의와 전통주의 사이의 논쟁은 교육과정이론이 학교교육 내에서 하나의 공식적인 연구분야로 성장하는 데에 크게 기여했다고도 말할 수 있다.

미국에서 '교육과정 이론(curriculum theory)' 란 용어가 사용되기 시작한 것은 1920년대 일이며, 그것은 듀이의 이론에 따라 전통적인 미국 학교의 교육과정을 개편해 보고자 시도한 수백편의 다양한 논문과 주장들을 일컫는 말로 사용되었다. 교육과정 개편은 진보주의 교육운동의 한 단계라고 말할 수 있다. 진보주의 교육운동은 일찍이 1895년에 미국에서 시작되어 공식적으로는 1950년대에 '진보주의의 교육협회'가 해체됨으로써 그 막을 내리게 되었지만, 진보주의와 전통주의 사이의 견해차에 의해 야기된 교육개혁운동은 오늘날까지도 여러 가지 모습으로 계속되고 있다. 예컨대 1970년대 영국에서 제기된 유아교육의 개혁을 위한 움직임이나, 그것의 미국식 적용이라 할 수 있는 '개방교육(open education) 운동'은 진보주의적 개혁의 좋은 예이며, 1980년대 있었던 '기초교과 운동(back-to-basics reforms)'은 전통주의적 관점을 잘 반영하는 것이었다고 할 수 있다.

우리는 이따금 진보주의 교육운동을 하나의 단일한 움직임으로 이야기하기도 하지만 실제로 그것은 동일한 진보 프로그램을 가지는게 아니라 상당히 다양한 형태를 취한다. 일부 과학자를 중심으로 하는 진보주의 교육론자들은 교육실천에서의 보다 많은 과학적 접근을 주장하기도 하며, 사회 개혁을 주장하는 사람들은 진보주의 교육이 빈민들의 소외된 삶에 보다 많은 관심을 두어야 한다고 말하기도 한다. 또한 아직도 많은 사람들은 진보주의 교육을 아동들의 선한 본성에 바탕을 두는 아동중심 교육으로 이해하고 오늘날의 학교가 지나치게 획일화되고 통제적이어서 아동들의 정서를 오히려 해치고 있다고 개탄하기도 한다. 또한 몇몇 사람들은 교육혁신자로서 최근 이론과 유럽의 유명한 교육자로서의 실제를 연구하여 미국교육 또한 개혁되기를 원했다.

이처럼 진보주의 교육자들의 주장과 초점은 서로 다양하지만, 그들이 공통적으로 배격하는 것은 학교교육에서의 맹목적인 암기나 반복 훈련, 엄격한 훈육, 고정된 교과의 학습 등 아동들의 생활과는 별로 관련이 없는 것들을 성인들의 입장에서 일방적으로 가르치는 일이다. 그러나 그들이 이러한 교육의 문제점에 대해 제시하는 대안들은 역시 다양하기 이를 데 없다. 교육과정의 개선과 관련해서만 보더라도, 어떤 사람은 예술과 표현력을 중심으로 하는 프로그램을 제안하기도 하고, 또 다른 사람은 직업이나 가정의 일을 준비하기 위한 실제적인 훈련을 강조하기도 한다. 어떤 학자는 아동 각자의 필요에 부합하는 개별화된 교육과정이 있어야 한다고 말하는가 하면, 또 다른 학자는 아동들이 자신의 흥미와 목적에 따라 스스로 교육과정을 만들어내야 한다고 주장하기도 한다.

진보적 관점과 전통적 관점 사이에 있었던 교육과정에 대한 지금까지의 심각한 대결과 논쟁은 결국 상대방의 공격으로부터 서로의 입장을 옹호하여 자신들의 세계를 상대에게 분명히 인식하게 하려는 노력이었다고 할 수 있다. 이러한 과정 속에서 교육과정에 대한 많은 새로운 아이디어들을 만들어내게 되었으며, 그러한 아이디어들은 오늘날 교육과정 이론에 큰 영향을 미치고 있는 것이 사실이다.

따라서 진보주의와 전통주의적 관점이 갖는 핵심적인 아이디어를 아는 일은 오늘날의 교육과정에 대한 이론을 이해하는 데에 필수적이라고 하지 않을 수 없다. 다행스럽게도 미국의 진보주의 교육시대를 대표하는 중요한 사람들의 생각은 1927년에 출판된 미국교육학회의 제 26 차 연감에 잘 요약되어 있다. 이 연감은 교육과정 개혁운동에 있어 중요한 역할을 담당했던 시카고 대학과 콜롬비아 대학의 학자들을 중심으로 여러 차례의 회합을 거쳐 만들어진 것이었다. 진보주의 교육론자들의 이론적 지주였던 듀이는 이 책의 저술과 편찬에 직접 참여하지는 않았지만, 그의 저술로부터 인용된 많은 부분들이 이 책에 포함되어 있다. 또한 연감에는 전통적 관점도 언급되고 있을 뿐만 아니라, 그 당시의 대표적인 학교중심의 교육 과정 개혁자들이 '관련된 공헌자'로서 사례들을 소개하고 있다. 그 연감으로부터 진보주의적 관점과 전통주의적 관점의 차이점을 확연히 보여주는 몇 문장을 아래에 발췌해 본다. 여러 논문으로부터 내용을 추출하여 진보주의자(진)와 전통주의자(전) 사이의 가상의 대화의 형태를 꾸며 보았다.

진 : 올바른 학습이란 사람들로 하여금 보다 나은 삶을 갖도록 돕는 것이다. 다라서 우리(진보주의자)가 아동들의 교육과 학습에 대해 관심을 갖는 것은 우리의 아동들이 보다 나은 삶을 갖기를 원하기 때문이다. 아동들의 보다 풍요로운 삶, 그것이 우리의 기본적인 관심사인 것이다. 이를 위해서 우리는 무엇을 가르쳐야 할까? 분명 그것은 어른들의 문제에 대한 해답은 아닐 것이다. 우리의 절차는 마땅히 그것과는 달라야 한다.

전 : 우리 전통주의의 입장에서는 학교란 아직 유아기의 행동과 사고에 젖어 있는 아동들을 보다 성숙되고 사회화된 성인의 세계로 이끄는 중요한 사회적 기관이라고 보며, 또한 현재의 성인 세계야말로 우리가 가질 수 있는 가장 이상적인 상태라는 것을 믿어 의심치 않는다. 따라서 전통적 교육과정만이 문명화된 사회의 사고방식과 가장 이상적인 모범을 보여 줌으로써 사람들을 성숙된 개인이 되도록 해줄 수 있는 것이다.

진 : 오늘날 학교교육이 갖는 큰 문제 중의 하나는 학교에서 배우는 내용과 실제 생활 사이에 관련이 적다는 것이다. 교육과정과 사회생활과의 이러한 괴리는 마땅히 극복되어야 한다. 학교의 교육과정은 옛날 시대의 학문적 유물을 담을 것이 아니라. 오늘날 실제 생활의 내용을 담아야 한다. 그래서 아동들이 우리 사회의 산업과 경제의 구조를 알게 하고, 앞으로 직면하게 될 정치적 · 경제적 활동에 대비하도록 호의와 인내로 준비시켜야 한다. 더구나 급격한 산업화와 변화의 와중에서 젊은이들은 이에 분명히 대처할 수 있어야 한다. 따라서 우리는 유익한 주제를 학교교육과정에서 무시하는 대신, 학교교육과정에서 아동들의 지적인 능력 신장과 함께 중요한 사회적 생활의 방식들이 가르쳐질 수 있는 방안을 찾아야만 한다.

전 : 학교교육에서 기본 교과의 중요성은 결코 무시될 수 없다. "기초적인 속성의 대부분은 잘 변화되지 않는다. 세계의 모든 문명화된 나라의 학교에서는 기본적인 언어와 기초적 계산에 관한 교과가 초등교육의 중요한 부분을 차지하고 있다. 이는 결국 보편적인 기본교과의 교육을 통하여 인류의 보편적인 문명을 전수하는 것이 대중교육의 일차적인 기본 목표라는 점을 분명히 말해주는 것이다."

"대부분의 문명국가에서는 이러한 읽고, 쓰고, 셈하는 기본 교과 이외에 도덕교육에 상당한 강조를 두고 있으며, 시민교육과 건강교육 등을 기본 교과 못지않게 중시하고 있다."

"초등교육이 제법 발달된 나라들을 보면 공식적인 교육과정 속에서 기본 기능을 가르치는 교과 이외에 지식 차원에서 지리나 역사가 초등학교 교육과정의 근간을 이루고 있다."

"기본적인 교과들은 그것이 단기 전통 속에 오래 머물러 있기에 중요한 것일 뿐만 아니라, 오랜 세월 동안 진화의 과정을 거쳐 가장 적합하였기에 오늘날까지 살아남아 있는 것이다."

진 : 옳다. "우리는 아동들에게 읽고, 쓰고, 셈하는 것과 같은 일부 기본적인 내용들을 의무적으로 부과할 수 있다. 그러나 모든 것을 그렇게 할 수 있는 것이 아니다. 예컨대 우리는 어떤 아이에게 방과 후 에 반시간 동안 학교에 더 남아 있도록 시킬 수는 있지만, 그 동안에 친절을 배우도록 만들 수는 없다. 또한 정직성이 부족한 아이에게 내일까지 그것을 배워오도록 숙제로 부과할 수 있는 것도 아니다. 이러한 것들은 오직 생활 경험을 통해서만이 획득될 수 있는 것이기에, 교육과정은 마땅히 생활 경험을 바탕으로 이루어져야 한다."

"학생들은 흔히 무의미한 단어들을 반복해서 외기도 하며, 이해하지도 못하는 생각을 말하도록 요구받기도 하고, 교사가 이미 완성해서 마련해준 내용을 그대로 받아들이도록 강요당하기도 한다. 이러한 경우에 학습이란 학생들이 아무런 의미도 갖지 못한 채 제대로 이해하지도 못한 문장이나 공식을 잠시 머리 속에 보관

하였다가 교사가 요구하면 즉시 그대로 되 뱉어 놓는 능력을 의미하는 것에 불과하다."

"따라서 교육과정은 경험의 연속이란 측면에서 생각되어야 하며, 그것은 학습자들의 실제 생활과 최대한 유사하도록 마련되어져야 한다. 수업 자료는 학습자들이 실제적인 생활 문제를 잘 처리해 나가는데 도움을 줄 수 있는 내용들이 선정 · 조직되어야 하며, 수업의 방식은 학습자들이 그 과정을 통하여 최대한의 자아실현을 위해 책임 있는 가치 선택의 훈련을 경험할 수 있도록 하여야 한다."

전 : 올바른 자아실현을 위해서도 "학생들은 일정한 교육의 과정으로 안내되어야 한다. 아동들을 그대로 내버려두면 그들의 내적인 흥미와 충동이 자연스럽게 나타나서 우리들이 원하는 성숙되고 문명화된 상태로 그들을 이끌고 가리라고 믿는 것을 잘못된 생각이다. 문명은 사회적인 노력의 결과이다. 문명의 발전을 위해서는 사람들 사이의 협력이 필요하듯이, 그 유지를 위해서도 협력이 요청되는 것이다. 셰익스피어 혼자서 오늘의 영어를 만들어낸 것이 아니듯이, 어느 아동도 자기 혼자서 우리말을 변화시킬 수는 없다. 여러 사람의 안내와 도움을 바탕으로 오랜 기간의 노력을 통해 아동들은 우리 사회의 문화적 유산을 공유할 수 있게 되는 것이다. 이처럼 아동들의 본성은 저절로 성숙되어지는 것이 아니라, 우리 사회의 사고방식과 행동양식을 받아들임으로써 보다 의미 있게 실현되는 것이다. 따라

서 지식은 언제나 일정한 교과로 조직되고 정리되어야 한다.

진 : 그러나 "우리가 살고 있는 세계는 항상 변화한다. 오늘날의 사회 변화는 과거 그 어느 때보다도 빠르고 지속적일 뿐 아니라, 미래에 있어서는 그 변화가 더욱 가속화되리라는 점을 짐작하는 것은 어렵지 않다. 따라서 우리의 젊은이들은 알 수 없는 미래를 직면하게 될 것이다. 교육이 단지 과거만을 되풀이하고 있다면 시간은 이미 지나가버리고 만다. 교육은 마땅히 우리가 미지의 문명을 직면하게 되리라는 점을 알려주어야 하고, 교육과정은 이러한 내용을 충실히 반영하여야 한다."

지금까지 가상적인 논쟁의 형태로 인용된 문장들은 교육과정과 목적의 문제에 대하서 진보주의적 관점과 전통주의적 관점이 얼마나 다른 생각을 가지고 있는지를 잘 보여주고 있다. 이 양자 사이의 대립과 갈등이 상당히 컸기 때문에, 오늘날에도 많은 교육자들은 새로운 교육의 이론이나 실천에 대한 제안이 나오면 그것을 마치 정치에 있어서의 좌익이냐 우익이냐 또는 진보냐 보수냐 하는 것처럼 위의 두 극단적인 입장의 어느 한 쪽으로 분류하여 생각하고자 하는 경향이 있다. 이러한 단순 분류는 다소 모호한 생각들을 서로 연결시켜 보는 데에는 도움이 되기도 하지만, 새로운 생각을 그 자체로 받아들이는 우리의 능력을 방해하기도 한다. 이처럼 어떤 생각을 극단적인 입장으로 유형화하는 것은 위험한 일이라는 점을 인정하면서도, 보다 분명한 이해를 돕기 위해서 다음에 진보주의적 관점과 전통주의적 관점이 갖는 일반적인 특징을 간략히 대비적으로 제시해 보고자 한다. 아래 내용을 읽어가면서 지금 받고 있거나 혹은 행하고 있는 교육의 모습과 견주어서 그 입장을 생각해 볼 수 있을 것이다.

진보주의자들은 변화를 선호한다. 그들은 현상의 유지라는 점보다는 사물이 변화하는 방식에 보다 관심을 갖는다. 현재는 언제나 불완전한 것이기에 개선되어야만 한다고 본다. 우리는 언제나 보다 나은 미래를 만들기 위해 오늘을 살고 있기 때문이다. 반면에 전통주의자들은 변화에 대해 회의적이다. 우리 인류는 지식과 문화의 축적을 위해 오랫동안 노력해왔고, 그것은 간단히 버리고 변화시키기에는 너무나 값진 것들이다. 따라서 전통주의자에게 있어 보다 나은 미래는 과거의 성취를 바탕으로 할 때만이 가능한 것이다. 전통주의자들이 이처럼 과거를 중시하는 점은 진보주의자들의 입장에서 보면 그것은 복고적이거나 보수적인 것으로 여겨지기도 한다.

진보주의는 역사를 역동적인 것으로 본다. 경제 · 사회 · 정치 등 모든 것이 계속적으로 변화하기 때문에, 우리는 이러한 변화에 따라 우리의 생각과 행동을 맞추어 나가는 방법을 배워야 한다는 것이다. 우리는 과거로부터 전해지는 값진 것을 보존하려고 일부러 애쓸 필요가 없다. 사실 우리 인간의 행위 속에는 우리가 지키고자 하는 유산보다도 더 많은 과거의 타성이 내재되어 있기 때문이다. 어린 묘목이 숲속의 늙은 거목을 쓰러뜨리듯이 진보주의자들에게 있어 오늘은 “시간을 넘어서”라는 개념처럼 어제와는 무관한 새로운 출발이 되는 것이다. 그러나 전통주의자들에게 과거란 우리가 배우고, 그리고 다음 세대로 전달해 주어야 되는 값진 유산으로서 마땅히 존중되어야만 하는 것으로 여겨진다.

진보주의자들은 자신들을 젊은이의 편에 세운다. 젊은이들은 과거의 편견에 물들지 않았기 때문에, 순수하고 선하며 기존의 질서에 대해 만족하지 못하나 나이가 들면서 선입견과 악에 익숙해진다는 것이다. 반면에 전통주의자들은 성숙한 성인만이 아동들이 무엇을 배워야 할 것인가에 대해 현명한 판단을 내려줄 수 있다고 생각한다. 젊은이들의 무분별한 충동을 억제하고, 그들에게 과거의 지혜를 올바르게 전달해 주기 위해서도 교육 속에서 훈육은 반드시 필요하다고 전통주의자들은 믿는다.

진보주의자들에게 있어 자유는 훈육이나 질서보다 더 중요하게 여겨진다. 그것은 자유로운 탐색만이 보다 나은 미래로 가는 길을 찾는 유일한 방법이라고 보기 때문이다. 현재의 생활 속에서 사람들이 갖는 실제적인 경험은 현재와는 다른 과거의 지혜보다 더 확실한 안내자가 될 수 있다고 본다. 모든 행동과 생각은 테스트되고 실험되어져야 한다. 반면에 전통주의자들은 학문적인 교과의 탐구만이 인간의 정신을 단련시키고 이를 통해 얻어지는 합리성과 지식의 형식이 모든 인간 문제를 해결하는 기초가 된다고 주장한다. 또한 우리가 갖는 전통과 제도의 중요성은 그것이 인간의 삶에 질서를 부여해 주는 점에 있다고 전통주의자들은 믿는다.

진보주의자들이 보기에 한 사회에서 권력의 지배층에 있는 사람들은 전통적 관점에 힘입어 소위 '지배적인 여론'이란 이름으로 권위적인 사회 통제를 행하고자 하는 경향이 있다. 이를 막기 위해서는 각 개인들이 자기 자신의 입장에서 생각하는 법을 배워야 하며, 자신의 생각에 따라 활동하도록 격려되어야 한다. 새로운 생각을 갖는 창조적인 개인들만이 기존의 전통에 의한 맹목적인 지배에서 벗어나서 급변하는 조건에 지혜롭게 대처할 수 있다고 진보주의자들은 말한다.

진보적 관점과 전통적 관점의 차이점을 살펴보면서 알 수 있듯이, 교육과정 이론이란 결국 사람들이 무엇인가에 대해 강하게 느끼고 있는 생각을 나타내고 있는 것이라고 말할 수 있다. 거기서 제기되고 있는 질문들은 단순히 학문적 관심에 그치는 것이 아니라, 우리 자신을 위해 무엇이 옳고 무엇이 중요한가? 라는 문제와 밀접히 관련되어 있으며, 더 나아가 그것은 개인적인 차원을 넘어 사회적인, 그리고 문화적인 깊이로까지 확대되어 간다. 아이들에게 무엇을 어떻게 가르칠 것인가를 결정하는 동안, 우리는 개인과 사회와 문화에 대한 정체감을 표현하고 도전을 받게 된다. 이러한 문제에 대해 우리가 옳고 중요하다고 생각하는 것을 주장하는 과정에서, 우리는 언제나 우리와 입장을 달리하는 사람들로부터 공격을 받을 수도 있고, 또는 우리 자신의 믿음에 대해 회의를 느낄 수도 있다. 그러나 교육자는 이러한 위험을 두려워해서도 안되고 피할 수도 없다. 교육자가 교육과정의 문제에 대해서 아무 것도 생각하지 않는다는 것은 어떤 한 가지 입장을 열심히 주장하는 것과 마찬가지로 똑같이 책임을 져야 할 성질의 것이기 때문이다.

또한 교육과정 이론은 단지 이론가만의 관심사가 아니라 많은 사람들이 직접적으로 그것과 관련되어 있다는 특징을 갖는다. 이러한 점에서 교육과정 이론은 일반 과학이나 다른 학문적 이론과는 다르다. 그것은 오히려 인간의 본성 그 자체의 이해에 큰 영향을 주었던 코페르니쿠스의 지동설이나 다윈의 진화론, 마르크스의 경제이론, 또는 프로이드의 심리학 이론과 유사한 것으로 보는 것이 옳을 것이다. 사람들은 이런 이론의 진실성에 의문을 가지면서 위기에 처한 것 같이 느낀다. 즉 일상적으로 교육과정의 이론을 포함한 이러한 종류의 이론들은 수학의 어떤 이론이나 공식보다 자신들의 개인적인 문제에 직접적인 영향을 준다고 생각한다.

플라톤이나 루소 또는 듀이의 교육론에서 나타난 이상적인 목적이 우리의 교육활동에 직접적인 도움을 주든 아니든, 또 교육의 목적과 과정에 대한 진보주의와 전통주의의 견해가 우리의 생각과 일치하든 않든 간에, 우리는 이러한 문제에 대해서 계속 생각해보지 않으면 안된다. 어쩌면 이러한 문제는 영원히 답할 수 없는 것인지도 모르지만, 역시 우리가 끊임없는 사고와 논의를 통해 그 해답을 찾아가야만 되는 중요한 질문임에는 틀림이 없다. 교육과정에 관해 사고하는 방식은 이 책에서 소개될 많은 방식 중 가장 기초적인 것이 될 것이다.

2장
교육과정의 합리화

국가수준의 교육과정이 특별한 학습이론 위에 세워지는 것을 기대하지는 않지만, 정치적·사회적·문화적 통합과 국가의 시대적·사회적 요구를 충족시키기 위해서 국가 차원에서 계획을 수립하는 것으로 단순한 주제의 나열이 되어서는 안된다.

교사들은 물론 이러한 고차적인 목적 이외에도 학생들에게 문자를 가르치거나, 직업 훈련을 시키고, 비판적사고력을 기르는 등 보다 구체적이고 직접적인 목표를 갖기도 한다. 그러나 그 어떤 경우이든 교사는 어떤 내용을, 어떤 순서로, 어떻게 조직하여, 어떠한 방법으로 가르칠 것인지에 대해 생각하고 계획을 세우지 않으면 안 된다. 따라서 교육과정과 목적의 문제에서 생각해야 할 또 하나의 과제는 교육의 "무엇"과 "어떻게"라는 문제와 관련하여 교육과정을 합리화하고 명료화하는 과제라고 할 수 있다.

합리적으로 정당화된 교육과정이란 그 중요한 내용들이 타당하고 적절한 판단에 의해 입증된 것이라고 볼 수 있다. 이러한 판단은 흔히 목적과 수단의 관계라고 하는 연결 고리의 형태를 취하게 된다. 예컨대 어떤 한 가지 의사결정이나 행동은 보다 직접적인 목표에 의해 정당화되고, 그 목표는 다시 보다 이상적이고 고차적인 목적에 의해서 정당화되는 것이다. 이러한 방식으로 정당화되지 못한 교육과정은 단지 우리가 직감적으로 좋다고 말할 수 있을지 모르지만, 다른 사람들에게 그 정당함을 합리적으로 설명할 수는 없는 것이다.

이제 제2장에서는 목적의 결정과 프로그램의 개발, 그리고 수업의 전개라고 하는 교육활동의 세 가지 측면이 갖는 상호 관련성을 살펴보고자 한다. 물론 이러한 문제들이 앞에서 살펴본 플라톤이나 루소, 그리고 듀이의 교육론이나 진보주의와 전통주의의 관전에 대한 논의에서 다루어지지 않았던 것은 아니다. 오히려 그 반대일 것이다. 플라톤은 이미 시민의 세 가지 계층에 따라 달리 가르쳐야 되는 교과들을 제시하였고, 루소는 에밀이 배워야 할 교육내용을 분명히 밝힌 것은 물론 학습에 도움이 되는 장면의 설정과 교사의 적절한 역할까지도 규정하였으며, 또한 듀이도 교육과정의 합리화를 위한 프로그램과 수업에 관한 전통주의자와 진보주의자들이 논쟁을 지금까지 살펴보았다. 따라서 이제 우리가 하고자 하는 일은 왜, 어떤 목적이 추구될만한 가치가 있는가? 하는 문제로부터 이상적이든 고차적이든 간에 어떤 종류의 프로그램과 어떤 방식의 수업전략이 주어진 목적을 성취하는 데에 적절한가 하는 문제로 논의의 초점을 옮기고자 하는 것이다.

1. 기본 교과 지도 목적의 강화

우리가 여기서 논의하고자 하는 내용의 보다 나은 이해를 돕기 위해서 한 가지 가상적인 상황을 그려보자. 이제 여러분에게 가게 앞이나 붉은 헛간으로 된 학교에서 가르칠 기회가 주어졌다면 어떻게 할 것인가를 생각해보라. 당신을 고용한 학부모들은 '기본적인 내용들(the basics)'을 가르치기길 원했다. 자! 이제 여러분들은 어떤 교사들을 채용하여 어떤 내용들을 가르치겠는가? 그 학교가 도시에 있는 경우와 시골에 있는 경우에 따라 그 내용은 달라지겠는가? 학생들이 갖는 학교 생활의 일과표도 지역에 따라 달라져야 하는가? 교사들에게 어떠한 교수 방법이나 전략을 사용하도록 요구하겠는가? 여러분들이 이러한 가상의 질문에 대해서 한번 생각해 본다면, 창조적으로 목표에 도착하게 되든 묵시적으로 동의하게만 되든 간에 교육과정과 수업활동의 합리화라는 문제와 관련해서 우리가 생각해야 될 많은 과제와 직면하게 될 것이다.

여러분들은 우선 기본 교과를 가르치는 목적을 보다 분명히 해야 할 필요를 느낄 것이다. 그리고는 아마도 그 학교의 교육과정 속에 어떤 교과를 어떤 순서로 배열하여 편성할 것인가를 궁리하게 될 것이다. 또한 각 교과 속에는 어떠한 내용들이 교과서나 학습자료에 포함되어야 하는가도 생각하지 않을 수 없다. 만약에 여러분의 기본 교육과정이 훌륭한 시민을 길러내는데 목적을 두고 있다면, 그 교육과정은 문학과 문화 · 역사 같은 순수 학문적인 내용보다는 우리 사회의 정치적 변천과정 등을 보다 중요하게 다루게 될 것이기 때문이다. 또한 여러분들은 학교의 구조적인 면에도 관심을 두어야 한다. 만약 책임감을 기르는 일이 교육과정의 기본적이고 중요한 목표 중의 하나라면, 그러한 책임감을 경험 할 수 있는 기회가 주어져야 할 뿐만 아니라, 학교의 일반적인 분위기 자체가 그러한 방향으로 조성되어야 하기 때문이다. 여러분의 학교 분위기는 어떤 모습이기를 원하는가? 모든 것이 잘 길들여지고 조직되어 있고 정돈되어 있는 모습을 원하는가, 혹은 자유롭고 창의적이며 호기심이 가득찬 분위기이기를 바라는가? 도대체 학생들에게 가르쳐야 할 기본적인 내용이란 무엇인가? 교육과정을 합리화라는 데에는 프로그램과 수업과 관련지어 고려해야 할 요소가 많다.

이제 여러분이 교장으로 있는 가상의 학교에서 가르치도록 요청 받은 기본적이고 기초적인 내용이 무엇이어야 하는지를 생각해보자. 교육의 전체적인 차원에서 볼 때, 무엇보다도 글을 읽고 쓰는 능력을 가르치는 일이 교육활동의 기본적인 내용이라고 생각하는 사람들이 많다. 오늘날에는 책이나 다른 인쇄물을 통해서 많은 사실들을 알게 되는데, 이를 위 학생들은 마땅히 읽고 쓰고 셈하는 기본 능력을 갖춰야 한다는 것이다. 어떤 사람들은 현대사회가 점점 과학화되어 예전의 문자중심 사회로부터 TV나 전자매체 중심의 사회로 옮아가고 있기 때문에 이제는 글자를 읽고 쓰는 것이 필수적인 것은 아니라고 주장하기도 하지만, 점점 복잡해지는 사회생활 속에서 일상적인 업무나 복잡한 컴퓨터 작업에서도 글자와 숫자의 중요성은 결코 무시될 수 없는 것이다.

반면에 어떤 사람들은 대인관계의 기법이 교육의 기본이 되어야 한다고 생각하기도 한다. 병적으로 지나치게 수줍음을 잘 타는 사람이나 폭력적이고 공격적인 사람은 그가 비록 읽고 쓰고 셈하는 능력을 다 갖추었다고 하더라도 사회생활에 올바로 적응해 나갈 수가 없을 뿐만 아니라, 정서적으로 장애가 있는 아동들은 올바른 학습을 갖기도 어렵다는 것이다. 이러한 입장에서 보면 여러분들은 얼마나 많은 학생들이 정서적인 문제나 대인 관계상의 문제를 겪고 있으며, 그로 인해 학습에 장애를 받고 있는지, 그리고 우리 학교의 교사들은 이러한 문제들을 다루도록 얼마나 훈련되어 있는지와 같은 질문을 따져 보아야만 할 것이다.

그런가 하면 어떤 사람은 교육의 주 임무는 국가를 보존하는 일이라고 주장하고, 이를 위해서는 내부적인 싸움과 혼란을 막기 위한 정치 시민교육이 문자교육보다 기본이 되어야 한다고 믿기도 한다. 다른 사람들은 인간 생활에 있어 모든 것의 바탕이 되는 것은 생존과 건강이라고 믿고, 안전과 영양, 체육 등을 포함하는 건강교육의 중요성을 강조하기도 한다. 또 어떤 사람들은 생산적이고 풍요로운 사회가 인간의 행복을 위한 전제 조건이 되기 때문에 경제교육이나 직업훈련이 학교교육의 핵심이 되어야 한다고 말하기도 하고, 다른 사람은 과학교육만이 자연 세계에 대한 이해와 활용을 통해 인간의 복지와 행복을 위한 전제 조건이 되기 때문에 경제교육이나 직업훈련이 학교교육의 핵심이 되어야 한다고 말하기도 하고, 다른 사람은 과학교육만이 자연 세계에 대한 이해와 활용을 통해 인간의 복지와 행복을 직접 또는 간접으로 증진시켜 줄 수 있다고 생각하기도 한다. 또 어떤 사람은 우리의 삶에 의미를 부여해 주는 종교교육이 기본이 되어야 한다고 하기도 하고, 다른 사람은 삶을 보다 가치있게 해주는 것은 예술교육이라고 주장하기도 한다. 기본 교과를 강조하는 것은 무엇이 가장 기본적인가를 확인할 수 있다는 가정하에서 가능하다.

무엇이 기본 교과인가에 대한 이러한 다양한 생각 속에서 교육과정을 합리화하는 과제는 결국 교육과정의 목적을 보다 분명하게 명료화하는 일이라고 할 수 있다. 그것은 궁극적으로 학교교육에서 무엇을 가르치고 어떻게 교육과정을 조작할 것인가? 라는 문제의 준거를 제공해주기 때문이다. 실제적으로 많은 경우 이러한 과제는 국가가 조직하는 위원회나 지방 교육청이 그 역할을 수행하기도 한다. 그 좋은 예로써 20세기의 시작을 전후해서 미국에서 발표된 기본 교과에 대한 두 위원회의 보고서를 생각해 볼 수 있다. 그 하나는 1893년에 발표된 고등학교 교육과정에 대한'10인 위원회'의 보고서이며, 다른 하나는 '중등교육개편위원회'가 1918년 미국 중등교육의 개선을 목적으로 제시한 보고서인바, 이 두 가지 보고서는 지금까지도 미국 학교의 교육과정에 많은 영향을 미치고 있다.

10인 위원회는 19세기 후반에 급격한 대중교육의 확장과 지방화에 다른 혼란을 극복하고 고등학교 교육과정의 표준화를 모색하기위해서 미국 교육연합회에 의해 구성되었다. 당시 미국의 지도적인 대학들은 고등학교가 학생들의 대학입학을 위해 보다 엄격한 학문적 준비를 시켜야 한다고 생각하고 있었다. 위원회의 대부분이 교과전문가로서 대학의 총학장이거나 사립학교의 교장들로 구성되었던 10인 위원회가 이러한 대학의 입장을 반영한 것은 당연한 일이었다. 그들은 결국 고등학교의 교육과정은 성인 생활에 대한 효과적인 준비를 위해 전통적인 교과들로 구성되어져야 한다고 제안 하였는데 그 속에는 국어, 수학, 역사, 과학, 라틴어 그리고 몇 가지 외국어들이 포함되어 있었다. 이러한 학문지향의 대학 입시준비를 위한 교육과정 전통은 오늘날에도 살아 있으며, 여기에서 교육과정을 만드는 일은 흔히 교과목의 명칭을 열거하고 그 내용과 순서를 구체화하는 일로 여겨진다.

교육연합회의 또 다른 위원회였던 '중등교육개편위원회'는 과거의 10인 위원회가 전통주의적인 입장을 대변한데 대한 진보주의자들의 대응 활동이었다. 본 위원회의 취지는 단지 대학에 진학하는 학생만이 아니라, 그보다 더 많은 일반적인 학생들을 위한 기본적인 교육과정을 마련하고자 하는 것이었다. 따라서 그들이 보는 고등학교 교육과정의 목적은 대학의 요구를 반영하는 것이 아니라, 학생 개인과 사회의 요구를 따라야 한다는 것이었다. 본 위원회가 제시한 일곱 가지의 내용은 다음과 같다.

1. 건강
2. 기초적인 의사소통의 수단
   (읽기, 쓰기, 셈하기 및 의사표현)
3. 원만한 가족관계
4. 직업훈련
5. 시민정신
6. 여가 시간의 적절한 활용
7. 윤리적 특성

중등교육개편위원회는 중등학교의 교육과정이 위와 같은

목적들을 준거로 하여 합리화 되어야 한다고 보고, 모든 교과들은 이 준거를 기준으로 재조직되어야 한다고 주장하였다. 또한 이러한 그들의 목적을 효율적으로 달성하기 위하여 두 가지 영속적인 제도적 변화를 가져오게 하였는데, 그 하나는 서로 다른 연령층의 젊은이들이 갖는 다양한 욕구에 맞추기 위해 중학교와 고등학교를 구분하는 것이었고, 다른 하나는 모든 학생들에게 풍부하고 다양한 교육과정을 제공하고 교육을 실제 생활과 직결시키기 위하여 종합학교 체제를 확립하는 일이었다.

위에서 살펴본 대로 중등교육의 목적에 대한 두 위원회의 서로 다른 대립적인 견해는 그것이 단지 교육의 모습이 성인의 생활을 준비하기 위해 본래 어떠해야 하는가에 대한 일반적인 관점의 차이에서 오는 것일 뿐만 아니라, 각각의 생각이 그 시대의 상황을 반영하고 있다는 점을 파악하는 것이 중요하다. 10인 위원회는 19세기 말 미국의 상황이 급격한 이민자의 증가로 인하여 학생들이 대학교육을 받을 수 있는 준비가 제대로 이루어지지 못함을 지적하고, 보다 엄격한 학문지향의 교육과정을 강조하였던 것이다. 그러나 그로부터 약 20여년이 지난 후에는 고등학교를 졸업하고도 대학에 진학하지 않는 젊은이들의 수가 점점 증가하였으며, 1918년 중등교육개편위원회가 볼 때에는 그들에게 학문적인 교과만을 가르치는 것은 그 사회의 생산적인 구성원으로서 살아가도록 하는 데에 도움을 주지 못한다고 보았던 것이다. 따라서 그들은 보다 실제적이고 유용한 교과들을 고등학교 교육과정 속에 포함시키도록 요구하였던 것이다. 결국 시계의 추는 두 대립적인 관점 사이를 왕복운동 하고 있다고 볼 수 있다.

이처럼 시대적 상황에 대한 인식과 재인식의 반복 과정은 교육적 조망을 갖는 일이 일시적일 수밖에 없음을 말해 주는 듯하다. 어쩌면 그것은 오히려 당연한 일인지도 모른다. 시간이 흐름에 따라 관점이 달라지는 것은 새로운 문제와 요구, 그리고 재개념화된 목적들을 받아들이는 자연스럽고 합리적인 변화라고 할 수 있다. 따라서 교육자들은 교육과정과 실제 생활 사이의 관계를 보다 타당하고 합리적인 모습으로 개선해 나가기 위해서 끊임없이 노력하여야 한다. 그러나 이러한 변화는 이따금 성실한 교육실천가들에게 난처한 일이 될 수도 있다. 한 가지 교육의 관점에서 형성된 목표들로부터 갑자기 다른 관점의 목표로 옮겨간다거나, 지금 제대로 정착되어 운영되고 있는 교육과정을 개편하고 조정한다는 것은 쉬운 일이 아니기 때문에다. 그러나 교육과정을 합리화하는 일은 단지 지나간 날에 대한 단순히 별난 활동이 아니라, 오늘과 내일을 바라보는 교육개혁 작업의 핵심이 되는 것이다. 따라서 교육과정과 목적에 대한 계속적인 재인식과 이해는 우리 교육자들의 되풀이되는 과제인 것이다.

2. 교육과정과 생활의 연계

교육과정의 합리화라는 문제와 관련하여 보다 최근에 이루어진 논의의 한 예로서 영국의 교육학자 반토크(G.R. Bantock)의 경유를 들 수 있다. 그는 오늘날 학교교육이 갖는 문제는 문화의 역사적 변천 과정으로부터 잉태된 것이라고 분석하고, 이것의 치유를 위해서는 교육의 목적과 내용에 있어 획기적인 변화가 있어야만 한다고 주장하였다.

반토크이 논의에 따르면, 금세기의 산업화가 시작되기 전까지는 서구 문명은 크게 두 가지 종류의 문화로 구성되어 있었다. 그 하나는 주로 상류계층에 국한되었던 읽고 쓰기 중심의 '고급문화(high culture)'였다. 그런데 금세기의 산업화와 함께 노동계층 사람들의 이상 생활이 점점 매마르게 되었고, 따라서 그들이 문화도 쇠퇴하게 되었다. 노동이란 본래 인간에게 감각적이고 정서적인 만족을 제공해 주는 것으로써 서민예술의 원천적 자료가 되어 왔으나, 이제 산업화된 사회에서의 노동은 더 이상 미적 감각이나 정서적 잠재성과는 관계가 없는 기계와 같은 판에 밝힌 일이 되고 말았다. 따라서 오늘날에는 효율성만을 강조하는 기계적인 노동의 개념이 과거에 농장이나 상점 또는 서민 가정에 널리 펴져있던 유기적이고 자연스러운 인간관계의 모습을 바꿔놓게 되었다는 것이다.

19세기 후반 초등 의무교육의 확대와 함께 유렵의 대다수 노동계층 자녀들에게는 상류계층만이 소유하던 고급 문자문화의 기초가 되는 읽고 쓰기가 중요하게 가르쳐지게 되었고, 반면에 면면히 이어져 오던 서민문화의 흔적은 무자비하게 제거되고 말았다. 이제 학교에서 문화라고 하면 곧 교육받은 소수의 문화-즉, 사고되고 말해지는 최상의 것-를 지칭하게 되었고, 구전문화나 그 당시의 대중문화인 비문자 예술 즉 춤추고 노래하고 손으로 만들며 흥미를 동반하는 예술-은 오늘날 대중문화에 밀려나게 되었다.

이러한 고급문화 중심의 교육은 서민문화에 익숙한 노동계층의 아이들에게 생활로부터의 소외라는 결과만을 가져다

준다. 초등교육에서 몇 년 동안 배운 단편적인 고급 문자문화의 조각들을 가지고 노동계층의 자녀들은 고급문화 속에 완전히 동화될 수 있는 것도 아니고, 성인이 된 후에 만족스러운 생활을 위한 준비도 제대로 할 수 없게 되었기 때문이다. 학교는 추상적이고 관념적인 정신적 생활을 강조하지만, 노동계층의 자녀들이 자라난 실제적인 상황은 감각과 감정에 입각한 직접적인 접촉과 즉각적인 참여에 바탕을 둔 생활방식이다. 따라서 옛날이나 지금이나 학교교육은 그 학교 인구의 대다수를 차지하는 일반 서민 대중에게는 적합하지 못하다는 주장이다.

반토크는 오늘날 우리 사회에 대중 매체를 중심으로 형성된 또 다른 대중문화(popular culture)가 있다고 믿는다. 그러나 그것은 서민문화와는 다른 것이다. 오늘날의 대중문화는 서민들에 의해 창조되는 문화가 아니라, 오히려 그들의 의해 소비되고 있는 문화라고 할 수 있다. 그렇지만 그것도 역시 비문자적인 것이 주를 이루며, 감각과 감정에 직접적으로 호소한다는 점에서는 서민문화와 유사한 것이다. 이런 점에서 볼 때, 집에서는 전혀 다른 대중문화 속에 파묻혀 사는 아이들에게 학교는 아직도 옛날 고급문화의 유물들을 가르치고 있다는 것이다. 그러나 또 어떤 사람들은 이렇게 이야기하기도 한다. 학교에서 가르쳐지는 내용 속에 담겨진 세계는 영원히 변화하지 않는 진리의 세계를 대변해 준다. 그러나 대중문화라고 하는 것은 어느 똑똑한 친구들이 돈벌이를 위해 막연히 떠다니는 정서나 열망들을 이용하여 만들어낸 것이기 때문에, 그것은 비현실적인 꿈을 일깨워주기보다는 더욱 부추기고 키워가는 것이다." 이제 우리는 학교에서 아이들에게 어떤 문화를 가르쳐야만 할까? 반토크가 보기에 이것은

20세기의 교육이 갖는 가장 큰 딜레마인 것이다.

일반적으로 말해서 사람들이 갖는 문화라고 하는 것은 정서에 바탕을 둔 것이다. 나는 지금까지 그것이 얼마나 값싸고 보잘 것 없는 문화인가 하는 것을 여러 차례 지적하였다. 그것은 참된 정서에 어긋날 뿐 아니라, 올바른 인간관계의 본질적인 모습도 보여주지 못한다. 그것은 오히려 우리의 진실된 공감을 저해하고 허약한 감상주의나 키워준다. 그러나 역시 이러한 문화도 우리 사회의 교육받지 못한 많은 사람들에게 관심과 흥미를 끌고 있다. 그것은 확실히 학교가 성취하는 정도 못지 않게 젊은이들의 마음을 사로잡는다.

어떤 종류의 교육과정이 학교가 갖는 이러한 갈등을 해결해 줄수 있을까? 우선 반토크는 귀족적인 문자문화의 배경을 가진 아동들과 대중문화 출신의 아동들을 동시에 모두 만족시킬 수 있는 그런 교육과정은 없다고 본다. 상류사회 출신의 아동들에게는 그들이 장차 그문화에 다시 적응할 수 있도록 하기 위해서 전통적인 문자 중심의 교육과정이 가장 선호된다. 사실 상류사회 사람들이 오늘날의 학교교육에 대해 가장 우려하고 있는 점은 학교나 과학이나 기술 관련 교과들을 도입함으로써 아동들에게 회의주의를 조장하고 물질적 사고를 부추기면서, 반면에 고급 상류문화의 핵심으로 할 수 있는 정신적이고 미적인 관심들을 훼손시키고 있다는 것이다. 그러나 반토크는 이러한 생각은 시대에 뒤떨어진 것으로 수정되어야 할 필요가 있다고 믿는다.

하류계층의 아동들을 위한 교육과정은 전적으로 다시 생각되어야 한다고 본다. 하류계층 아동들의 교육을 위해서는 특히 사고와 감정의 결합을 도모할 필요가 있는데, 이를 통해서 그들이 갖는 보다 직접적인 참여나 감각·느낌 등의 특성을 적절히 활용할 수가 있다. 그러나 이러한 방식은 궁극적으로 아동들로 하여금 보다 세련되고 진실된 모습으로 세상을 살아갈 수 있도록 도와주는 것이어야 한다. 반토크는 초등교육의 일차적인 목적은 정서교육에 두어야 한다고 보았다. 이러한 정서교육은 한 개인이 현재 가지고 있는 정서가 무엇인지를 알게 할 뿐 아니라, 더 나아가 보다 새롭고 정교하며 보다 분명한 정서를 경험할 수 있도록 해주는 것이어야 한다.

반토크가 제안하고 있는 대안적인 교육과정의 핵심은 예술의 내용과 방법을 활용하는 것이다. 그는 우선 아동들에게 맨 처음 가르쳐져야 할 내용으로써 율동교육(movement education)을 제안한다. 아동들은 이를 통해서 일정한 방식으로 공간을 지각하고 자신의 감정을 표현하는 법을 배운다. 즉 아동들은 자신의 감정을 보다 효율적으로 전달하기 위해서 주어진 공간 속에서 자기가 어디에 서고 어디로 옮겨가야 하는지에 대해서 생각하고 알게 되는 것이다.

연극적인 율동과 표정의 연속은 하나의 이야기가 될 수 있고, 이 표정은 다시 상징으로서의 언어로 연결된다. 결국 이러한 율동이나 연극과 같은 행위예술들은 20세기 대중예술의 주된 형태라고 할 수 있는 라디오나 영화, 텔레비전들과 자연스럽게 연계되고, 아동들은 그들의 학교 밖에서 경험하는 대중매체에 대해 보다 새로운 인식을 갖게 된다는 것이다.

더 나아가서 학구적인 경향성을 갖고 있지 않은 아동들을 위해서는 가정생활을 준비시키고, 직접적인 접촉과 참여라고 하는 학습원칙에 따라 직업과 기술 교육을 실시하여야 한다. 이러한 교육과정 속에서 강조되어야 할 것은 아동들의 정서적, 미적, 그리고 지적인 능력을 고양시키기 위한 모든 노력은 반드시 그 아동들이 교육을 받은 후에 살아가게 될 문화, 즉 익숙된 문화로부터 그 자료들이 선택 활용되어져야 한다는 점이다.

두 가지 사회계층에 따라 교육과정의 내용을 달리 하자는 반토크의 제안은 유럽에서도 그렇겠지만 미국에서도 정치적 또는 이념적인 이유로 해서 받아들이기는 어려울 것이다. 그것은 일찍이 듀이가 플라톤의 세 계층에 따른 교육을 비민주적이라고 비판한 이유와 같다. 그러나 반토크는 민주주의나 평등주의의 입장을 사전에 고려하고 있는 듯하다. 그의 제안이 하류계층의 사람들을 단지 예속된 상태에 만족하도록 만들 우려가 있다는 비판에 대해, 반토크는 오히려 민주주의를 표방하는 오늘날의 학교가 하류계층의 자녀들에게 보장해 주고 있는 삶의 모습이 어떤 것인지를 되묻고 있다. 그것은 "공장 안에서 영혼을 파괴시키는 기계적인 작업일 뿐"이라고 그는 대답한다. 그렇지만 그가 제안하고 있는 교육과정은 아동들에게 응용 예술이나 통신, 설계 등 다양한 종류의 직업 세계를 준비시켜 줌으로써, 그들에게 적절한 물리적 보상을 줄 뿐만 아니라 최대의 개인적인 만족을 제공해 줄 수도 있다고 주장한다. "학교교육을 받기만 하면 모든 학생들이 명성있는 엘리트 직업을 가질 수 있으리라는 기대는 환상에 불과한 것이다. 그것은 오직 극소수의 사람에게만 가능한 것이다."고 반토크는 말한다.

교육과정의 합리화와 관련하여 지금까지 살펴본 몇 가지 예들은 어떤 철학적 입장이나 상황의 분석을 통해 얻어진 목적이라는 것이 교육과정의 실제에 어떻게 영향을 주고 있는지를 잘 보여주고 있다. 두 가지 이상의 예에서 그들이 무엇을 말하고자 하는지 알게 될 것이다. 특히 반토크의 경우로부터 우리가 배워야 할 중요한 점은 교육과정의 의도적인 선택과 합리화의 방식은 개인들의 삶과 미래의 모습은 물론 나아가 그 사회의 미래에까지 큰 영향을 미치게 된다는 것이다.

여기서 이 장의 서두에서 이야기되었던 여러분이 교장으로 부임한 가상 학교에 대해서 다시 생각해보자. 이제 여러분들은 기본 교과를 가르치기 위한 가상 학교의 교육과정을 어떻게 마련할 것인지를 궁리해보라. 기본 교육을 한다는 것은 무엇을 의미하는가? 만약 그 학교가 농업을 위주로 하는 시골에 소재하고 있다면, 어떤 상황적 요소들이 고려되어야 할까? 기본 교과를 가르치는 것 자체에 동의하는가? 교육과정은 교과를 중심으로 조직되어야 하는가, 혹은 목적에 따라 조직되어야 하는가? 여러분은 학생들을 그들이 살고 있는 지역사회에 잘 적응하도록 하는 데에 일차적인 관심과 목표를 둘 것인가? 만약 그 학교가 도시의 빈민촌이나 혹은 부유촌에 위치해 있다면, 여러분들의 교육과정 프로그램은 달라져야 하는가? 달라져야 한다면 그 차이점은 무엇이라고 보는가?

3. 교양교육과 전문교육

어떻게 하면 교육이 각 개인들의 다양한 요구를 만족시켜주면서 동시에 한 사회의 결속력을 도모할 수 있을까? 이것은 일찍이 듀이의 고민이기도 했지만, 미국과 같이 모든 사람들에게 평등한 교육을 제공하고자 하는 사회가 공통적으로 갖는 문제이기도 하다.

1940년대 중반에 미국 하바드 대학의 한 위원회는『자유사회에 있어서의 교양교육』이라고 이름 붙여진 보고서에서 이 문제를 다음과 같이 표현하고 있다.

> 전체적인 면에서 교육은 두 가지 목적을 갖는다. 그 하나는 젊은이들로 하여금 그들 각자의 독특한 삶을 갖도록 돕는 일이요, 다른 하나는 한 사회의 시민이요 문화계승자로서 타인과 함께 공통의 생활 영역을 갖도록 하는 일이다. 이렇게 볼 때 문제는 보다 분명해진다. 그것은 어떻게 하면 사람마다 다른 개성과 특징에 맞추어 전문교육을 할 수 있으며, 동시에 시민으로서 필요한 공통 유산을 가르칠 수 있는가 하는 것이다. 따라서 이상적인 교육의 모습은 능력이 많은 사람에게나 좀 부족한 사람에게나 손재주가 뛰어난 사람에게나 머리가 좋은 사람에게나 공정하여야 하며, 개인의 서로 다른 요구를 만족시켜 주면서도 민주주의의 뿌리라고 할 수 있는 인간의 동료의식을 길러주는 것이어야 한다.

이러한 생각을 구현하기 위하여 위의 보고서는 모든 학생을 위한 기본 교양교육을 제안하고 있다. 즉 학생들은 각자 자기의 능력에 따라 인문과학이나 사회과학과 자연과학의 분야에서 세부적으로 전문화되지 않은 내용들을 학습함으로써 인류의 공통적인 유산을 함께 소유하도록 해야 한다는 것이다.

20세기 중반에 있어서의 교육의 제반 문제점들을 진단한 다음에, 하바드위원회(Harvard Committee)는 모든 학생들에게 능력과 흥미에 따른 전문교육을 제공하면서 동시에 일반적이고 공통적인 교양을 주어야 하는 어려운 과업을 완성시킬 수 있는 교육과정을 마련하고자 노력하였다. 그 결과 그들이 내놓은 교육과정의 모형은 당연히 교과목의 절반 정도가 일반교육을 위한 과목으로 구성하도록 하는 것이었다. 고등학교에서는 세 과목으로 나누어지는데 영어, 과학과 수학, 사회학이다. 이러한 일반 교과는 비전문가를 위한 교양교육에 목적을 둔다. 교양교육은 학생들에게 미래의 시민으로서 필요한 공통적 자질을 갖도록 하는 일뿐만 아니라, 그들의 정신적 능력을 계발시켜주는 목적을 갖는다. "이러한 정신적 능력이란 사람들로 하여금 효율적으로 사고하고, 생각을 전달하며, 올바른 판단을 내리고, 다양한 가치들을 변별할 수 있게 해주는 것이다." 이러한 교양교육을 바탕으로 해서 학생들은 이제 자신이 갖고자 하는 직업에 적합한 기술과 전문교육을 받을 필요가 있다. 이러한 전문교육은 학생들로 하여금 자기의 재능과 기술을 발휘하게 함으로써 그 사회의 생산적인 시민이 될 수 있게 하는 것이다. "따라서 이제 우리의 결론은 교육의 목적은 개인들로 하여금 그들의 직업 세계에서 각기 전문가가 되게 하면서, 동시에 자유로운 시민으로서의 일반적인 소양을 갖도록 하는 데에 두어야 한다는 것이다. 그러므로, 지금까지 사회계층에 따라 달리 주어지던 이러한 두 가지 교육의 모습은 이제 모든 사람에게 함께 실시되어야만 한다."

하바드위원회의 주장은 앞에서 논의되었던 반토크의 경우와 마찬가지로 교육에 있어 사회계층의 문제를 고려하고 있지만, 교육과정에 대한 제안은 전혀 다른 모습을 갖는다. 이처럼 교육의 문제에 대한 논의에서 합일점을 찾는다는 것은 쉽지 않으며, 설혹 의견의 일치를 본다고 하더라도 그 적용에 있어 또한 일관성을 갖기가 어렵다. 그러나 교육과정을 합리화하고, 그 조직을 명료하게 하며, 가능한 선택들을 분명히 하고, 바람직한 목적을 성취하기 위한 일반적 교수방안을 찾는 일들은 결코 헛된 노력이 아니다. 비록 우리가 서로의 합의점을 찾지는 못한다고 하더라도, 최소한 선택해야 할 가능성은 분명해지는 것이다. 우리가 하바드위원회의 입장에 따른 교육과정을 선택한다면 우리 사회는 개인의 재능을 인정하고 촉진하면서도 사회통합을 위한 공통의 지적 기능을 보다 강조하게 되는 것이고, 반토크의 이원적 교육과정을 따른다면 고급문화에 가치를 두면서도 하류계층의 학생들에게 보다 많은 직업교육의 기회와 개인적 만족을 주는 사회교육이 될 것이다.

4. 수월과 평등성

하바드위원회의 보고서가 발표된 지 20여년이 지난 뒤 교양교육과 전문교육의 문제는 조금 다른 모습으로 다시 논의의 대상이 되었다. 제 2차 세계대전이 끝난 뒤인 1950년대는 미국에서 진보주의 교육이 이제 그 막바지에 도달해 있었고, 학교 교육과정이 지나치게 학구적인 경향성을 잃고 있다는 비판이 여기저기서 제기되었던 때이다. 당시는 미국과 소련 사이에 긴장된 대립관계가 형성되어 있었으며, 교육만이 아닌 여러 분야에서 경쟁적 분위기가 고조되어 있었다. 1957년 소련이 스푸트니크(Sputnik)라 이름 붙여진 최초의 인공우주위성을 쏘아올렸을 때, 미국에서는 높은 수준의 학문적 성취를 보장하는 보다 엄격한 교육 프로그램을 요구하는 소리가 높아졌고, 수학이나 과학 교과를 중심으로 교육내용을 재구성하고자 하는 교육과정 개편 운동이 전국적으로 일어나게 되었고 대부분이 오늘날까지 이용되고 있다.

스푸트니크호의 발사가 있기 전까지 20세기의 전반을 풍미하였던 진보주의는 사실 학문적 수월과는 다소 거리가 있었다. 물론 학문적으로 재능을 가진 아동에게는 그것이 필요하겠지만, 개인과 사회의 복지라고 하는 교육의 일차적인 목적을 위해서는 그렇게 많은 학문적 교육이 필요한 것은 아니라고 진보주의자들은 믿었다. 그들은 오히려 교육이 학문적 재능을 갖고 있는 소수를 위해 이루어지기보다는 다수의 젊은이들을 위한 것이어야 한다고 주장한다. 진보주의자들이 보기에 이 문제는 이미 20세기 전반에 10인 위원회가 제안했던 대학입시 중심의 학구적 교육과정을 몰아내고, 그들이 제안한 일곱 가지 기본 원칙을 달성하기 위한 평등주의 교육과정이 확립되었을 때 싸움은 이미 끝난 것이라고 보았다. 그러나 스푸트니크 사건 이후 중등교육에 있어서의 학문적 수월을 요구하는 목소리가 다시 커짐에 따라 진보주의의 계승자들은 또 한 차례의 싸움을 피할 수 없게 되었다.

버네트(Joe Burnett), 스미스(Othanel Smith), 그리고 브라우디(Harry Broudy) 등은『미국 중등교육에 있어서의 민주주의와 수월』이라는 저서를 통해 이 두 가지 문제의 갈등, 즉 스푸트니크 호의 파장으로 인해 거세어진 학문적 수월에 대한 요구와 민주주의 사회에 있어서의 교육의 이상 사이의 마찰을 조화시키고자 시도하였다. 그들은 교육에 있어서의 민주주의라는 것이 무엇을 의미하는지를 재확인하면서, "현대 사회가 갖고 있는 기술공학적 자원은 소수의 엘리트만을 위해서가 아니라, 모든 사람들의 수월성을 추구할 수 있도록 사용되어야만 한다."고 주장한다. 이러한 생각에 따라 그들은 수월성과 평등성을 조화시키는 중등학교의 교육과정을 마련해 보고자 하였다. 그들은 우선 모든 학생들에게 똑같이 제공되는 공통 교육과정이 필요하다고 보았다. 이것은 "그 시대를 살아가는 데 있어 가장 중요하고 널리 이용되는 기능이나 지식 또는 가치와 같은 것들을 포함하고 있어야 한다."는 것이다. 또한 그들은 당시의 진보적 교육과정이 지나치게 복잡하고 단편적이었다는 점, 이해와 지성에 바탕을 둔 유연한 태도보다는 지나치게 즉각적인 경험과 행동을 강조했다는 점, 가치 문제를 등한시 했다는 점, 그리고 지식이 어렵지만 올바른 응용과 언어적 행동을 소홀히 다루었다는 점들을 비판하면서, 이러한 단점들을 보완하기 위한 교육과정을 구상하고자 하였다.

브라우디 등의 저서는 교육 프로그램의 합리적 정당화를 보여주는 좋은 예라고 보기 때문에, 교육과정의 합리화가 이루어지는 범위와 정도를 알아 보기 위해서 그 책에 대한 설명을 좀더 계속해보고자 한다. 그들의 책은 현대의 대중사회가 갖는 교육과정에 대한 요구를 분석하는 일로부터 시작하는데, 그 결과는 시민정신과 직업적 능력, 그리고 자아실현이라는 세 가지로 요약된다. 대중 통신매체의 등장, 그리고 대량적인 생산과 소비의 경향으로 야기되는 고도의 기술사회 등장은 학교 프로그램에 새로운 요구를 제시하고 있다. 이에 따라 모든 사람들은 직업적 능력을 갖추기 위해서 어떤 한 가지 영역에 대해 전문가로서의 지식과 기능이 필요할 뿐 아니라, 시민으로서의 자질을 갖추기 위해서는 다른 영역에 대해서도 일반적인 지식을 갖고 있어야 한다. 전문가와 비전문가들은 같은 기초 지식에서도 요구되는게 다르다. 전문가는 자기의 분야에서 일어나는 직업적 문제에 대해 관련 지식과 실제를 잘 알고 있어야 하지만, 비전문가들도 자신들이 직면하는 문제해결을 위해 대략적이지만 강력한 인지적 또는 평가적 안목을 갖고 있을 필요가 있다.

사람들이 학교에서 배운 지식 내용을 그대로 써먹게 되는 경우란 그리 많지 않다. 대부분 그것은 새로운 상황에 맞추어 변화시켜야만 된다. 이러한 지식의 전환은 인지적인 해석을 포함하기도 하고 평가적인 관점을 요구하기도 한다.

모든 학생들에게 이 목표를 이해시키기 위해 이들은 다음 영역을 가진 프로그램을 제안했다.

1. 정보의 기호(언어와 수학)
2. 기초 과학
3. 발달 연구(우주의 진화, 사회 기관의 변천, 인류 문화의 발전)
4. 모범적인 본보기(예술)
5. 도덕적인 문제(전형적인 사회적 문제)

모든 학생들은 위에 제시된 영역들을 전부 공부하게 되지만, 자기가 그 분야의 전문적 지식이 필요한가 혹은 일반적 지식만 있으면 되는가에 따라 그 깊이와 방식이 다양하게 된다. 이를 위해 저자들은 중등학교가 일년 단위의 학년제를 취할 것이 아니라, 학생들이 각자의 능력에 따라 주어진 과제를 자유롭게 해 나갈 수 있는 제도를 따르도록 권하고 있다. 또한 위의 다섯 가지 영역을 구성함으로써, 모든 학생에게는 일반교육을 위한 공통 프로그램으로 줄 수도 있고, 동시에 전문교육을 위한 높은 수준의 프로그램으로 제공될 수도 있도록 하였다.

브라우디, 스미스, 버네트의 주장을 살펴보면서 우리는 그들의 제안이 하바드보고서에서 논의된 목적이나 관심과 상당히 유사하다는 것을 알게 된다. 그러나 두 제안을 좀더 자세히 들여다보면 역시 구체적인 면에서 많은 차이가 있음을 발견하게 된다. 유사한 목적을 갖는다고 해서 언제나 유사한 프로그램을 낳게 되는 것은 아니다. 브라우디 등의 저서는 다음 장에서 학교교육이 학교밖에서는 달리 사용되는 지식의 개념화와 관련하여 다시 다루게 되겠지만, 여기서 우리는 교육과정의 합리화에 대한 지금까지의 논의를 다시 정리해 볼 필요가 있다.

지금 미국은 표준적이고 합리화된 교육과정을 가지고 있지 않다. 그리고 그것은 앞으로도 쉽게 이루어질 것 같지 않다. 그동안 교육과정이 어떠한 모습을 가져야 하는가에 대한 수많은 제안이 있어 왔고, 각 학교의 교육과정과 구조 프로그램간에는 적지 않은 유사점이 있기도 하지만 역시 다양한 차이점을 보이기도 한다. 교육과정을 합리화하는 일은 아주 당연한 것 같으면서도 그것이 결코 쉬운 일이 아님을 우리는 보아왔다. 교육의 목적에 대한 합의를 보는 일조차 쉽지 않다. 비록 기본 교과를 가르쳐야 한다는 점에서 의견이 갈라지기도 한다. 또한 시대는 바뀐다. 비록 한때 그 당시의 요구를 만족시키는 합의된 교육과정이 있었다고 하더라도, 그것은 시간이 흐르면 다시 여러 가지 문제를 야기시키게 된다. 예컨대 소수의 사람들만이 고등학교를 졸업하고 또 그들의 대다수가 대학에 진학하던 때에는 대학입시 준비를 위한 엄격한 학문중심의 교육과정이 적절하였지만, 이제 보다 많은 학생들이 고등학교를 졸업하고 직접 직업 세계로 진출하는 상황에서는 그러한 학문적 교육과정은 더 이상 현재의 상황과 일치될 수 없고 이전의 목표에 불과하다. 학생과 교육자들은 항상 교육과정의 합리화를 재평가하게 되고 개혁에 대한 제안도 시계추처럼 반복된다. 또한 사회적 상황을 같이 인식한다고 하더라도 그것이 곧 같은 교육계획을 가져오지는 않는다는 점도 지적하였다. 우리 사회에 서로 다른 계층이 있다고 인정한다면, 그들의 요구를 모두 만족시킬 수 있는 최선의 방안은 무엇일까? 하바드 위원회와 반토크의 서로 다른 제안은 우리에게 갈등을 더해 준다. 그리고 1960년대에 브라우디 등에 의해 종합적이고 구체적인 교육과정 합리화를 위한 제안이 있었지만, 그것은 아직 실천에 옮겨진 바가 없다.

이러한 모든 문제에 우리가 해야 할 일은 무엇인가? 교육의 목적을 생각하고, 그것에 따라 교육과정의 명료화와 합리화를 찾는 일은 모두 쓸데없는 헛수고일 뿐인가? 혹은 그러한 일은 우리의 교육실천에 현재든 혹은 변화된 어떠한 모습으로든 도움을 준다고 보는가?

3장
교육과정 현상의 개념화

지금까지 우리가 살펴본 질문들은 실은 교육의 본질을 묻는 것이었다고 할 수 있다. 왜 교육을 하는가? 교육과정은 어떻게 조직 되어야 하는가? 사회적인 문제나 교육적인 문제는 교육과정의 개편과 설계에 어떻게 반영되어야 하는가? 등과 같은 질문들이 그러한 것이었다.

그러나 이 시점에서 우리는 또 다른 종류의 질문을 생각해 보아야만 한다. 지식이란 무엇인가? 어떠한 종류의 지식이 가르치고 배워질 수 있는가? 교과목의 명칭을 나열하는 것이 교육과정을 개념화하는 유일한 최선의 방법인가? 교사나 교육과정 개발자들은 교육과정의 구성을 위한 기본 자료를 무엇이라고 보는가? 이 장에서 우리는 이러한 질문이 담고 있는 문제들을 살펴보고자 한다. 그러나 그것은 프로그램의 개발과 수업의 전개라고 하는 교육과정의 현상과 관련해서만 논의하게 될 것이다.

우선 '개념화한다(conceptualizing)'는 말의 의미를 분명히 하고 들어가자. 여기서 어떤 것을 개념화한다는 것은 그것에 대한 사고와 논의의 방식을 개발한다는 것을 의미한다. 개념화의 활동 속에는 그것과 다른 것의 차이점을 구별짓는다든가, 그것을 정의내리고, 이름을 붙이기도 하며, 그것의 중요한 특징을 설명하는 일들이 포함되기도 한다. 우리가 어떤 것을 잘 개념화할 수만 있다면 그 현상을 이해하는 데에 많은 도움을 받을 수 있다. 예컨대 무게도 없는 플로지스톤(phlogiston)이란 가상의 액체에 의해 열이 전도되는 것이라고 개념화할 동안에는 열이 중요한 역할을 하던 과학의 여러 분야에서 진보가 더디었다. 그러나 열의 전도 현상을 분자의 움직임으로 개념화 해줌으로써 과학의 연구들은 보다 빨리 진전될 수 있었던 것이다.

또다른 예로, 심리학 분야에서 프로이드(S. Freud)가 행한 인간 성격에 대한 개념화를 생각해 볼 수 있다. 그는 인간의 성격이 본능(id)과 자아(ego), 그리고 초자아(superego)라고 하는 세 가지의 기본적인 부분으로 이루어져 있다고 개념화함으로써, 우리로 하여금 질문에 대해 대답할 수 있도록 또는 특정한 심리적 현상을 설명 할 수 있도록 해주기도 하고, 일정한 정신질환에 대한 치료 방안을 제시해 주기도 한다. 물론 개념화되지 않은 일상적인 언어나 상식도 교육과정 문제에 대한 사고와 논의에 좋은 수단이 되는 경우도 많다. 그러나 교육과정 현상을 보다 분명한 형식으로 개념화함으로써 우리는 더 큰 도움을 얻을 수 있는 것이다. 이제 그 구체적인 사례를 보도록 하자.

우리가 여기서 다루고자 하는 주제와 관련하여 좋은 사례를 제공해 주고 또한 가르치고 배워야 할 것이 무엇인지를 개념화하는 데에 유용한 대답을 주고 있는 사람으로 영국의 라일(G. Ryle)을 들 수 있다. 그는 지식의 개념을 분석함으로써 교육에서 가르쳐지고 있는 것이 무엇인가? 라는 개념적 질문에 답을 주고자 했다. 라일은 우선 지식의 문제를 논하면서 우리가 무엇을 할 줄 안다고 할 때의 방법적 지식(knowing how)과 무엇이 어떻다는 것을 안다고 할 때의 명제적 지식(knowing that) 사이에는 큰 차이가 있음을 분명히 밝히고 있다. 학생들은 콜롬버스가 미대륙을 발견했다는 사실을 배우기도 하고, 힘은 질량과 가속도의 곱(F = MA)이라는 것도 알게 되는데, 이러한 것들은 누구한테서 듣거나 책을 읽음으로써 비교적 단기적으로 알 수 있는 것들이다. 우리는 학교에서 이러한 종류의 많은 정보나 지식을 다루게 된다. 또한 학생들은 학교에서 책을 읽는 법이라든가 과학적 실험의 방식 등을 배우기도 하는데, 이러한 것은 어떤 사실이나 공식을 배우는 일과는 달라서 단지 암기하면 되는 일이 아니라 오랫동안의 실습을 거쳐 자기에게 익숙해져야만 되는 것이다. 언어적 지식은 그 자체로서 유용한 것이지만, 그것이 곧 기능적 지식과 같은 것은 아니라는 점을 교사들은 이따금 혼돈하고 있는 듯하다. 과학 실험에 대한 절차를 열심히 외고 그 암기한 결과를 시험지에 잘 옮겨 적었다고 해서 그 사람이 과학 실험 자체를 능숙하게 잘 해낼 수 있다고는 말할 수 없다. 그것은 마치 수영을 전혀 할 줄 모르는 사람이 갑자기 물위에 뜰 수 있는 것은 아니라는 논리와 같은 것이다. 마찬가지로 우리가 예술이나 문학에 대한 어떤 사실을 알았다고 해서 그것이 곧 예술이나 문학을 분석하고 감상하는 데 필요한 적절한 기능을 배운 것이라고 동일시할 수는 없는 것이다.

그런가 하면 아이들은 어떤 일을 본질적인 내용은 잘 모르면서도 단순히 그 기술의 형태만을 모방하기도 한다는 사실을 우리는 잘 알고 있다. 어떤 학생은 셰익스피어(Shakespeare)의 『한 여름 밤의 꿈』에 나오는 비유적인 표현을 그것이 무엇을 의미하는지도 잘 모르면서 형식적으로 분석하여 줄줄 외울 수도 있다. 아마 총명한 초등학교 학생이라면 주어진 과학적 질문에 해답을 찾기 위해 적절한 실험을 설계할 수도 있을 것이다. 그러나 어떤 질문이 과학적으로 좋은 질문이며, 어느 질문이 앞으로 더 밝혀져야 할 것인지를 말하는 것은 초등학교 학생으로서는 쉬운 일이 아니다.

여기서 말하고자 하는 점은 방법적 지식이 명제적 지식보다 더 좋다든가 또는 나쁘다든가 하는 것이 아니다. 오히려 그 두 가지 사이의 차이를 분명히 하고, 어떠한 상황에서 어떠한 종류의 학습이 보다 적절한지를 밝히고자 하는 것이다. 이처럼 인간의 학습을 두 가지 종류로 개념화하는 것은 우리로 하여금 많은 유용한 교육적 문제에 대하여 구별할 능력을 주고 동시에 새로운 질문과 해답을 생각해 보도록 해준다. 사실 교육과정 현상에서 이러한 방법적 지식과 명제적 지식의 개념화를 이용하는 사례는 수없이 많다. 그러나 그것은 여기에서의 주된 관심사가 아니다. 오히려 우리의 관심은 가르치고 배우는 내용의 성격을 분명히 하고자 하는 데 있다. 가르치고 배우는 내용의 성격을 아는 것과 교육과정을 어떻게 조직화하고 무엇을 목적으로 하느냐 하는 것과는 서로 관련이 있을지언정 다르다. 여러분들은 만약 교육과정의 내용이 사실이나 개념 등으로 이루어져 있을 때와 또는 학생들이 숙달하여야 할 기능들로 이루어져 있을 때, 그것을 가르치는 교사로서 해야 할 일은 어떻게 달라진다고 생각하는가? 우선 여러분들이 가르치고 싶은 가장 기본적인 주제를 몇 가지 생각해 보라. 그리고 그 주제가 방법적 지식과 명제적 지식의 구분에서 어디에 속하는지를 생각해 보고, 그에 따라 여러분의 교수 방식이 어떻게 달라져야 하는지를 한번 생각해보라.

1. 지식의 활용

앞에서 살펴본 바 있는 브라우디 등의 저서는 교육과정의 합리화를 위한 종합적 논리를 제공해주고 있을 뿐만 아니라, 학교에서 학생들이 배우고 있는 내용에 대해서도 한 가지 좋은 아이디어를 소개하고 있다. 이 문제에 관련된 그들의 주된 관심은 학생들이 학교에서 배운 내용을 실제 생활에서 어떻게 활용하고 있는가? 하는 것이다. 그들은 학교학습 결과의 활용을 네 가지 유형으로 구분하였는데, 각각을 '재생적(replicative)', '연상적(associative)', '응용적(applicative)', '해석적(interpretive)' 활용이라고 이름 붙였다. 우리는 학교에서 배운 내용을 필요한 상황에서 그대로 반복해서 사용하게 되는 경우가 있는데, 이것은 지식의 재생적 활용이라고 말할 수 있다. 우리는 필요할 때 구구단을 금방 욀 수 있고, 읽고 쓰는 법을 기억해 낼 수 있으며, 확인하려고 할 때 악기의 이름과 소리를 연상해 낼 수도 있다. 이러한 것들은 모두 학교에서 배운 지식과 기능을 재생해 내는 경우이다. 우리는 많은 경우 지식을 이러한 방식으로 활용하고 있으며, 학교교육의 내용 중에도 지식의 재생적 활용에 직접적인 목적을 두고 있는 경우가 적지 않다. 그러나 어떤 종류의 지식들은 간접적으로 학습되는 것들이 있고, 학생들은 학교에서 배운 이러한 지식을 실제 생활 속에서 연상적으로 활용하게 되는 경우도 있다. 예컨대 연주회에 대하여 친구와 이야기하고 있을 때, 그 연주 음악의 작곡자나 사용된 악기들, 그리고 음악의 형식 등 우리가 배운 지식을 서로 연결하여 사용하게 된다. 이때 우리가 활용하는 지식은 학교에서 배운 모습 그대로라기 보다는 우리의 마음속에 떠오르는 것들을 나름대로 묶어서 이용하게 되는 것이다. 학교교육에는 또 한 가지 다른 모습의 연상 관계가 있다. 예컨대 어떤 학교의 음악 선생님이 능력도 부족하면서 감정도 없이 엄하기만 한 분이었다면, 그 선생님으로부터 교육을 받은 학생들이 후에 음악에 대해 좋은 연상을 갖기는 어려울 것이다. 또한 우리는 기존의 학습과 새로운 학습을 서로 연계시킴으로써 지식을 연상적으로 활용할 수도 있다. 예컨대 우리가 이미 알고 있는 화학 반응의 지식을 이용하여 새로운 약품에 대한 정보를 알 수도 있고, 셰익스피어에 관한 지식을 통하여 텔레비전의 코메디에 나오는 은유적인 대사를 이해할 수도 있다. 이러한 종류의 지식의 활용은 우리가 배운 내용의 단순한 재생적 반복이 아니라, 여러 종류의 지식들을 서로 연결시켜 이용하는 경우이다. 학교에서 배운 지식은 응용적으로 활용될 수도 있다. 이것은 새로운 문제 해결에 배운 지식을 사용하는 것으로써, 단순히 주어진 질문에 해답하거나(재생적 활용) 또는 다른 지식과 연결짓는 일(연상적 활용)과는 다른 특성을 갖는다.

지식의 응용적 활용의 예는 공학자들이 하고 있는 연속에 잘 나타나 있다. 공학자들은 항상 새로운 문제를 해결하기 위해서 특수한 지식과 기능을 사용하게 되는데, 이러한 일은 많은 경우 그가 알고 있는 것을 그가 하고자 하는 일에 적용함으로써 가능해진다. 지식의 응용적 활용은 재생적 활용이나 연상적 활용보다 훨씬 어려울 뿐만 아니라, 이에는 지적인 능력과 함께 상당한 정도의 창의력과 유연성이 요구되기도 한다. 따라서 학생들에게 배운 지식을 응용할 수 있도록 가르치기 위해서는 교사에게 특별한 자질이 요청되는 것이다. 여러분들은 이문제에 대해서 어떻게 생각하고 있는가?지식을 해석적으로 활용한다는 것도 따지고 보면 우리가 갖고 있는 지식을 응용하는 일이다. 그러나 이것은 문제의 해결이나 질문에의 대답을 위한 것이 아니라, 상황을 이해하는 데에 지식을 사용한다는 점이 다르다. 어떤 상황을 이해하고 해석하고자 할 때에 우리는 갖고 있는 지식을 구체적인 사태에 직접적으로 적용시킬 필요는 없다. 단지 그것을 보는 안목으로서 전체적인 조망과 대략적인 분류·조직, 그리고 그것의 의미를 밝히는 일들이 요구된다. 예컨대 우리는 미국혁명의 세부적인 사항에 대해서는 이미 많은 것을 잊었지만, 그것이 독재 정권에 대한 항거였다는 일반적인 지식을 아직 가지고 있음으로써 다른 나라에서 발생하는 유사한 사건을 이해하는 데에 도움을 받고 있는 것이다. 또한 우리는 재생적 지식을 해석적 지식으로 활용할 수도 있다. 예컨대 프로이드의 꿈의 이론에 관한 지식을 잘 재생해 낼 수 있다면, 그것을 이용하여 다른 사람의 꿈을 해석해 줄 수도 있을 것이다. 어느 면에서 보면 우리의 모든 지식은 해석적 기능을 갖는다고 할 수도 있다. 우리에게 의미를 주는 모든 지식은 우리로 하여금 세상을 보는 안목을 갖도록 도와주기 때문이다. 아마도 의미 있는 지식만이 해석적 기능을 갖는다고 할 수도 있다. 여러분들도 이 문제에 대해서 같은 생각을 갖고 있는가? 여러분들 각자 이러한 지식의 네 가지 활용을 보여주는 예들을 생각해 보라. 학교에서는 어떤 것들이 있겠는가? 실제 생활에서는 어떠한가? 네 가지 개념이 서로 중복되는 경우가 있는가? 이러한 종류의 지식의 개념화는 교육과정의 실제적인 운영에 도움이 된다고 생각하는가? 벤자민 블룸(Benjamin Bloom)과 그의 동료들은 브라우디 등과 생각의 방향은 같으면서도 보는 측면을 달리하여 지식의 활용이라는 문제를 생각하였다. 블룸은 지적 학습의 수준이라는 측면에서 지식의 활용을 분류하고자 시도하였는데, 그 결과로 제시된 것이 '교육목표 분류학'이라는 것이다. 블룸 등의 제안은 교사에게는 물론 교육과정이나 평가전문가에게도 많은 도움을 주고 있는데, 그것은 교육의 인지적 측면을 좀더 체계적으로 서로 다른 수준으로 나누어 목표를 설정하고, 가르치고, 평가할 수 있도록 해주기 때문이다. 지식을 활용하고자 하는 계획에는 유사성이 있는데, 이제 그것을 지적할 것이다. 그뿐만 아니라 그의 분류는 교육과정 현상의 개념화를 더욱 촉진시켜 주었고, 목표로 할 수 있는 것에 대한 우리의 이해를 넓게 해주었다고 할 수 있다. 블룸 등이 제시한 지적 영역의 교육목표 분류는 여섯 가지 단계의 수준으로 배열되어 있다. 그 각각의 단계 사이에는 정신적 작용과 지식의 활용이란 면에서 위계적 관계가 있어서 높은 수준의 단계로 갈수록 보다 복잡하고 추상적인 행동이 요구된다고 보았다. 첫 번째 수준은 단순히 '지식(knowledge)'이라고 명명된 단계로 이는 앞에서 살펴본 지식의 '재생적' 활용과 유사한 개념이다. 이 단계에서는 사실이나 범주, 방법, 이론들과 같은 내용들을 기억하고 다시 회상해 내는 행동들을 요구한다. 두 번째 수준은 '이해(comprehension)'라고 하여 학생들로 하여금 부분 간의 관계를 파악하고 전체적인 맥락을 갖도록 하는 단계이다. 이것은 브라우디 등이 말하는 연상적 활용이나 해석적 활용과 유사하기는 하지만 같은 개념은 아니다. 이 수준에 해당하는 정신적 작용의 예를 든다면 번역이나 해석 또는 추론 등의 행동을 생각할 수 있고, 평가 문항으로 예를 든다면 주어진 문장을 즉각적으로 대답 하는게 아니라 다른 말로 바꾸어 쓰는 문제라든가, 추리해서 답을 알아 내는 문제와 같은 것이다. 이 수준의 행동은 재생이나 연상보다는 높은 수준의 정신적 작용을 요한다고 볼 수 있다.

교육목표 분류의 세 번째 단계는 '적용(application)'이라고 하며, 이는 브라우디 등이 유사한 이름——응용적(applicative)——로 부른 범주와 비슷한 것이다. 이 수준에서는 이미 알고 있는 개념이나 원리를 익숙하지 않은 새로운 사태에 적용하는 행동이 요구된다. 그러나 어떤 것을 새로운 장면에 적용하기 위해서는 우리는 먼저 적용할 내용을 잘 알고 있어야 하며 그것이 적용될 새로운 장면에 대한 이해가 필요하기 때문에, 적용의 수준은 언제나 그 아래 단계인 지식과 이해의 수준을 포함하는 것이라고 말할 수 있다.

블룸의 분류의 네 번째 단계는 '분석(analysis)'이며, 다섯 번째 단계는 '종합(synthesis)'이다. 이 두 단계는 학생들이 어떤한 가지 복잡한 주장에 대하여 그것을 논리적인 하위 구성

요소로 쪼개고, 그 요소들 사이의 관계를 따지며, 그 요소들을 다시 묶어 의미 있는 생각을 만들어내는 과정에서 나타나는 정신작용들이다. 물론 이 경우 분석과 종합의 대상이 되는 것은 어떤 논쟁이나 주장, 이론 또는 그 밖의 여러 가지 조직적인 생각들이 포함될 수 있다. 여기서 말하는 분석적 행동의 예를 들어 본다면 어느 역사학도가 제1차 세계대전의 원인을 경제적, 정치적, 사회적 요인 등으로 분리하여 살펴보는 경우를 생각할 수 있겠고, 반대로 종합의 예는 그 학생이 자신의 연구 결과를 함께 묶어 전쟁의 일반적인 원인을 한마디로 표현했을 경우를 들 수 있겠다.

마지막 여섯 번째로 가장 높은 수준의 단계는 '평가(evaluation)'라고 불린다. 이 단계에 있어서의 목표는 어떤 주어진 사태에 대해 적절한 준거와 기준을 이용하여 질적 혹은 양적으로 판단을 내리는 일이다. 바로 앞에서 사용하였던 예를 다시 인용해 보자. 그 역사 학도가 자신의 연구 결과를 학급에서 발표했을 때, 다른 학생이 그 발표 내용의 깊이나 타당성, 증거, 일관성 등을 바탕으로 하여 비판적으로 검토하고 논의했다면 그것은 평가적 행동이었다고 말할 수 있다. 블룸의 분류학에 따르면, 판단은 지적인 영역에서 가장 높은 수준의 정신작용으로 여겨진다.

교육목표 분류학은 지적인 영역 이외에도 정의적 영역과 운동기능적 영역으로 나뉘어져 제안되고 있는데, 이것은 교육과정의 여러 측면에서 모든 수준이 고르게 표현되는지를 결정하는데 다양하게 활용되고 있다. 즉 교육과정 설계나 개발의 단계에서 교육목표의 모든 수준이 고르게 계획되고 학교와 학급에서 고르게 반영되어 있는지를 알아보는 일에 유용하게 이용될 수 있고, 평가의 단계에서 목표 수준에 적절한 문항을 개발하고 선택하는 일에도 도움을 줄 수가 있다.

2. 교수과정의 개념화

지금까지 교육과정의 현상을 개념화함으로 지식의 종류나 그 활용의 문제를 살펴본 것이 무엇을 배우고 무엇이 지식인가에 대해 사고하는데 도움을 주고 있는지를 살펴보았다. 그러나 그것은 단지 교육과정의 고정적인 측면에 대한 논의였을 뿐, 학생과의 상호작용이나 교육과정의 전개와 같은 역동적인 측면이 교사에게는 보다 중요한 문제가 되고 이론가들의 관심을 집중시킨다. 학생들은 교육과정을 통해 다양한 주제와 활동들을 경험하게 되고, 이러한 일은 여러 해 동안의 학교교육 속에서 계속되어지는 것이다. 한마디로 교육은 현세의 역동적인 과정이라고 말할 수 있다. 우리는 어떻게 이러한 교육의 역동적 과정을 개념화할 수 있을까?

역동적인 교수과정을 개념화를 시도하기 위해서 화이트헤드(A.N.Whitehead)는 '교육의 리듬(rhythm of education)'이라는 용어를 이용하여 왔다. 화이트헤드는 학교가 학생들에게 아무 의미도 주지 못하는 쓸모없는 지식만을 가르치고 있다고 비난하면서, 지식을 백과사전식으로 가르칠 것이 아니라, 학생들에게 의미가 있도록 전달하고 그것을 그들 스스로 자기 것으로 만들 수 있도록 해주어야 한다고 주장한다. 따라서 그가 제안하는 교육의 리듬이라는 개념은 이러한 백과사전식 교육에 대한 대안이라고 볼 수 있으며, 그것은 초등이나 중등 또는 고등교육에서 어떤 교사나 어떤 단원을 다루는 데에도 적용될 수 있다고 보았다.

그는 교육의 리듬이라는 개념을 설명하기 위해서 다시 '로맨스(romance)', '집중(precision)', 일반화(generalization)'라는 용어를 사용하고 있다. 그의 주장에 따르면 학생들에게 어떤 교과를 가르치고자 할 때, 배우는 것을 즐거워하고 또 매력적인 흥분감을 불러일으킬 수 있도록 그 교과는 로맨틱한 방식으로 제공되어야 한다는 것이다. 예컨대 학생들에게 역사나 과학을 가르치고자 한다면, 그것을 단순히 암기해야 할 내용으로 설명하기보다는 과거 사건에 대한 흥미로운 이야기나 자연 현상에 대한 신나는 탐구거리로 만들어 제공해야 한다. 그렇게 함으로써 그 교과는 학생들에게 생동적이고 실제적인 자극과 의미를 던져주게 되고, 학생들은 그 교과를 배울 만한 가치가 있다고 느끼게 된다. 이제 두 번째의 집중단계에 들어 가면 학생들은 그 교과를 더 깊고 자세하게 공부하게 되는데, 이 때에도 로맨틱한 흥미는 그대로 유지되게 하여 학생들 스스로 열심히 공부하도록 만드는 추진력이 되도록 한다. 교과 내용에 대한 학습이 쌓여가면서 학생들은 마지막으로 그 교과에 대한 전반적인 안목이 생기고— 그것을 일반화시키는 행동이 가능해지게 된다. 이러한 일반화를 위한 활동 속에서도 로맨스 단계의 기쁨과 흥분상태는 여전히 필요하다. 그것은 교과에 대한 학습을 마치면서 그 내용을 새로이 알게 된 데 대한 기쁨이나 성취감과 같은 것이다. 결국 모든 교과 내용에 대한 숙달은 학생들로 하여금 전체에 대한 이해를 가능하게 해준다.

교과 학습을 진정으로 흥미를 가지고 공부해 본 적이 있는 사람이라면 교육의 과정에 대한 이러한 비유적인 설명에 대해 쉽게 공감할 수 있을 것이다. 그것은 어떠한 종류의 교과에 있어서도 마찬가지로써 그것이 역사든 과학이든 문학이든 체육이든 요리든 전산이든 마찬가지이다. 화이트헤드는 모든 교육의 과정 속에서 이러한 로맨스와 집중, 그리고 일반화의 세 가지 단계가 리드미칼한 순환관계를 이루면서 반복되어야 한다고 보았다. 즉 한 교과나 단원은 반드시 그 주제와 로맨틱한 관련을 맺는 일로부터 시작되어야 하며, 그것은 다시 주제를 이해할 수 있도록 집중하는 일에 목적을 두게 되고, 결과적으로 그 자체 내에서의 일반적인 관련성을 이해하는 일로 끝맺게 된다. 심지어 어떤 사람은 형식적인 학교교육의 단계를 이 세 가지 과정에 비유해 설명하기도 한다. 즉 초등학교는 로맨스의 단계이며, 중등학교는 집중 단계, 그리고 대학교육은 일반화의 단계라는 것이다.

화이트헤드가 제안하고 있는 교육의 과정에 대한 개념화는 우리들로 하여금 교육과정이나 교수활동이 학생들에게 어떻게 영향을 미치고 있는지를 생각해 보도록 요구한다. 그러나 그것은 지식이란 무엇인지 또는 어떤 교과를 가르쳐야만 되는지에 대해서는 우리에게 별로 말해주는 바가 없다. 듀이는『아동과 교육과정』이라는 조그마한 책에서 이 문제에 대한 한 가지 유용한 생각을 제시해 주고 있다. 그는 우선 체계적인 교과의 중요성을 강조하는 전통주의적 교육과 학생들의 흥미와 필요에 더 큰 비중을 두는 진보주의적 교육 사이의 갈등을 지적하면서 다음과 같이 질문한다. 어느 것이 더 중요한가? 아동인가? 교육과정인가? 그러나 듀이는 이에 대해 "그 둘 모두"라고 현명하게 대답한다. 교육과정은 전통적 지식을 포함하고 있지만, 그것은 교수-학습의 과정과 분리되어 있는 것이어서는 안되며, 학습자와의 관련 속에서만 의미 있는 지식이 될 수 있다고 보았다. 결국 교육의 요체는 학습자의 흥미와 욕구를 중시하면서 학생들로 하여금 전통적 지식과 의미 있는 관련을 맺도록 유도하는 일이다. 그러나 이러한 일이 어떻게 하면 이루어질 수 있을까?

듀이는 이 문제에 대한 자신의 생각을 탐험가와 지도에 비유해서 설명하고 있다. 이 설명에 대해서는 우리가 이미 앞에서 살펴보았지만 다시 한 번 생각해 보도록 하자. 아동들이 새로운 내용을 배울 때와 마찬가지로 탐험자는 아직 알려지지 않은 미지의 세계로 들어간다. 그는 새로운 강이나 산 또는 사막 등을 발견하면서 그 거대함과 아름다움에 놀라고 압도당한다. 그는 탐험 도중 배고픔과 목마름으로 고통을 겪기도 하고, 이상한 습관을 가진 새로운 사람들을 만나기도 하는데, 그들로부터 때로는 친절한 대접을 받기도 하고 또 때로는 생명에 위협을 느끼기도 한다. 이제 여행이 끝나고 탐험가가 집으로 돌아오게 되면, 그는 자기가 탐험한 지역에 대한 지도를 그리게 된다. 지도 속에는 자기가 본 사막이며 산이며 강을 그리고 부족들의 이름을 그들이 살고 있는 지역에 표시해 넣기도 한다. 그러나 일단 지도가 완성되어 그 탐험가의 손을 떠나면, 그것은 이미 이차원의 종이 위에 표시된 선과 글씨일 뿐이지 탐험가의 흥미진진했던 경험 그 자체는 아닌 것이다.

우리는 아동들에게 지도를 직접 만들도록 하는 경험을 주기보다는 이미 만들어진 지도를 건네주는 경우가 얼마나 많은가? 물론 여행자에게 지도는 유용한 도움을 줄 수 있다.

그러나 여행해 보지도 않을 지역에 대한 지도를 배우는 일이 무슨 소용이 있겠는가? 아동들에게 진정으로 사용되고 창조하는 데 의미 있는 지식은 여행과 경험 그 자체이다. 듀이에 의하면 아동들에게는 탐험가와 마찬가지로 어떤 교과 영역에서 스스로의 경험을 갖게 하고, 그것을 바탕으로 자기에게 의미 있는 지도를 그릴 수 있도록 하는 기회가 주어져야 한다. 물론 이때에 아동들의 경험은 이미 그 지역을 잘 알고 있는 교사에 의해 조심스럽게 계획되고 능숙하게 안내되어야 함은 당연한 일이다.

듀이는 교사와 학생에게 있어 교과라는 것이 어떤 의미를 갖는 것인지를 개념화하기 위해서 '논리적(logical)'이라는 용어와 '심리적(psychological)'이란 용어를 사용하고 있다. 교과의 논리적 측면이란 그 조직과 형식을 말하는 것으로서, 탐험의 결과로 얻어지는 지도와 같이 그 교과에 대한 학습과 탐구의 산물이다. 교과의 논리적 형식은 이따금 추상적인 이론의 형태로 제시되기도 하며, 일반화나 상호관련성을 보여주기도 하고, 또는 그 교과 영역에 대한 구체적인 정보를 포함하기도 한다. 교사는 교수 과정 속에서 학생들로 하여금 교과의 논리적 측면을 포착하도록 이끌게 되는데, 이는 화이트헤드가 말하는 일반화의 단계에서 이루어지는 일과 유사한 것이다.

교과의 심리적 측면이란 학습자들이 그 교과를 직접 경험하는 일을 말한다. 그것은 넓은 대지에 대해 느낌을 갖고 지도에 그려진 지점에 가보기도 하는 탐험가의 여행과 같은 것으로서 학생들은 교과를 배워가면서 관찰도 하고 기록도 하며 새로운 내용에 대한 느낌을 갖기도 한다. 교수 과정에서 학생들이 이러한 종류의 경험을 갖는 일은 의미 있는 학습을 위해 필수적인 것이라고 듀이는 믿는다. 따라서 교사는 학생들을 가르칠 때에 교과가 갖는 논리적 구조를 그들에게 맞게 심리화해 주어야 한다. 그것은 곧 교과의 중요한 내용에 대하여 학생들이 의미 있는 경험을 하도록 환경을 마련해 주는 일이며, 교과의 논리적 구조를 학생들의 경험 수준에 맞게 변화시켜 주는 일이다. 이렇게 되면 학생들의 학습은 이제 심리적인 것으로부터 논리적인 것으로 옮아가게 되고 교과는 학생의 한 부분으로 정착되게 되는 것이다.

3. 교과의 구조

최근에 브루너는 교육과정과 수업에 대한 유사한 개념화의 모형을 제시해 주고 있다. 그는 “지식을 이해하는 과정에 있어서는 그 분야의 전문가들이 하는 일이나 어린 학생들이 하고 있는 일이나 근본적인 성질에 있어서는 같은 것”이라고 주장하면서, “어떤 교과이든지 기초적인 것을 잘 조직하면 어떤 연령에 있는 아동에게도 가르칠 수 있다”고 말한다. 이러한 브루너의 생각이 어떻게 가능할 수 있을까?를 이해하기 위해서는 모든 교과는 기본 구조를 가지고 있다는 그의 주장을 살펴볼 필요가 있다.

여기서 브루너가 말하는 교과의 구조란 그 교과를 구성하고 있는 기본적인 개념이나 원칙들, 기초적인 아이디어, 또는 요소들 간의 상호 관련성을 의미한다. 따라서 한 교과의 내용을 이해하기 위해서는 그 교과의 구조를 파악하는 일이 무엇보다 중요한 것이다. 이러한 생각에 따르면 우리가 학생들에게 어떤 교과를 가르친다고 할 때, 반드시 필요한 것은 학생들 스스로가 그 교과의 구조를 발견할 수 있도록 교육과정 자료나 교수방법을 조직하는 일이다. 듀이가 말하는 탐험가의 지도 작성과 마찬가지로 적절한 자료와 교사의 안내만 주어진다면, 어떤 연령 단계에 있는 아동이라고 할지라도 주어진 교과 경험의 주된 특징에 대한 지도를 그려낼 수 있다고 브루너는 주장한다. 학생들이 나이가 들어 더욱 성숙되고 그 교과를 다시 공부하게 되면서, 교과의 구조에 대한 '지도'는 더욱 풍부해지고 정교해지게 되는데, 브루너는 이를 '나선형 교육과정(spiral curriculum)'이라 부르고 있다. 나선형 교육과정이란 한 교과의 구조가 시간이 흐름에 따라 그 기본 구조는 되풀이되면서도 범위와 깊이를 확대해 가며 계속되어지는 조직 방식을 의미한다. 모든 교과가 브루너가 말하는 것과 같은 구조를 가지고 있는 것일까? 또 어떤 발달 단계에 있는 아동이라 할지라도 그 분야의 첨단에 있는 학자와 같이 생각할 수 있는 것일까? 이러한 점에 대해서는 여러 가지 질문들이 제기되고 있지만, 교과를 구조라는 개념으로 설명하고 있는 브루너의 생각은 앞에서 살펴본 화이트헤드의 일반화 단계나 듀이가 말하는 교과의 논리적 형식이라는 것과도 상통하는 것이다.

결국 이러한 모든 제안들이 교사에게 말해주고 있는 것은 어떤 교과를 가르치고자 할 때에 그 교과의 내용을 함께 묶어주는 기본적인 아이디어나 상호 관련성을 학생들 스스로 보고 발견할 수 있도록 이끌어야 한다는 점일 것이다.

4. 의미 있는 학습경험

지금까지 살펴본 교육과정 현상의 개념화 논의들은 주로 전통적 교과 속에 담겨진 지식의 문제에 초점을 맞춘 것이었다. 즉 앞에서 논의되었던 언어적 지식, 사실과 기능, 재생적, 연상적, 응용적, 해석적, 로맨틱, 집중, 일반화, 심리화, 지도 작성, 구조화 등의 개념들은 다소 전통적 교육과정의 입장을 반영하는 것이라고 할 수 있다. 그러나 이 문제에 대해 진보주의적 견해를 갖는 사람들의 생각은 이와는 좀 다른 것 같다.

대다수의 보통 사람들이 일상생활을 살아가기 위해 꼭 알아야 할 필요가 있는 것은 무엇일까? 라는 질문을 받는다면, 역사학이나 물리학, 화학 등의 전통적 교과의 숙련을 제시하는 사람은 별로 많지 않을 것이다. 그보다는 오히려 다른 사람과 어울리는 능력이라든가, 직장이나 가정에서 필요한 과제를 수행하는 일이며, 건강의 유지, 문제의 해결, 여가의 선용 등을 생각하게 되는 경우가 많다. 더구나 학습이 좋은 방법으로 이루어지고 이러한 내용의 학습이 의미 있는 결과를 가져오기 위해서는 학생들의 경험과 직접적인 관련을 맺도록 해야 한다는 점을 인정한다면, 교육과정은 단순히 교과 속에 담겨 있는 지식으로서가 아니라 학생들의 경험 자체로서 인식 될 필요가 있다. 따라서 이제 우리의 관심은 지식의 활용이나 구조와 같은 문제보다는 실제 생활에 도움을 주는 가치 있는 학습경험이 어떤 것인가? 라는 점에 주어지게 된다. 이러한 생각을 바탕으로 킬패트릭(W.H Kilpatrick)은 구안법이라는 학습지도 방법을 제안한다.

'구안법(project method)'이란 용어는 킬패트릭이 20세기 초기의 진보주의 교육운동의 기본 정신과 원리를 교육과정과 수업에 적용해 보고자 1918년 교육 잡지 “Teachers College Record"에 발표한 논문의 제목에서 유래된다. 그는 구안법이라고 하는 것을 세 가지 요소가 결합된 것으로 특징짓고 있다. 첫째는 전심전력하는 활동이요, 둘째는 학습의 법칙이며, 셋째는 '교육은 곧 생활'이라는 그의 기본적인 생각에 따른 윤리적 행위이다. 그는 전통적인 교수방식이 학습을 일방적으로 강요하는 것이었다고 비판하면서, 참다운 학습은 강제로 이루어지는 것이 아니라고 주장한다. 일상생활 속에서 우리는 목적을 갖고 어떤 일을 하게 되며, 그 일에 대한 경험을 통하여 자연스럽게 학습이 이루어진다. 우리가 일부러 그 일을 외우고 공부한다고 해서 의미 있는 학습이 이루어지는 것이 아니다. 따라서 '생활을 통한 학습'이라든가 '목적 있는 행위'와 같은 구호는 학교 학습에서 중요하게 받아들여져야 할 원칙들이며, 학교교육의 교육과정은 앞으로의 생활을 위한 준비로서가 아니라 현재의 생활 그 자체로서 생각되어야 한다는 것이다. 구안법은 바로 이러한 목적을 달성하기 위한 학습지도법이라고 할 수 있다.

구안법이 전통적 교수법과 어떻게 다른가 하는 차이점을 보이기 위하여 킬패트릭은 연을 날려보고 싶은 욕심에 자기 스스로 온 정성을 다하여 연을 만들고 있으며, 다른 소년은 의무적인 강요에 따라 이미 만들어진 연을 보고 그대로 모방하고 있다고 가정해 보자. 물론 두 소년이 결과적으로 만들어낸 연의 모습은 같을지 모르지만, 그들이 연을 만드는 과정에서 각기 경험하고 배운 것은 상당히 다를 것이다. 첫 번째 소년의 경우는 나는 연을 만들겠다는 자신의 목적의식에 따라 모든 행동이 이루어지고, 그 과정의 적절성에 대한 평가도 자신이 설정한 기준이 되는 것이다. 그러나 두 번째 소년의 경우는 이와는 사뭇 다르다. 그에게는 두 가지 목적이 있는데 하나는 물론 연을 만드는 것이요, 다른 하나는 교사의 요구와 기준을 만족시키는 일이다. 이 소년에게는 나는 연을 만든다는 기쁨보다는 교사의 기대를 만족시키지 못했을 경우에 대한 두려움이 더 클지도 모른다. 또한 그의 연이 잘 날 수 있게 만들어졌다고 하더라도, 연줄의 고리가 교사가 요구한 대로 연결되어 있지 않다든가 또는 종이에 풀이 너무 많이 칠해졌다는 이유로 감점을 받게 될지도 모른다. 결과적으로 첫 번째 소년은 자신의 학교 활동에 대해 자부심을 갖게 되고 무엇인가 새로운 것을 찾아 생각하고 행함으로써 배우게 된다는 것에 대해 기쁨을 느끼게 되지만, 두 번째 소년에게는 학교라고 하는 것이 자기에게는 무의미한 과제를 강제로 요구하는 곳으로만 여겨지게 된다. 두 번째 소년에게 있어 강요된 사고와 작업은 언제나 틀릴지 모른다는 긴장과 불안을 야기시키기 때문에, 학습이라는 것은 자기 자신을 위한 것이기보다는 다른 사람을 위해 하고 있는 것으로 여기게 된다. 이러한 점에서 킬패트릭에게 있어 교육과정이란 교과가 아니라 바로 경험 그 자체인 것이다.

구안법을 활용할 때에 교사가 하여야 할 역할은 학생들의 자발적인 활동이 네 가지 단계를 거쳐 이루어지도록 안내하고 돕는 일이다. 네 가지 단계란 1. 목적설정의 단계(purposing), 2. 계획의 단계(planning), 3. 실행의 단계(executing), 그리고 4. 평가의 단계(judging)를 말하는 것으로서 학생 스스로가 계획을 세워 수행해가는 학습활동의 과정을 이루는 것이다. 구안법을 통해 학습지도를 하고자 할 때에는 전통적 교수법이 가질 수 있는 잠재적 위험성으로서 시간의 낭비나 성취할 수 없는 과제의 선택, 또는 학습할 가치가 없는 무의미한 주제의 선택 가능성 들을 배제하여야 한다. 구안법은 집단적인 과제 수행을 통해서도 이루어질 수 있다. 예컨대 연극의 공연이나 정원 가꾸기 등과 같은 집단과제 수행을 통하여 학생들은 서로의 갈등을 해소하고 조화로운 역할 수행을 위한 규칙을 만들 수 있게 되며, 타인의 권리를 존중하는 태도를 배우게 된다고 킬패트릭은 변함없이 주장한다. 이러한 윤리적 태도는 실제적인 상황으로부터 도출되고 학습되어지는 것이지, 맹목적인 암시나 교사의 훈육에 의해 습득되어지는 것이 아니다. 따라서 킬패트릭이 보기에 구안법은 학생들의 학습을 위한 개인적이고 사회적이며 도덕적이고 민주적인 방식일 뿐 아니라, 교육에 있어 가장 중요한 목표라고 할 수 있는 인격의 형성에 직접적으로 연결되는 것이다.

5. 교직과정의 프로그램의 개념화

지금까지 우리는 교육과정 현상에 대한 다양한 개념화의 논의들을 살펴보았다. 앞 부분에서는 교육과정의 내용 측면이라 할 수 있는 지식의 개념화와 관련된 문제들을 생각해 보았고, 이어서 교수 활동의 과정이나 교육과정의 프로그램이라는 측면에 대한 개념화 연구들을 살펴볼 차례이다. 물론 교수-학습 과정이라고 하는 것이 쉽게 구분되는 것은 아니다 예컨대 화이트헤드가 제안하는 교육의 리듬은 수업의 과정만이 아니라 프로그램의 특성에도 많은 시사를 주며, 킬패트릭의 구안법은 교과로서가 아니라 학생들의 자발적인 집단과제와 같은 교육과정의 프로그램을 제안해 주고 있는 것이다. 그러나 여기서는 다소 관점을 달리 하여 프로그램의 개념화라는 점에 초점을 맞춤으로써 교육과정에 대한 우리의 이해의 폭을 더욱 넓혀 보도록 하자.

프로그램의 차원에서 교육과정을 어떻게 생각하는가? 물론 연속되며 상호 관련된 것일 것이다. 하나가 다른 것에 선제되는 것처럼 보이고, 균형과 충분성의 문제는 충분히 고려되어질 필요가 있다.

교육과정을 종합적으로 개념화한 대표적인 예로서 듀이가 역사, 지리, 과학의 세 교과로 교육과정을 마련하고자 했던 생각을 들 수 있다. 언뜻 보기에 세 교과만으로 교육과정을 편성한다는 것은 너무 편협된 것처럼 보이지만, 듀이의 설명에 따르면 전혀 그렇지 않다. 듀이는 교육과정이 단편적인 교과들로 분산되고 연결되지 않은 채 나열되어서는 안 된다고 생각하였다. 오히려 교육과정의 내용은 사람들이 실제 생활 속에서 세상을 이해하고 문제를 해결하는 데에 사용하는 방식으로 상호 관련되어 있어야 한다는 것이다. 예컨대 우리의 실제 생활 속에서 학교에서 배우는 수학과 같이 독립적으로 떨어져 있는 문제는 없다. 다만 경제학이나 공학 또는 일상적인 상품의 구입이나 요리와 관련된 문제를 해결하기 위하여 수학적 지식의 일부분을 이용할 뿐이다. 듀이에게 있어 지식은 써먹기 위한 도구이지, 진열해 놓기 위한 예술 작품이 아니다. 따라서 지식이 우리의 생활과 유리되어 분산된 조각으로 있어서는 안 되며 실제 세계와 관련되어 있어야 한다는 것이다. 이러한 생각에 따라 듀이는 교육과정의 프로그램이 공간과 시간, 그리고 질서라고 하는 세 가지 차원으로 생각되어야 한다고 주장하였다. 이러한 세 가지 차원을 대표하는 교과가 곧 지리와 역사, 그리고 과학인 것이다.

인간은 지구라고 하는 우주의 한 공간 속에 존재한다. 우리가 살고 있는 지구나 우주 공간에 관한 모든 지식은 듀이가 말하는 지리학이란 교과 속에 포함된다. 즉 듀이에게 있어서의 지리학이란 천문학이나 해양학, 물리학, 화학과 같이 자연 현상에 대한 이해를 돕고 인간의 공간적 차원과 관련된 문제 해결에 도움을 주는 모든 내용을 포괄하는 의미를 갖는다. 또한 듀이는 인간 생활의 시간적 차원을 대변하는 교과로서 역사학을 제시하였다. 이 경우 역사학이란 시간의 흐름에 따라 나타나고 달라지는 우리 인간에 관한 모든 지식을 포함하는 것으로서, 비단 전통적인 역사 교과만이 아니라 문화인류학이나 사회학, 문학, 예술, 심리학, 철학 등의 교과를 총괄하는 것이 된다. 이처럼 공간과 시간은 우주를 구성하는 두 가지 기본적인 차원인 동시에 듀이가 보는 교육과정의 기본 개념인 것이다.

우리 인간의 삶에 비추어볼 때 공간과 시간이라는 두 차원은 각기 자연의 세계와 인간의 문화라는 말로 대체될 수 있다. 그렇다면 듀이가 말하는 교육과정의 개념 속에서 세 번째의 과학이 갖는 위치의 의미는 무엇일까? 앞에서 살펴본 바와 같이 지리학을 자연에 관한 학문으로 개념화했을 때, 과학의 위치는 애매해질 수밖에 없다. 그러나 듀이가 말하는 과학이란 일상적인 의미에서 보는 것과는 다르다. 그것은 모든 교과에 공통적으로 적용되는 최고 수준의 조직 형태를 말하며, 공간적·시간적 차원의 모든 지식을 포괄하는 최선의 질서를 의미하는 것이다. 즉 과학이란 학생들이 배우게 되는 여러 지식을 그들의 목적에 따라 가장 경제적인 형태로 집약하게 되는 것으로서, 듀이의 교육과정 프로그램 체계 속에 이런 과학에 대한 아이디어를 포함하는 것이 이상적인 최종의 목표가 되는 것이다.

듀이의 경우처럼 교육과정의 프로그램을 개념화하는 한 가지 방식은 그것을 몇 개 의 분명한 영역으로 나누면서도 그 자체는 상당히 통합적인 접근을 취하는 것이 있을 수 있다. 예컨대 중핵 교육 과정이나 간(間)학문적 접근 또는 교양교육의 프로그램 같은 것은 이러한 접근을 따르는 것이라고 할 수 있다. 영국의 교육철학자 허스트(Paul Hirst)는 듀이의 생각과는 다소 다르게 교육과정의 통합적 접근을 시도하고 있다. 그는 우리가 경험을 통해 세계를 알고 이해할 수 있게 되는 것이 우리가 갖는 '지성(mind)'의 덕택이라고 보고, 교육의 주된 임무는 마땅히 지성의 개발에 두어져야 한다고 주장한다. 이러한 지성을 통하여 인간이 세계를 경험하는 데에는 일곱 가지 또는 여덟 가지의 기본적인 방식이 있을 수 있다고 허스트는 보고 있다. 우리는 인간으로서 오랜 역사를 살아오면서 우리가 갖는 경험의 종류와 영역에 따라 그에 관한 지식을 표하는 서로 다른 방식들을 발전시켜 왔는데, 이를 '지식의 형식(form of knowledge)'이라 부를 수 있다. 이것은 마치 눈이나 귀와 같은 우리의 신체적 감각 기관이 빛과 소리라고 하는 서로 다른 물리적 자극을 분리하여 받아들이듯이, 우리의 지성이 세계에 대한 다양한 경험들을 서로 다른 종류로 분간하여 다루기 위한 인위적 수용 방식인 것이다. 이러한 생각에 따라 허스트는 인간이 갖는 지식의 기본적인 형식으로서 수학, 자연과학, 심리학, 문학과 예술, 도덕, 종교, 철학의 일곱 가지를 들고 있다. 이것은 결국 인간과 자연 세계의 서로 다른 측면에 대한 우리의 경험 방식을 요약해준 것이라고 그는 주장한다.

위에 열거된 지식의 형식들은 그 각각에 해당하는 독특한 경험의 양식을 갖고 있을 뿐만 아니라, 서로 다른 개념 체계와 그 영역 내에서 주장하는 판단의 준거를 갖는다. 예컨대 예술의 감상이라는 경험의 세계에서 우리에게 필요한 개념들은 관계나 과정, 판단의 기준 같은 것으로서, 이는 논리적인 수학적 증명이나 과학적 주장의 확립에 필요한 것들과는 다른 것이다. 예술에 있어서는 미의 개념이 필수적이지만, 논리적 주장에는 타당성이, 그리고 과학적 주장에는 증거의 개념이 중요성을 갖게 된다. 이처럼 인간의 경험 영역에 따라 그 경험의 과정과 양식이 다르며, 그 경험에 대한 주장을 정당화하는 방식도 다른 것이다. 따라서 허스트는 학교 교육과정은 마땅히 그가 제안하는 지식의 형식에 따라 다양한 인간 경험의 방식을 학생들에게 제공해 주어야 한다고 주장한다. 이처럼 교육과정의 프로그램을 '지식의 형식'이라는 개념을 통하여 묘사하고 있는 허스트의 생각은 그동안 많은 사람들로부터 비판을 받기도 하였으며, 특히 지식의 형식이라는 것이 그토록 분명하게 구별될 수 있는 것인지에 대해 의문이 제기되기도 하였지만 그의 기본적인 입장에는 변함이 없는 것 같다. 허스트가 제안하고 있는 형식의 구분이 옳든 옳지 않든 간에 그의 생각은 교과의 구조가 무엇인지에 대하여 신선한 아이디어를 우리에게 주고 있는 것이 사실이다.

서로 다른 교과는 서로 다른 나름대로의 개념과 이론, 그리고 독특한 방법론과 판단의 준거를 갖고 있는 것이다.

물론 교육과정의 프로그램을 개념화하는 방식에는 위에서 살펴본 것 이외에도 여러 가지 구체적 제안이 있을 수 있다. 코오스나 단원의 설계 또는 교육과정 자료의 구성 등은 널리 알려져 있지는 않지만 독특하고 다양한 개념화 방식을 따르기도 한다. 예컨대 읽기지도에 있어 음절 중심의 지도 프로그램은 단어나 문장 중심의 프로그램과는 상당히 다른데, 그것은 이미 그 각각의 접근이 갖는 읽기 현상에 대한 개념화의 방식이 다르기 때문이다. 이와 마찬가지로 발견학습법에 기초를 둔 과학 프로그램은 완전학습법에 바탕을 둔 것과는 다르게 마련이다. 전자의 입장에서는 과학을 탐구의 한 특수한 형태로서의 발견의 과정이라고 보지만, 후자에게 있어서의 과학이란 우리로 하여금 숙달할 수만 있다면 자연 현상을 예측하고 통제할 수 있게 해주는 일련의 법칙과 이론의 체제라고 여겨지는 것이다.

이러한 프로그램의 개념화의 다양한 예들은 오늘날 학교교육 속에서 무수히 찾아볼 수 있다. 여러분들도 각기 주변에서 쉽게 접할 수 있는 교육과정의 프로그램이나 자료들을 상기해 보고, 그것이 어떠한 형식으로 개념화되어 있는지를 한번 따져보는 기회를 갖기 바란다.

브루너가 작성한 '인간을 주제로 한 교수요목'은 교육과정 프로그램의 개념화에 대한 고전적인 예가 되고 있다. 이것은 초등학교 상급 학년의 사회과 지도를 위해 마련된 프로그램이었는데, 전통적인 교과 중심의 접근과는 사뭇 다르게 구성되었다. 이 프로그램에 따르면 수업시간에 교과서는 사용되지 않는다. 다만 영화나 슬라이드, 놀이, 이야기나 시 등 다양한 자료를 통하여 학생들로 하여금 인간의 본성과 사회적 행동에 대해 스스로 생각하고 탐구해 보도록 요구한다. 또한 학생들에게 동물의 행동에 대한 자료를 보여줌으로써 우리 인간의 행동 양식과 대조하고 비교해 볼 수 있는 기회를 제공하기도 한다. 예컨대 연어라는 물고기의 생태를 살펴보면 새끼에 대한 어미의 보호가 종족의 보존을 위해 반드시 필수적인 것은 아닌 것처럼 보인다. 그러나 보다 많은 다른 동물들 예컨대 재갈매기나 비비원숭이 같은 것들은 인간과 마찬가지로 종족 보존을 위해 철저하게 새끼를 양육하기도 한다. 더구나 비비원숭이의 생활을 유심히 살펴보면 복잡한 사회적 행동을 가지고 있어서, 새끼의 양육은 물론 음식의 제공에 대한 고마움의 표시라든가, 원숭이간의 상호 관계의 형성, 영역의 설정, 영토의 공격 등의 행동을 하기도 한다. 이제 인간 사회의 탐구를 위하여 학생들에게는 다소 생소한 문화라고 할 수 있는 에스키모 부족의 생활상을 필름으로 보여준다. 여기서 학생들은 환경과 문화의 차이에 따라 인간의 본성과 사회적 행동이 어떻게 달라질 수 있는지를 생각하게 되고, 그 가운데 나타나는 어떤 보편적인 관계를 학습하게 되는 것이다, 브루너의 '인간을 주제로 한 교수요목'이 갖는 전체적인 초점은 학생들로 하여금 인간이 다른 동물들과 무엇이 같고 무엇이 다른가를 살피게 함으로써 인간의 생활이 갖는 특징을 스스로 발견하도록 하는 데에 있다. 따라서 이러한 프로그램의 개념화는 전통적 방식과는 전혀 다른 아이디어를 우리에게 보여주고 있는 것이다.

이 장을 끝내면서 지금까지 해온 여러분의 사고를 더욱 자극하기 위해서 프로그램에 대한 보다 급진적인 개념화의 예를 한 가지만 더 든다면 킬패트릭의 경우를 생각하지 않을 수 없다. 이미 앞에서 구안법에 대한 논의를 통하여 살펴보았듯이 킬패트릭은 유목적적인 생활 경험만이 교육과정의 내용이 될 수 있다고 보았다. 그러나 여기서 강조되어야 할 점은 목적이라는 것이 언제나 학생들 자신으로부터 나오는 것이어야지, 결코 교사에 의해 인위적으로 주어지는 것이어서는 안된다는 것이다. 따라서 킬패트릭은 수업에 앞서 미리 마련된 교육과정이란 있을 수 없다고 생각하였다. 교육과정은 언제나 수업이 이루어지는 현장에서 학생들이 가지는 필요와 목적에 따라 즉시적으로 구성되어져야 한다는 것이다. 여러분들은 킬패트릭의 이러한 생각에 찬성하는가? 이러한 현장구성의 교육과정은 전통적인 학교가 추구해오던 중요한 교육의 목적들과 마찰을 가져오지는 않겠는가? 학생들에게 의미 있는 교육을 제공한다는 목적을 성취할 수 있는 길은 킬패트릭이 제안하는 방안만이 유일한 것이라고 보는가? 혹은 다른 방안이 있을 수 있는가? 킬 패트릭의 생각을 우리 교실에 받아들이는 데 있어 교사가 고려해야 할 점은 어떤 것들이 있을까?

4장
교육과정 구성의 절차

이제 논의의 초점을 다소 바꾸어 보도록 하자. 지금까지는 교육 과정에 대한 '무엇'과 '왜'라고 하는 질문에 대해 생각해 보았지만. 여기서는 '어떻게'라는 문제로 우리의 관심을 돌려보아야겠다. 즉, 무엇을 왜 가르치는가? 와 같은 교육과정의 일차적인 질문들도 중요하지만, 그 질문에 대해 해답할 수 있는 유용한 방안을 모색하는 일도 빼놓을 수 없는 일이다. 한 학교의 교육과정은 어떻게 구성되어야 하는지? 또한 각 교과목 내용은 어떻게 마련되어야 하는지? 만약 여러분들이 이러한 질문에 대하여 어떤 확실한 대답을 가지고 있지 못하거나, 여러 사람들의 의견이 일치하지 않는다면 어떻게 이 문제를 해결하겠는가? 교육과정을 어떻게 마련해야 하는가? 하는 문제에도 여러 가지 방안이 있다고 보는가? 또 그 중에 좋고 나쁜 방법이 구별될 수 있는가? 여러분들은 어떤 절차와 방법에 따라 교육과정을 구성하겠는가? 한 학교의 교육과정을 마련하기 위해서는 어떤 일부터 시작하여 무슨 일들이 이루어져야 한다고 보는가?

1. 교육과정 구성의 원천

만약 여러분들이 학급 교사로서 자신이 가르쳐야 할 교육과정을 스스로 만들어야 한다면 어떤 방법을 사용하겠는가? 우선 한 가지 가능한 생각은 마치 거미가 자기의 몸에서 실을 뽑아 줄을 치듯이 여러분 스스로 곰곰이 생각하고 자신이 이미 갖고 있는 여러 가지 정보를 활용하여 복잡한 교육과정의 틀을 만들어내는 방법이 있을 수 있다. 이 경우 여러분들은 사전에 해당 교과에 대한 많은 지식을 가지고 있고, 가르치고자 하는 연령 단계의 학생들이 무엇을 배워야만 하는지를 잘 알고 있을 것이 요청된다. 교육과정을 마련하는 또 다른 한 가지 방법은 마치 개미가 하는 일과 같은 절차를 따르는 것이다. 즉, 여러분들은 우선 가르치고자 하는 교과와 학년 수준에 맞는 자료들을 여기저기서 모으고, 그 자료들을 다시 적절한 방식으로 조직하여 필요할 때 사용하게 되는 것이다. 물론 이러한 절차를 거치지 않고도 여러분들은 학교나 교육청에서 주어지는 교육과정 안내서를 직접 참고할 수도 있다. 이것도 비록 나쁜 생각이라고 말할 수는 없지만, 그것이 어떻게 만들어진 것인지는 한번쯤 생각해 보는 것이 좋을 것이다. 교육과정을 만드는 데에는 어떤 방법이 더 적절하다고 생각하는가? 거미의 방식? 개미의 방식? 아니면 또 다른 방법? 이제 이 문제를 좀 더 깊이 있게 살펴보기로 하자.

교육과정의 구성은 교과를 중심으로 이루어질 수도 있고, 학습자를 중심으로 해서 이루어질 수도 있으며, 또는 사회를 중심체로 해서 형성될 수도 있다. 우리는 이미 앞장에서 교육과정 구성에 대한 몇 가지 일반적 관점들을 살펴본 바가 있다. 예컨대 미국 교육연합회의 10인 위원회가 제안했던 중등학교 교육과정은 전적으로 교과중심의 관점으로부터 구성되어진 것이었다. 일단 대학교육을 위한 준비라고 하는 목적이 설정되고, 그에 합당한 교과목들이 결정되고 난 뒤에 실제적인 교육과정 구성의 작업이 시작되었다. 여기에는 교과 전문가들이 동원되었고, 그들은 각 교과를 여러 단원으로 나누어 학년 수준에 맞게 계열화하는 일에 열중하였다. 예컨대 10인위원회가 내놓은 역사 교육과정을 보면 5학년과 6학년에서는 역사적 인물과 신화를 통해 역사를 소개하고, 7학년에서는 미국의 역사를 다루며, 8학년에서는 그리스와 로마의 역사, 9학년에서는 프랑스의 중세와 현대사, 10학년에서는 영국의 중세와 현대의 역사를 다루고, 11학년에 와서는 다시 미국의 역사를, 그리고 12학년이 되면 문명에 대해서 가르치도록 되어 있다. 이렇게 배열된 내용들은 그 각각에 들어가서 다시 하위 단원들로 나뉘어져 소개되고 있는 것이다.

이와는 달리 진보주의 교육자들은 교육과정 구성에 있어 아동에게 관심의 초점을 두고자 하였다. 우선 학습자의 요구를 받아들이고 그에 필요한 활동과 자료 및 과제들을 찾아 적절한 환경을 마련해 줌으로써 의미 있는 학습경험을 제공해 주고자 했던 것이다. 이러한 생각에 따라 많은 실험학교에서는 전통적인 교과 중심의 교육과정 대신에 경험적이면서 학습자 중심의 여러 자료들이 창안되고 시도되었다. 진보주의자들은 흔히 전통적 교과 전문가들이 하는 절차는 손쉽고 안이한 방식이라고 보고, 교육과정의 구성은 실제적인 학교나 학급 상황으로 도출되어야 한다고 생각하였다. 그러나 불행하게도 실제로 그들이 보여준 노력은 과학적이고 조직적인 실험이기보다는 시행착오적인 면이 많았다.

그러나 20세기 초반에 미국에서는 교육과정을 보다 엄격한 과학적 절차에 따라 구성해 보고자 하는 노력들이 있었다. 이러한 노력의 일환은 사회중심 교육과정의 형태로 나타났으며, 이는 교육과정의 구성에 그 사회의 규준과 실제가 반영되어야 한다는 생각이었다. 이에 따라 각 급 학교 들이 자체의 교육과정에 대한 조사를 실시하였고, 다른 지역의 학교와 비교해 보기도 하였으며, 그것이 최근의 내용을 제대로 담고 있는지 또는 규준에 적합한 것인지를 따져보기도 하였다. 또한 일상생활 속에서 가장 빈번히 사용되는 단어가 무엇이며, 성인들이 가장 많이 이용하는 산술적 기능이 무엇인가에 대한 과학적 연구를 통하여 교과서 집필자나 교육과정 개발자들은 읽고 쓰고 셈하기의 학년별 구성에 대한 아이디어를 얻기도 하였다. 그런가 하면 사회중심의 교육과정 구성에는 이러한 자료중심의 과학적 접근과는 다소 다르게 '목적지향적'인 관점도 있었다. 이것은 일단 교육철학자들이 조망하는 우리 사회의 바람직한 발전방향을 설정하고, 이러한 목적을 성취할 수 있도록 교육과정을 설계하고자 하는 것이다. 예컨대 이러한 목적으로 제안된 것을 보면, 민주적인 사회라든가, 도덕적인 인간, 자기 충족적이고 통합된 개인, 생산적이며 행복한 시민 등과 같은 것이다. 우리가 앞에서 살펴본 바 있는 브라우디 등의 저서나 하바드위원회의 보고서는 이러한 목적 지향의 접근을 택하고 있는 것으로 볼 수 있다. 여하튼 교육과정 구성에 대한 과학적 접근은 예나 지금이나 가장 큰 주류를 이루는 방식이라는 점에는 변함이 없다.

교육과정 구성에 대한 '과학적' 접근의 가장 고전적인 예는 플랭클린 보비트(Franklin Bobbitt)가 1924년에 출판한 『교육과정 구성의 방법』이라는 저서에서 찾아볼 수 있다. 그는 교육과정을 결정하기 위하여 당시 경영학에서 개발된 '과학적 관리법'으로부터 시간-동작 연구 기법(time-and-motion-study techniques)이라는 것을 받아들여, 잘 교육 받은 사람은 어떤 행동을 하게 되는지를 분석하고자 하였다. 이것은 원래 공장이나 회사에서 작업의 능률을 올리기 위해 그 일의 특성을 분석하는 방법이었다. 예컨대 벽돌 쌓는 일을 잘 하고자 한다면, 우선 기록이나 업적에서 유능한 벽돌공이 누구인가를 가려내고, 그가 그 일을 어떻게 수행하고 있는지를 면밀히 분석해서, 다른 노동자들도 그의 방법을 따르도록 훈련시키면 된다고 보는 것이다. 그 당시 보다 현명하고 효율적으로 행동하는 사람을 길러낼 수 있도록 교육과정을 만들고자 원했던 많은 교사나 교육학자들에게 이러한 방식은 상당히 현실적이고 유용한 생각으로 받아들여지게 되었다. 또한 1970년대에 있었던 성취 목표 중심(performance-based) 교육이나 능력 중심(competency-based) 교사교육의 운동도 이러한 교육과정 구성 방식의 재현이라고 말할 수 있다.

2. 타일러의 논리

교육과정을 구성하는 방법에 대한 여러 가지 아이디어 중에서도 지금까지 가장 큰 영향력을 주고 있는 것은 단연 '타일러의 논리(Tyler's Rationale)라고 보아야 할 것이다. 사실 다니엘 타너(Daniel Tanner)와 로렐 타너(Laurel Tanner)도 지적했듯이 타일러의 논리는 20세기에 있어 교육과정의 설계에 대한 우리의 생각을 지배해 온 주된 패러다임이라고 말할 수 있다. 여기서 말하는 패러다임이란 어떤 한 분야에서 일하는 많은 사람들에 의해 그 당시 일반적으로 받아들여지고 있는 일련의 안내 아이디어들을 말한다. 비록 일부 지엽적이고 보조적인 다른 생각들이 있을 수 있지만, 보다 좋은 새로운 사고모형이 제안되고 채택되기 전까지는 현재의 패러다임이 우리의 사고를 지배하게 된다. 따라서 특정 분야사람들이 자신의 과목에 대해 그 패러다임을 벗어나는 생각을 한다는 것을 불가능하지는 않겠지만 상당히 어려운 것으로 여겨진다. 이제 다니엘 타너와 로렐 타너가 타일러의 논리를 우리 시대의 가장 지배적인 교육과정 개발의 모형으로 지적했듯이, 우리도 그 밖의 다른 방식으로 교육과정의 구성을 생각한다는 것은 어려울지 모른다. 비록 오늘날 타일러의 논리에 대한 일부 비판들이 제기되고 있고 새로운 대안적 모형들이 제안되고 있기는 하지만, 우리 생각으로는 아직 그 세력을 능가하는 것은 없다고 본다. 이제 타일러의 논리에 대한 설명을 들으면서 여러분들은 이 체제를 벗어나서 다른 방식으로 교육과정 구성의 절차를 마련할 수 있는지를 한번 생각해 보라. 만약 그것이 불가능하다면 여러분들도 스스로 타일러의 논리에 깊이 영향 받고 있음을 깨닫게 될 것이다.

1949년에 타일러(Ralph Tyler)는 그가 시카고 대학에서 가르치던 교육 260 코스의 강의 내용을 정리하여 『교육과정과 수업의 기본 원리』라는 조그마한 책자를 출판하였다. 그는 이 소책자를 '논리(rationale)'라고 지칭하였는데, 그 이유는 "이 책이 교육과정의 구성을 위해 교육과정을 만들기 원하는 대학에 의해 선택된 단계적이고 구체적인 절차와 방법을 말해주는 지침서가 아니라, 교육 기관의 프로그램을 분석하고 해석하는 관점을 보여주기 위한 것"이기 때문이라고 그는 주장한다. 비록 타일러는 그의 논리가 단계적인 방법을 제시하는 것이 아니라고 강조하였지만, 실제에 있어 그것은 교육과정 구성의 단계적인 절차로 해석되고 또 많은 사람들이 그러한 절차를 따르고 있다.

타일러는 다음의 네 가지 기본적 질문을 바탕으로 그의 논리를 구성하였는데, 이것은 어떤 종류의 교육과정을 개발하는 데 있어서나 반드시 제기되어야 할 질문이라고 보았다. 그 질문들은 다음과 같다.

- 학교는 어떤 교육목표를 달성하고자 노력해야 하는가?
- 이러한 목표를 달성하기 위하여 어떤 교육 경험들이 제공될 수 있는가?
- 이러한 교육 경험들을 효과적으로 조직하는 방법은 무엇인가?
- 의도한 목표가 달성되었는지 아닌지를 판단하는 방법은 무엇인가?

결국 타일러가 제시한 네 가지 질문은 교육과정을 구성할 때 고려되어야 할 네 가지 요소를 의미한다고 볼 수 있다. 그것은 1. 교육의 목적이나 목표의 설정, 2. 위 목표를 성취하도록 학생을 도와줄 교과나 학습경험의 선정, 3. 학습경험의 조직, 그리고 4. 그 교육과정을 사용한 결과의 평가로 요약하여 부를 수 있을 것이다.

위의 교육과정 구성을 위한 네 가지 질문에 대해 차례로 설명하면서도 타일러는 자신은 학교가 실제로 어떤 교육목표를 가져야만 하는지에 대해서는 한마디도 언급하지 않고 있다. 그는 다만 각 학교가 자체적인 목표를 설정해야 한다고 말하고 있다. 목표를 설정하는 과정에서는 학습자에 관한 연구나 현대 사회생활에 관한 조사, 그리고 교과 전문가의 견해 등을 기초적인 자원으로 하여야 하며(이것은 위에 자세하게 묘사한 세 가지 요소와 같다), 이로부터 도출된 내용들은 보다 중요하고 일관된 소수의 목표들로 다시 추려질 필요가 있다고 주장한다. 타일러는 또한 학교 나름으로 교육철학을 진술할 것을 제안하고 있는데, 이는 앞으로 설명한 세 가지 기초적인 자원으로부터 도출된 목표들의 타당성을 검증하고 학교가 갖는 일반적인 목적과 조화를 이룰 수 잇는지를 판단하는 준거가 된다고 보았다.

타일러는 또한 학습심리학이 목표를 걸러줄 수 있는 체의 기능을 할 수 있다고 보았다. 그것은 실제로 학생들에게 학습될 수 있는 목표와 그렇지 못한 목표를 갈라주고, 어떤 내용이 학습되어질 수 있는 적절한 연령과 기간을 설정하는 데에 도움을 준다. 그러나 학습이론에는 여러 가지 서로 다른 견해와 관점이 있기 때문에, 학교는 그 자체의 철학과 상응하는 학습심리학을 선택할 필요가 있다. 예컨대 인본주의적인 경향을 갖는 학교에서는 행동주의 심리학으로부터 도출된 학습이론을 받아들인다는 것이 어려울지 모른다. 따라서 한 학교는 교육철학에 있어서나 학습심리학적인 견해에 있어 일관되고 종합적인 관점을 갖는 일이 무엇보다 중요하다.

학교가 달성하고자 하는 교육목표가 결정되면 그것을 보다 분명하고 명확한 용어로 진술하도록 타일러는 권하고 있다. 그렇게 함으로써 학생들이 그 목표를 달성하기 위해 무엇을 배워야 할 것인지가 분명해지고, 나중에 정확한 평가도 가능해진다는 것이다. 다시 말해서, 교육목표는 학생들이 학습을 마친 후에 그 목표를 제대로 성취했는지 못했는지를 판단할 수 있는 평가의 준거가 되도록 요구되는 학생들의 행동 변화를 명시하여야 한다는 것이다.

일단 교육목표가 설정되면 그 목표를 성취하기 위해서 어떤 학습 경험들을 마련해야 할 것인가를 결정해야 한다. 타일러가 보기에 이러한 일은 상당히 창의적인 노력을 요하는 과정으로서, 교사들은 가르쳐질 수 있는 여러 가지 가능한 내용들을 마련하여야 하는 단계이다. 마련된 학습경험의 내용들은 우선 당초 목표가 추구하는 준거에 비추어 타당한 것이지 또는 의도한 행동 변화를 가져올 수 있도록 충분한 기회가 주어지는 것인지가 확인되어야 한다. 그런 다음에 그것들은 잘 다듬어져서 한 가지 경험으로도 여러 가지 목표달성에 기여할 수 있도록 경제성을 고려한 선택과 조직을 가져야 할 것이다.

만약 어떤 교육목표가 여러 가지 학습경험의 계속적이고 누적적인 결과로만 성취될 수 있는 것이라면, 학습이나 교과에 관한 경험들은 마땅히 서로 유기적인 관련을 맺을 수 있도록 조직되어야 할 것이다. 교과와 교과 간에 혹은 한 교과

내에서의 시간적 흐름에 따라 학생들이 갖는 경험들이 단편적이거나 상호 괴리현상을 보일때, 목표의 효율적 성취를 위해서는 유사한 경험들을 다른 방식으로 반복적으로 제공함으로써 보다 충분한 학습을 유도하도록 하고(계속성의 원리), 한 교과의 내용이 여러 차례 계속되면서 경험의 폭은 넓어지고 깊이는 더욱 심화될 수 있도록 배려되어야 하며(계열성의 원리), 또한 학교에서 학생들이 갖게 되는 여러 가지 학습경험들은 따로따로 분리되기보다는 상호간에 구조적인 관련성을 가질 수 있도록 조직되어야 할 것이다(통합성의 원리), 교육적인 경험은 단편적인 지식이나 기능의 단순한 집합이어서는 안 되기 때문이다.

타일러는 교육과정 개발에 있어 먼저 적절한 조직의 형태를 결정하고, 그 형태 속에서 구체적인 요소들 간의 계속성과 계열성 및 통합성을 고려하도록 권하고 있다. 예컨대 수학에서는 개념이나 기능이라고 하는 것이 내용 요소를 구성하는 중요한 형태가 되기도 하고, 사회과에서는 개념이나 기능 외에 가치문제가 교육과정 구성의 틀이 되기도 한다. 보다 크게 보면 학교 전체의 프로그램도 일정한 조직의 구조나 형태를 필요로 한다. 중등학교에서는 흔히 교과목을 중심으로 수업 시간표나 교육과정의 조직 구조가 마련되지만, 초등학교는 이보다는 다소 유연성이 있어서 이따금 무학년제를 실시하거나 교사의 재량에 따라 하루나 일주일의 계획이 마련되기도 한다. 따라서 각 학교는 그 학교에 가장 적합한 교육과정의 조직 구조나 형태를 각기 결정해야만 하는 것이다. 이렇게 볼 때 타일러의 논리는 언제나 가치 결정의 방법과 절차만을 말해줄 뿐, 그 스스로는 가치중립적인 입장을 택하고 있음에 주목할 필요가 있다.

타일러 논리의 마지막 요소인 평가는 교육과정에서 본래 의도하였던 목표가 얼마나 성취되었는지를 알아보는 과정이라고 할 수 있다. 이러한 평가를 통해서 프로그램에 내재되어 있는 가정과 가설의 타당성을 따지고, 또 교육과정 속에서 사용된 방법의 효율성을 검증하기도 한다. 이를 위해 평가에는 학생들의 실제적인 행동변화의 증거가 포함되어야 하는데, 그것은 여러 차례 반복 평가되어 한번 학습된 성취행동이 오래 유지되고 있음을 보여주어야 한다. 또한 교육평가에는 검사나 작품 평가, 질문지, 관찰 기록 등 여러 가지 다양한 도구들이 사용될 수 있다. 그러나 그 도구들은 당연히 그 학교의 교육목적이나 철학에 적합한 것이어야 할뿐 아니라, 누가 상용을 하든 같은 결과가 나올 수 있도록 객관적으로 마련된 것이어야 한다. 평가의 결과로 얻어진 정보는 학교 프로그램의 특징과 문제점을 파악하고 보다 나은 개선안을 만드는 일에 적극 활용되어져야 할 것이다.

지금까지 길게 설명한 타일러 논리의 내용을 간단히 요약하면, 학교 교육과정의 개발은 우선 교육목표를 설정하고, 학습 활동을 선정하여, 그 내용을 잘 조직하고, 적절한 평가의 수단을 마련하는 과정이라고 할 수 있다. 이처럼 타일러의 논리는 교육과정의 목적이나 내용 문제에서 평가에 이르기까지 거의 모든 문제들을 다루고 있지만, 그 다루는 방식이 다른 사람들과는 다르다. 즉 앞 장에서 살펴본 바와 같이 교육과정의 현상을 개념화하고자 시도한 많은 사람들은 어떤 모습이로든 이상적인 목적이나 내용에 대한 나름대로의 가치판단을 표방하고 있지만, 타일러는 이상적인 목적이나 구체적인 목표가 무엇이어야 하는지, 또한 어떤 프로그램이 좋은 것인지에 대해서는 전혀 언급이 없다. 따라서 그의 논리는 어떠한 종류의 교육과정이든 그것을 종합적으로 구성할 수 있게 해 주는 합리적인 도구로서의 방법을 제시해 주는 것이라고 할 수 있다. 결국 타일러 논리의 이러한 특징은 20세기의 지배적인 사고 모형이라 할 수 있는 과학적 사고방식에 따라, 교육과정의 구성에 있어 가치판단을 배제하고 객관성과 공정성을 강조하는 입장을 반영하고 있는 것이라고 보아야 할 것이다.

이처럼 타일러의 논리는 무엇을 가르칠 것인가? 라는 교육과정 그 자체의 문제보다는 교육과정을 구성하는 방식에 관련된 사고라고 할 수 있다. 타일러의 가정은 모든 학교의 교육과정이 서로 다를 수 있으며, 또 마땅히 달라야 한다는 것이었다. 예컨대, 시골 농촌에 있는 학교에 적합한 교육과정이 대도시에 있는 학교에도 그대로 적용될 좋은 교육과정일 수는 없다. 두 학교 사이에 공통점이 있다면 그것은 오히려 서로 다른 교육과정을 만들어내는 일정한 절차와 방법일 것이다. 각 학교는 그 학교가 갖는 철학과 가치 체계를 이용하고, 그들이 갖는 특수한 상황을 고려하여 최선의 교육과정을 결정하는 유사한 방식을 따르게 된다고 타일러는 주장한다.

다니엘 타너와 로렐 타너가 타일러의 논리를 20세기 교육과정 개발을 주도하는 지배적인 패러다임이라고 지칭했듯이, 그동안 타일러의 방법론적 논리를 따르는 여러 가지 교육과정의 주장과 제안들이 있어 왔다. 예컨대 포팸(James Popham)은 『경험주의자로서의 교사』라는 책에서 타일러의 논리를 바탕으로 효율적인 교수활동에 대한 그의 주장을 펴고 있다. 즉, 포팸은 이 책에서 타일러와 마찬가지로 가치중립적인 절차를 따라 교수활동의 과정을 마련하도록 교사들에게 권하고 있는 것이다. 포팸은 교수활동의 과정에서 교육평가의 중요성을 강조하고 있는데, 성공적인 교수활동의 평가를 위해서는 우선 교사들은 분명하고 측정 가능한 행동적 수업목표를 가질 필요가 있다고 주장한다. 이러한 행동적 목표는 블룸의 교육목표 분류학으로부터 도출해 내거나, 혹은 타일러의 논리의 첫 번째 단계에서 말하는 원천으로부터 직접 만들어낼 수도 있으며, 또는 포팸 자신이 동료들과 함께 UCLA대학에 만들었던 '수업목표 은행'으로부터 도움을 받을 수도 있다. 일단 행동적 수업목표가 마련되면 그 다음 단계에서 학생들은 그 목표의 어느 수준에 도달해 있는지를 알기 위한 사전 검사를 받는다. 그리고 나서 그 목표의 달성을 위한 수단으로서의 수업 전략이 마련되고 실행되어지며, 끝으로 그 목표가 제대로 성취되었는지가 학생의 행동 변화라고 하는 측정 가능한 형태로 평가된다. 이처럼 포팸이 주장하는 효율적인 교수활동의 과정을 구성하는 이론적 전략은 타일러 논리의 복사판과도 같은 반영이라고 말할 수 있다. 포팸이 말하는 교수활동의 절차도 목표, 선정, 조직, 평가라고 하는 타일러 논리의 네 단계를 그대로 따르고 있는 것이다. 타일러 논리를 교육과정 개발의 패러다임으로 보는 다니엘 타너와 로렐 타너의 주장은 영향력이 있다. 여러분들도 교육과정의 구성이나 교수활동의 전개에 있어 이러한 목표, 선정, 조직, 평가라고 하는 요소와 단계가 꼭 필요하다고 생각하는가? 혹은 이와는 다른 더 좋은 방법이 있을 수 있다고 보는가?

앞에서 말했듯이 Tyler(1949)는 「교육과정과 수업의 기본원리」라는 저서에 교육과정을 개발할 때 제시한 교육과정의네 가지 구성요소와 그들 간의 관계를 그림으로 다음과 같이 나타낸다.

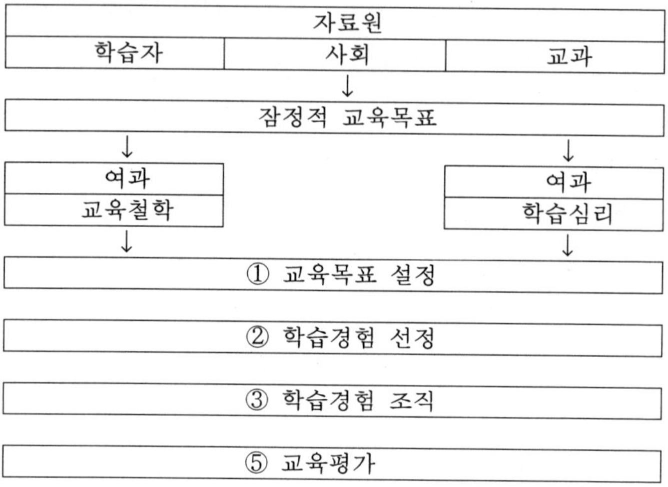

〈Tyler의 합리적 모형〉

3. 슈왑의 실제적·절충적 접근

슈왑(Joseph Schwab)은 오늘날 교육과정 이론가들이 구체적이고 일상적인 교육과정의 문제에 대한 해답을 추구하기보다는 교육과정 개발의 일반적인 이론에만 열중함으로써 교육과정의 연구가 제 길을 잃고 있다고 주장하면서, 교육과정 구성을 위한 다소 급진적인 방향을 제시하고 있다. 그러나 이러한 그의 생각도 타일러의 논리와 근본적으로 대치되는 것은 아니며, 오히려 상호보완적인 것임을 슈왑 자신도 인정하고 있다. 그는 오늘날 교육과정의 연구 분야가 빈사상태에 놓여 있다고 단호하게 말하면서, 현재와 같은 원리나 방법으로는 그 연구를 계속할 수 없을 뿐더러 교육의 발전에도 전혀 기여할 수 없다고 주장한다. 그것은 지금까지의 교육과정 연구가 검증되지도 않고 고질적으로 잘못 이해된 '이론적인 것(theory)'에만 의존하고 집착해 왔기 때문이라는 것이다. 이제 교육과정 연구는 이론의 추구라고 하는 쓸데없는 일로부터 벗어나서 '실제적(practical)', '준실제적(quasi-practical)', 그리고 '절충적(ec-lectic)'이라고 하는 세 가지 방향으로 노력을 모아갈 때, 교육과정 분야에 르네상스가 있고, 교육의 질 향상에 기여할 새로운 능력이 생길 것이라고 슈왑은 주장한다.

슈왑이 제시하는 세 가지 대안적 방안이 어떤 것인지를 간단히 설명하기는 쉽지 않다. 그러나 그것은 교육과정 연구가 근본적으로 특수한 상황에 따라 적절한 대안적 행동을 모색할 수 있도록 해야 한다는 것으로 요약될 수 있을 것이다. 즉, 어떤 한 가지 문제를 이해하고 설명하기 위해서는 그 문제가 발생한 특수한 상황과 관련된 여러 사실이나 지식에 바탕을 두고 해석되어야 하며, 일반적인 행동의 법칙이나 이론만으로 파악될 수 있는 것이 아니라는 것이다. 오히려 이론의 좋고 나쁨은 그것이 구체적인 상황에 얼마나 유용하게 적용될 수 있는가 하는 정도라고 보아야 할 것이다. 이러한 특수한 상황에 대한 배려는 마치 배심원들이 주어진 여러 구체적인 증거들을 바탕으로 오랫동안 고심하여 판결을 내리듯이 '숙의(deliberation)'라고 하는 과정을 통하여 가능한 것으로 슈왑은 보고 있다.

슈왑은 우리들에게 보편화된 일반 원리로 구성되는 교육과정의 이론을 추구하기보다는 구체적인 교육과정의 정책이나 실천의 사례에서 보다 좋은 결정과 행위를 찾도록 권하고 있다. 예컨대 치열한 선거전에서 어떤 후보가 당선될 것인지, 사람들이 어떤 배우자를 찾아 결혼하게 되는지, 또는 어떤 직업들을 선호하는지와 같은 질문에 대하여 우리가 언제나 일관된 완전한 해답을 찾을 수 없듯이, 모든 교육과정 문제에 적용되는 일반적이고 추상적인 해결책을 갖기를 기대해서는 안 된다는 것이다. 우리가 어떤 배우자를 선택하고 어떤 직업을 갖는가 하는 것은 곧 우리의 삶을 결정하는 일이며, 그러한 일들은 우리의 최선의 지적인 노력을 필요로 하는 것이지 배우자나 직업 선택의 이론을 생활에 적용하는 일이 아니다. 마찬가지로 교육과정에 대한 의사 결정도 교육과정 이론을 필요로 하는 것이 아니라고 슈왑은 주장한다.

실제로 교육과정을 개발하고 있는 집단들이 어떠한 과정을 거쳐 그 일을 수행하고 있는지를 살펴본 월커(Decker Walker)는 그들이 타일러가 말하는 네 가지 단계를 그대로 따르고 있지 않다는 사실을 보고하고 있다. 많은 교육과정 개발 연구들은 전혀 목표를 진술하고 있지 않거나, 설혹 진술한다고 하더라도 작업의 초기에서 교육과정 개발의 기준으로 제시하기보다는 교육과정이 다 개발된 후에 교사들에게 그들의 의도를 설명하기 위한 방편으로 목표를 진술하는 경우가 많았다. 실제적인 교육과정 개발자들이 작업에 임하면서 갖고 있는 것은 구체적으로 진술된 목표가 아니라, 그들이 학교, 학생, 학습, 교실, 사회 등에 관해 갖고 있는 신념과 따라야 할 좋은 절차와 좋은 교육의 내용과 방법이 어떤 것인지에 대해 막연히 갖고 있는 관념들이다. 따라서 그들은 그들이 공유하는 신념을 서로 나누고 분명히 하는 데에 많은 시간을 사용하고 있었으며, 이러한 과정을 통해 그들은 소위 월커가 '플랫폼(platform)'이라고 이름한 공통의 기본 가정들을 가질 수 있었다.

많은 경우 교육과정 개발 작업은 우선 교육과정 개발을 위해 해야 할 일이 무엇인가를 제안하고, 그 각각의 제안들이 갖는 이점과 문제점에 대한 찬반토론의 형식을 따르고 있었다. 따라서 이러한 토론들은 자연히 그 구성원들이 갖는 플랫폼에 크게 의존하고 있었는데, 그것은 마치 배심원이 주어진 법률에 따라 상대적으로 달리 판결을 고려하듯이 교육과정 개발자들도 토론된 과목에 의해서가 아니라 그들이 갖는 신념과 관념 체계에 따라 사고의 방식이 다르다는 것을 알 수 있었다. 그들은 또한 배심원이 결과적으로 유죄와 무죄의 결정을 내리듯이 여러 상황과 사실을 고려하여 최선의 방안을 결정하게 되는데, 이때 그들은 슈왑이 말하는 '숙의'의 방법을 사용한다는 것이다.

슈왑이 말하는 교육과정 개발의 숙의적 방법은 타일러의 논리와 상당히 다른 것 같지만 반드시 반대되는 것이라고 보기는 어렵다. 예컨대 슈왑의 제안은 타일러가 말하는 목표를 결정하는 한 가지 방식으로 볼 수도 있는 것이다. 그러나 슈왑의 모형은 숙의나 판단, 특수한 상황에 대한 배려, 다양한 개념과 사고의 활용 등 타일러의 논리에서는 사소한 문제로 취급되었던 교육과정 개발의 과정적인 측면을 강조해 주고 있는 것이다. 타일러는 목적으로서의 교육목표를 먼저 설정하고 우리의 행위는 그것에 대한 수단으로서 적합하여야 한다고 보았지만, 슈왑은 목적과 수단이 서로를 결정해 주는 상보적인 것으로 보았다. 타일러의 모형에 따르면 우리는 교육과정 개발에 앞서 목표를 분명하게 설정하여 누가 보더라도 후에 그 목표가 제대로 성취되었는지를 확연히 알 수 있도록 하여야 되지만, 슈왑의 숙의적 방법에서는 목표의 진술을 생략할 수도 있고 또는 교육과정 개발 작업이 끝난 후에 정리하여 제시할 수도 있을 것이다.

교육과정의 구성에 대한 슈왑의 견해는 타일러의 논리보다는 조직적이거나 종합적이지는 못하지만 오히려 보다 유연한 변증법적인 특성을 갖는다고 할 수 있다. 그러나 슈왑의 모형도 숙의의 과정에서는 여전히 타일러가 제기했던 것과 같은 종류의 질문들을 묻지 않을 수 없다. 즉, 우리가 슈왑의 제안에 따라 특수한 상황에 적합한 교육과정의 개발을 위하여 숙의의 방식을 택한다고 하더라도, 우리가 교육과정을 개발하는 목적이 무엇이며, 그 목적을 어떻게 성취할 것인지를 따지지 않을 수 없는 것이다. 슈왑 자신도 이러한 점을 인정하고 있으며, 따라서 교육과정 구성에 관해 생각한 타일러 논리의 지배를 완전히 벗어나지 못하고 있다고 보아야 할 것이다.

Schwab(1971)은 수업에 관련되는 요인을 학습자, 교사, 교육내용, 환경으로 정리할 수 있다면 학습경험의 선택과 조직도 제시한 몇 가지 원리보다는 이들 모든 요인들을 고려하는 수업모형을 이용하는 것이 좋으며 수업모형은 수업사태를 만들어 내는 변인들과 그것들 간의 복잡한 관계를 간단명료하게 나타내기 위하여 고안된다. 수업모형을 사용하면 수업사태에 관계된 제 변인들을 확인하고 그것들의 관계를 알 수 있기 때문에 수업을 설명하고 처방하기 쉽다.

4. 프레이리의 해방이론

교육과정 구성에 절차에 관한 논의에서 타일러의 논리와 전려 다른 입장을 취하고 있는 것도 없지 않다. 그 중에서도 가장 혁신적인 제안은 브라질의 교육자 파울로 프레이리(Paulo Freire)가 브라질 북동 지역에 살고 있는 문맹의 농부들을 대상으로 가르치고자 개발했던 민중교육의 방법과 절차일 것이다. 프레이리는 자신의 정치적, 철학적 신념과 교육적 실천의 원리를 담아 『피압박자의 교육학』이란 책을 출판하였는데, 그는 이로 인하여 브라질 정부로부터 1964년 국외로 추방당하는 일을 겪기도 하였다. 프레이리가 보는 교육과정의 개발의 중요한 목적은 사람들에게 '비판적 의식(critical consciousness)'을 자극하고 길러주는 일이기 때문에, 여기서는 주로 그 책에서 소개하고 있는 교육과정 개발의 측면만을 살펴보도록 하겠다.

프레이리의 기본적인 교육적 관심은 부유한 사람들에 의해 노예처럼 지배당해 온 가난하고 힘없고 무지한 사람들을 일깨우는 데에 있다. 프레이리에 따르면 사회 현실에 대한 압박자들의 논리가 그 사회의 지배 집단에 의해 피압박자들에게 강요됨으로써, 피압박자들은 자신이 처한 상황을 올바로 볼 수 없게 되거나, 그것이 오직 유일한 길인 것으로 생각하게 된다는 것이다. 이러한 현상은 언어, 습관, 신화, 대중문화 등 직접 또는 간접적인 여러 방식을 통하여 일상생활 속에 침투되어 있어서 피지배자들은 지배자의 논리를 아주 당연한 것으로 받아들이게 되고, 그로 인해 심리적인 착취를 경험하게 된다. 즉 그들은 지배자의 논리에 따라 자신을 열등하고 능력이 없으며 가치 없는 존재로 생각하게 되고, 결국 운명론이나 자기 비하 또는 정서적인 의존성 등 피지배자로서의 성격적 특성을 갖게 된다는 것이다.

따라서 프레이리가 보는 교육의 일차적인 책임은 피지배자들로 하여금 이러한 태도를 극복하고 적극적인 자유와 그에 따른 인간의 책임을 배우도록 하는 일이다. 이러한 교육은 피지배자들을 마치 교육자들에 의해 변화되어야 할 대상으로만 여기는 상황에서는 이루어질 수 없다. 오히려 그들은 스스로 자신들의 해방을 성취하기 위해 교육자의 도움을 필요로 하는 능동적인 인간으로 생각되어야 한다. 피지배자들은 그들 자신이 자기의 삶을 보다 인간답게 만들어가는 존재론적이고 역사적인 과업을 수행해가는 주체임을 인식할 필요가 있다. 이러한 교육적 과제는 '대화(dialogue)'라고 하는 방식을 통하여 이루어지며, 여기서 교육자가 할 일은 그들의 문제를 해결해 주는 일이 아니라, "그들이 살고 있는 세계와 관련하여 인간이 갖는 문제를 제기하는 일이다." 여기서 교사와 학생은 그들의 현실 인식을 함께 개발하고 개선해 가는 협력자요, 공동탐구자가 된다. 그들은 결국 왜곡된 현실 속에서 모든 것을 당연하게 받아들이는 거짓 인식으로부터 벗어나서 왜곡되어 억누르는 성향을 가진 잘못된 힘의 중앙에서 세상을 비판적으로 바라볼 수 있게 되는데, 이것이 곧 프레이리가 말하는 '비판적 의식'인 것이다.

그러면, 어떻게 대중들에게 이러한 비판적 의식을 길러줄 수 있는 교육과정을 개발할 수 있을까? 프레이리의 제안에 따르면, 교육자들은 우선 한 지역의 주민들과 함께 생활 속에 내재된 현실 인식들을 다시금 돌이켜 생각해 볼 수 있는 '발생적 주제(generative themes)'들을 찾아내야 한다. 이를 위해 교육자들은 먼저 교육을 받게 될 주민들의 대표를 만나서 그들의 동의와 협조를 구하고 교육 계획을 논의한다. 교육자들은 또한 주민들을 방문하고 그들이 가정이나 직장, 교회, 또는 유흥장에서 어떻게 생활하고 있는지를 관찰하며, 그들의 언어, 실제적인 행동이나 태도, 의상, 인간관계 등을 조사하기도 한다. 교육자들은 주민들이 어떻게 그들의 현실과 상황을 받아들이고 있는지를 알아 봄으로써 후에 주민들의 의식을 고양시키는 데 도움이 되는 모든 가능한 정보들을 얻고자 한다.

이러한 지역 주민의 생활조사 결과는 교육자들과 지역사회 인사들로 구성되는 평가 회의에 제출된다. 관찰자들이 목격한 사실들을 보고하고 그에 대한 느낌과 생각을 이야기하면, 참석자들은 함께 그 사건을 해석하고 주민들이 갖는 생활의 여러 측면들을 논의한다. 이러한 논의를 통하여 주민들이 억압당하고 있다는 것을 보여주는 모순들을 찾아내게 되는데, 이것이 앞으로의 교육 활동에서 사용될 일차적인 주제가 되는 것이다.

일단 주제를 분명히 하고 그 주제와 관련된 구체적인 자료들을 지역사회나 주민들로부터 구하게 되면, 교육자들은 다시 지역사회로 가서 교육을 받게 될 주민들과 함께 '주제 탐구 활동(thematic investigation circle)' 모임을 시작하게 된다. 이 모임에서 주민들은 자신에게 주어진 구체적인 자료들을 놓고 논의를 벌이게 되는데, 이때 교육자는 주민들이 자신의 생각을 이야기하고 또 다른 사람의 견해와 비교해 보도록 유도해 간다. 프레이리는 이러한 과정을 습관성 음주에 대한 교육의 예를 들어 설명하고 있다. 즉 음주에 대해 일방적으로 꾸짖고 야단치기보다는 참석자들간에 구체적인 사건이나 사례에 대한 자신의 생각을 자유롭게 표현하도록 격려한다. 논의의 과정에서 교육자는 그들이 분명히 인식하지 못하고 있는 문제에 대해 조언해 준다. 예컨대 한 노동자가 퇴근만 하면 꼭 술을 마셔야 한다고 말했을 때, 교육자는 "직장으로부터 받는 욕구불만이 많은 것 같다"고 언급해 줌으로써 그가 직장의 어려운 작업환경과 낮은 임금에서 받는 욕구 불만을 인식하게 한다.

이제 주제 탐구 활동이 끝나게 되면 심리학이나 사회학, 교육학 등 여러 분야의 학자들과 비전문적인 자원봉사자들이 함께 모여 실제적인 수업에서 교육과정으로 사용될 발생적 주제들을 분간해 내게 된다. 그리고 그 각각의 주제에 맞는 도서나 테이프나 시청각 자료들을 마련하여 소위 '문화활동(culture circle)'이라 불리는 다음 단계의 과정에서 교사들이 이용할 수 있도록 한다.

이제 문화 활동의 단계에서는 이러한 구체적 자료들이 논의의 초점이 된다. 이따금 그 내용은 극화되기도 하지만, 그것은 언제나 해답으로서가 아니라 문제의 제기를 위해 구성된다. 이러한 활동을 통해 주민들은 자신의 생활에 대해 돌이켜 보게 되는데, 이때에는 단순히 지배자의 논리를 수동적인 입장에서 받아들이는 것이 아니라, 그들이 처한 상황을 비판적으로 따져보도록 격려된다. 결국 그들은 그들이 살고 있는 세계에 대해 질문을 던지게 되고, 그들의 의식은 고양되는 것이다.

해방이론가들은 언제나 다른 사람들에 의해 억압받는 삶을 살고 있는 사람들이 그들 스스로를 해방시킬 수 있도록 비판적 의식을 고양시키는 것을 교육의 목적으로 삼고 있다. 그리고 이러한 목적은 단지 브라질의 농부들을 위한 교육에 있어서뿐만 아니라, 대도시에서 가난하게 억압당하고 있는 사람들이나 전세계의 막노동자나 공장 노동자 등 자신의 몫이 무엇인지를 제대로 알지 못하는 사람들의 교육에 똑같이 적용될 수 있다고 그들은 주장한다.

지금까지 살펴본 프레이리의 교육과정론은 단순히 절차적이고 방법적인 것이 아니다. 타일러의 논리와는 달리 프레이리의 경우는 의식의 고양이라는 분명한 교육목적을 표방하고 있다. 따라서 프레이리가 말하는 교육과정 구성의 절차를 다른 목적—예컨대 기존사회 가치의 전달과 유지라고 하는 목적—을 위해 이용한다면, 그는 이에 찬성하지 않을 것이다. 그러나 프레이리의 교육과정 개발 모형도 교육과정의 내용을 미리 구체화하지 않는다는 점에서는 타일러와 유사하다. 프레이리의 모형도 주어진 상황과 조건에 따라 적절한 교육과정의 목표와 내용을 결정하도록 하는 일련의 절차를 우리에게 제시해 주고 있다는 것이다. 이러한 점에서 볼 때, 프레이리의 교육과정 구성에 대한 아이디어는 절차적인 측면과 가치 결정적인 측면을 함께 포함하고 있는 것으로 볼 수 있다. 여하튼 프레이리가 보는 교육과정 구성의 절차는 타일러의 생각과는 전혀 다른것 같다. 여러분들도 정말 그렇게 생각하는가? 프레이리가 제안하는 절차를 따르는 사람들도 교육과정을 구성하기 위해서 결국 목표를 선정하고, 교수 방법을 선택하며, 내용을 조직하고, 마지막으로 평가라는 일을 하게 되는 것은 아닌가? 프레이리의 방식도 타일러의 논리에 바탕을 둔 한 가지 급진적인 변형이라고 보는가, 아니면 교육과정 구성에 대한 전혀 바탕이 다른 접근 방법이라고 보는가? 여러분들이 대도시에 있는 큰 학교에서 근무하거나 또는 막노동자의 자녀들이 많은 농어촌의 조그만 학교에서 근무하든지간에, 의식고양을 위한 교육과정은 교과 중심의 전통적 교육과정과 함께 양립할 수 있다고 보는가? 여러분들은 타일러와 프레이리의 제안 중에서 어느 쪽을 더 선호하겠는가? 그들은 근본적으로 유사한가 아니면 다른가?

5. 수학에서의 타일러 · 슈왑의 이론의 활용

수학과 교육과정은 앞에서 언급한 타일러의 이론에 의하여 설계되고 실행이 되며, 절충적 의미로 슈왑의 논리를 인용한다. 우리나라의 현행 수학과 교육과정은 타일러가 제시한 목표설정을 중시하며, 이 목표설정에 앞서 슈왑의 논리처럼 수학과의 성격, 수학교육 전공자, 학부형 및 산업체에 근무하는 일반시민과 협의하게 된다. 이렇게 해서 교육과정에 목표를 서술하기 전에 수학과의 성격을 다음과 같이 정의해 놓고 있다(중학교 교육과정 , 1992).

수학과는 수학의 기초적인 개념, 원리, 법칙을 이해하게 하고 사물의 현상을 수학적으로 관찰하고 능력을 기르게 하여, 여러 가지 문제를 논리적으로 사고하고 합리적으로 해결하는 능력과 태도를 기르게 하는 교과이다.

이어서 협의된 문서 형태로 중학교와 고등학교의 내용영역을 정하고, 수학내용의 교수·학습시 주의해야 할 점을 개괄적으로 명시하면서 건전한 한 민주시민이 갖추어야 할 수학의 지식을 제시하고 있다.

이러한 포괄적인 협의에 의해 수학의 목표가 제시된다. 그런데 목표진술은 사회의 각 분야에 종사하고 있는 사람들의 견해를 수렴하여 3가지로 설정하는데, 그 진술형식의 목표를 일반적으로 진술한다.

수학의 기초적인 지식을 가지게 하고, 수학적으로 사고하는 능력을 기르게 하며, 이를 활용하여 합리적으로 문제를 해결할 수 있게 한다.

다음 이를 구체적으로 세분화하여 1., 2., 3.으로 명시하는 것이 그 기술상의 특색이다.

1. 생활주변이나 사회 및 자연현상을 수학적으로 관찰, 분석, 조식, 표현하는 경험을 통하여 수학의 기본적인 기능과 개념, 법칙과 이들 사이의 관계를 이해하는 능력을 기른다.
2. 수학적으로 사고하고 의사소통하는 능력을 길러, 생활주변이나 사회 및 자연의 수학적 현상에서 파악된 문제를 합리적이고 창의적으로 해결하는 능력을 기른다.
3. 수학에 대하여 관심과 흥미를 가지고, 수학의 가치를 이해하며, 수학 학습자로서 바람직한 인성과 태도를 기른다.

이들 목표는 각 학년에 가르쳐야 할 내용을 포괄적으로 담은 것으로 이것을 달성하기 위하여 학년에 알맞은 내용을 선정하게 된다. 위의 목표에서 1.는 내용선정에 비교적 명확한 지침을 주고 있다. 수학에서 기초적인 개념, 원리, 법칙은 전통적으로 5개 영역으로 계통수학교육과정기(1963년~1973년)에서부터 정리되어 오랫동안 학교 현실에 맞게 수정되었다(중학교 교육과정, 1963). 다만 선정된 수학내용들이 학문적인 구조에 맞게 표현되는 시행착오를 거친 것이 변화라고 말할 수 있다. 예를 들면 결합법칙이 2+(13+8)에서 계산을 편리하게 하기 위해 (2+8)+13과 같이 사용되는 때가 있었고, 새수학운동의 시기에는 군의 구조 또는 실수체의 구조라는 측면에서 다루어 학문적인 활용을 강조한 때도 있었다.

$$2x+4=6$$

$$2x+\{4+(-4)\}=6+(-4)$$

$$2x+0=2$$

$$\frac{1}{2}(2x)=\frac{1}{2}\times 2$$

$$\left(\frac{1}{2}\cdot 2\right)x=\frac{1}{2}\times 2$$

$$\therefore x=1$$

위의 계산 진행과정을 보면 수학교실에서 진행하고 있는 내용전개와 약간 다름을 알 수 있다. 이것은 새수학운동때에 교실에서 흔히 사용했던 지도방법에 불과하다. 엄격하게 연산의 기본법칙, 역원, 항등원 등이 수학교과서에 강조된 것을 느낄 수 있다. 그러나 지금은 이와 같은 엄격한 방법을 쓰지 않고 덜 공리화하여 지도되고 있다.

1963년 이래 전통적으로 중학교에서 선택되어 온 5개 영역은 수와 식, 방정식과 부등식, 함수, 통계, 도형이고, 이들은 수량관계와 도형에 관한 성질을 구체화한 것으로 볼 수 있다. 이들 영역을 교육과정은 기초적인 개념, 원리, 법칙으로 보고 있으며, 이들 속에서 나머지 두 개의 목표를 도달할 수 있는 수학내용의 세부영역을 기술하고 있다. 그러나 이들 목표에 있는 내용

> 수학의 용어와 기초를 정확하게 사용하게 하고, 생활주변에서 일어나는 여러 문제를 수학적으로 사고하게 하고, 생활에 적용하게 하고, 수학에 대한 흥미와 관심을 지속적으로 가지게 하고, 합리적으로 문제를 해결하는 태도를 가지게 하고

중에서는 5개의 영역을 세부적으로 분리하여 내용조직을 하는데 어려운 문제를 주고 있는 부분이 있다. 이를 테면 '여러 문제를 수학적으로 사고하게 하고, 흥미와 관심을 지속적으로 가지게 하고, 합리적으로 문제를 해결하는 태도를 가지게 하고'와 같은 것들이다. 이들을 도달하게 할 수 있는 내용조직은 실제로 어렵다.

이러한 문제를 수학과교육과정에서는 두 가지 측면으로 실현시키고 있다. 하나는 교과서에 가능한 명시할 수 있게 하여 모든 학교가 그 교과내용을 이수하게 하고, 필요하면 보충자료를 제공하여 숙달하도록 한다. 다른 하나는 교사 자

신의 지도 방법과 지역사회의 자율에 따라 이러한 목표를 비문서화하여 시행하도록 하고 있다. 특히, 정의적 측면은 그것의 교재화나 평가방법 등에서 실행에 어려움이 있으므로 엄격하게 중앙정부에서 실행 여부를 점검하지는 않는다. 예를 들어 보면, 저학년에서 볼 수 있는 정의적 목표

> 학생들은 측정에서 자를 바르게 잴 수 있는 태도를 기른다. 또는 학생들은 자연현상에서 또는 실생활의 문제장면에서 합리적인 문제해결을 하는 태도를 가져야 한다.

들은 교사들의 자발적인 참여와 실행에 맡겨지기도 한다. 따라서 수학과교육과정은 교사의 역할을 중시하며, 교육과정의 성공적인 운영은 교사의 역할에 달려 있다고 본다. 이와 같이, 수학과교육과정은 5개 영역에서 각 학년별로 적절한 내용을 선택하고, 내용조직을 권장하고 있다. 이 내용조직은 높은 전문성을 요구하기 때문에 교육과정과 관련된 전문직인 수학자, 수학교육자, 현직교사, 학부형, 교육과정의 설계전문가들로 구성된 위원회에서 분석작업이 이루어진다. 이들 위원회에서 시도하는 내용조직은 대략 다음과 같은 형태로 진행된다(중 1년, 문자와 식, 1992).

어떤 수량사이의 관계를 말로 설명하면 복잡하지만 문자나 기호를 사용하여 식으로 나타내면 그 관계가 간단하고 명확하게 드러나 편리한 경우가 있다.

1. 문자의 사용
2. 식의 값
3. 일차식의 계산

<용어와 기호> 대입, 식의 값, 다항식, 항, 단항식, 상수항, 계수, 차수, 일차식, 동류항

그런데 타일러는 내용조직의 구체적 방법은 명확히 제시하지 않았기 때문에 수학과라는 교과에서 어떻게 해야 그의 이론에 바람직한가를 판단하기 어렵다. 그러나 앞절에서 그가 말한 학습경험의 선정을 계속성의 원리, 계열성의 원리, 통합성의 원리에 맞게 하고 내용조직은 단편적인 지식이나 기능의 단순한 집합이 되게 해서는 안 된다는 조언은 교육과정의 설계에서 의미심장하다.

실제로 현행 수학과 교육과정은 이들 세 원리를 반영하고 있음을 알 수 있다. 이를 테면 계속성의 원리에 의하여 현행 교육과정은 준비학습이나 확인학습을 통해 반복적으로 충분한 학습이 이루어지도록 유도하고 있으며, 계열성의 원리에 의하여 영역의 세분내용이 여러 차례 계속되면서 경험의 폭을 넓히고 깊이는 더욱 심화되게 조직한다. 예를 들면 중학교에서 함수의 조직은

1학년 : 함수와 그래프에서 함수의 개념을 이해하게 하고, 그 그래프를 좌표평면에 나타낼 수 있게 한다.

1. 함수의 뜻
2. 순서쌍과 좌표
3. 함수의 그래프
4. 함수의 활용

용어와 기호 : 대응, 함수, 함수값, 좌표명면,
$f: X \to Y$, $f(x)$, $y=f(x)$

2학년 : 일차함수와 그 그래프의 성질을 이해하게 하고, 이를 활용할 수 있게 한다.

1. 일차함수와 그래프
2. 일차함수의 활용

용어와 기호 : 일차함수, 기울기, x절편, y절편, 평행이동

3학년 : 이차함수와 그래프의 성질을 이해하게 한다.

1. 이차함수의 의미
2. 이차함수의 그래프의 성질

용어와 기호 : 이차함수, 포물선, 축, 꼭지점, 최대값, 최소값

내용 체계표

학교급 / 학년군 / 영역	중학교		
	1~3학년군		
수와연산	· 소인수분해 · 최대공약수, 최소공배수 · 정수유리수의 개념, 대소 관계, 사칙계산	· 순환 소수 · 유리수와 순환 소수의 관계	· 제곱근의 뜻과 성질 · 무리수 · 실수의 대소 관계 · 근호를 포함한 식의 사칙계산
문자와 식	· 문자의 사용 · 식의 값 · 일차식의 덧셈과 뺄셈 · 일차방정식	· 지수법칙 · 다항식의 덧셈과 뺄셈 · 다항식의 곱셈과 곱셈 공식 · 다항식의 나눗셈 · 등식의 변형 · 연립일차방정식 · 부등식의 성질과 일차부등식 · 연립일차부등식	· 인수분해 · 이차방정식
함수	· 함수의 개념 · 순서쌍과 좌표 · 함수의 그래프	· 일차함수의 의미와 그래프 · 일차함수의 활용 · 일차함수와 일차 방정식의 관계	· 이차함수의 의미 · 이차함수의 그래프의 성질
확률과 통계	· 줄기와 잎 그림, 도수분포표, 히스토그램, 도수분포다각형 · 도수분포포에서의 평균 · 상대도수의 분포	· 경우의 수 · 확률의 뜻과 기본 성질 · 확률의 계산	· 중앙값, 최빈값, 평균 · 분산, 표준편차
기하	· 점, 선, 면, 각 · 점, 직선, 평면 사이의 위치관계 · 평행선의 성질 · 삼각형의 작도 · 삼각형의 합동 조건 · 다각형의 성질 · 부채꼴에서 중심각과 호의 관계 · 부채꼴에서 호의 길이와 넓이 · 다면체, 회전체의 성질 · 입체도형의 겉넓이와 부피	· 이등변삼각형의 성질 · 삼각형의 외심, 내심 · 삼각형의 성질 · 닮은 도형의 성질 · 삼각형의 닮음 조건 · 평행선 사이에 있는 선분의 길이와 비 · 닮은 도형의 성질 활용	· 피타고라스 정리 · 삼각비 · 원의 현, 접선에 대한성질 · 원주각의 성질

이들 내용조직을 보면, 1학년에서는 함수의 도입을 대응(또는 관계)으로 시작하여 대응 중에서 특정한 대응을 함수로 정의하여 그래프를 그리게 한다. 2학년에서는 이를 좀 더 심화시켜 수학에서 중요시하는 일차함수를 폭넓게 도입하고 있다. 일차함수를 통해 기울기, 접선, 절편, 그래프의 개념을 연습시킨 다음 활용면으로 들어간다. 3학년에서는 단계 높은 개념인 이차함수를 배우게 된다.

또한 타일러의 통합성의 원리는 두 가지 측면에서 그것의 활용을 볼 수 있는데, 하나는 수학내용의 영역 안에서 통합화를 시도하는 것으로 해석기하학 등이 좋은 예가 된다. 다른 하나는 수학에 관련된 교과인 과학, 경제, 기술 등과 통합화를 시도하는데, 이 작업은 잘되고 있지는 않다. 슈왑의 관점은 우리나라에서는 잘 이용되고 있지 않다. 그러나 교육과정의 실행에서 일정한 양을 지역특성에 맞게 자치단체에서 운영하게 하고 있으며, 우수아의 교육, 학습부진아의 교육은 학교 및 지역의 합의하에 의해 그 내용조직과 실행을 주도하고 있다. 참고로 중학교 수학의 내용조직을 요약한다.

또 타일러의 평가관점에 대해서 수학과 교육과정에서는 포괄적인 개념규정을 하고 있다. 그래서 교육과정의 후편에 그 실시상의 유의점을 기록하고 있다. 예를 들면 중학교의 교육과정에서 지도방법과 평가방법에 관한 것은 다음과 같다.

• 지도방법

가. 학년별 지도 내용의 배열 순서가 반드시 지도 순서를 의미하는 것은 아니므로 학습자료의 개발이나 지도 계획의 수립시에는 수학의 특성과 지도 내용의 난이도를 고려하여 지도 내용을 재구성할 수 있다.

나. 각 학년의 지도 내용은 학생들이 학습하여야 할 최저기준의 학습 내용을 제시한 것이다. 따라서 학생들의 능력과 수준에 따라 보충, 심화하고, 초등학교와 고등학교의 학습 내용, 지역성 및 현실성을 고려하여 지도되어야 한다.

다. 교수·학습 활동은 학생들의 경험과 욕구를 바탕으로 하여 수학의 기초적 개념과 원리를 구체적인 것에서 추상적인 것으로 지도함으로써, 그 내용을 이해하고 스스로 발견해 나가도록 한다.

라. 다른 교과 및 일상 생활에서 접할 수 있는 수학과 관련된 여러 가지 형태의 문제를 다루도록 하되, 학생들의 지적 수준에 맞게 구성하여 지도한다.

마. 문제해결력을 개발시키기 위하여, 문제의 의식, 문제의 이해, 계획 수립, 계획 실행, 반성 등의 문제 해결 과정과 그림 그리기, 예상과 확인, 표 만들기, 규칙성 찾기, 단순화하기, 식 세우기, 논리적 추론, 반례들기 등의 구체적인 해결 전략을 중요시한다.

• 평가방법

> **가.** 수학 학습 평가는 학생 개개인의 전인적인 성장과 교사 자신의 수업 방법 개선을 위한 것이어야 한다.

> **나.** 진단 평가, 형성 평가, 총괄 평가를 통해 교수·학습의 전후 과정에 대한 평가를 실시하도록 한다

> **다.** 수학 학습 평가는 수학적 지시, 문제해결력, 수학적 성향의 정도를 판단해야 한다. 특히, 수학적 성향에 대한 정보는 학생들이 토론하고, 문제를 해결하고, 개인별, 그룹별 다양한 과제를 수행할 때에 그들을 관찰함으로써 효과적으로 얻을 수 있다. 더욱이, 이러한 평가의 결과가 학생들의 학습 활동과 교실 환경에서의 필요한 변화에 대한 정보를 제공하여, 수학에 대한 학생의 가치관과 신념, 태도 등을 바람직한 방향으로 이끌도록 하는 데 활용될 수 있도록 한다.

6. 교육과정 구성과 의사결정

지금까지 교육과정의 이용자라고 하는 관점에서 교육과정 구성의 절차를 살펴보았다. 이러한 생각은 교육과정 구성자들이 따라야 될 절차를 규정해 준다는 점에서 도구적 또는 기술적 관점이라고 말할 수 있다. 그러나 이와는 달리 교육과정 구성을 의사결정 위한 공공의 정치적 과정이라고 볼 수도 있다. 따라서 일부 교육과정 이론가들은 미국과 같은 다가치적이고 지방 분권화된 민주주의 사회에서 교육과정 구성을 위한 정치적인 의사결정이 어떻게 이루어지는지를 설

명하고자 시도하기도 한다. 이제 교육과정 구성에 대한 우리의 관점을 넓히면서 교육과정 사고의 다른 방식 중 한 가지 예를 살펴보도록 하자.

굿래드(John Goodlad)와 리치터(Maurice Richter)가 제시하는 교육과정 구성의 절차에 대한 설명은 이러한 정치적 의사결정 방식을 보여주는 좋은 예가 될 것이다. 그들은 교육과정에 대한 의사결정이 적절한 수준에 있는 합법적 의사결정의 단위로 분산 할당되어야 한다고 보았다. 따라서 그들은 교육과정에 대한 의사결정에 있어 수업 수준, 기관 수준, 그리고 사회 수준이라고 하는 세 가지 수준을 구분하였다. 여기서 수업 수준이란 교사나 학생 또는 수업과 일차적으로 관련된 사람들이 교실 속에서 이루어지는 교육과정에 대해 내리게 되는 의사결정을 의미한다. 이것은 바로 우리가 지금까지 이 장에서 논의해온 문제와 같은 성질의 것이다. 그러나 우리가 다소 시야를 넓혀보면 교실 수업에서만이 아니라 학교나 그 학교가 속하고 있는 시·도의 교육청을 중심으로 해서 교육과정에 대한 의사결정이 있을 수 있음을 본다. 이러한 기관 수준의 의사결정은 이따금 교실 수업에 큰 영향을 주기도 하지만, 그것이 각 교실이 갖는 특수 상황을 고려하지 못한다는 문제점을 갖기도 한다. 대개는 시·도의 교육청이 이러한 기관 수준의 의사결정을 대표하는 중심체가 되고 있으며, 보다 큰 사회 수준의 결정과 교사가 수업 수준에서 갖는 결정 행위를 조정하는 역할을 수행한다.

끝으로 교육과정에 대한 사회 수준의 의사결정은 다른 하위 수준에 넓게 영향을 미치지만, 역시 교육과정이 구현되는 구체적 교수·학습 상황으로부터 멀리 떨어져 있을 수밖에 없다. 사회수준의 의사결정은 대개 입법기관이나 다양한 행정 집단에 의해 이루어지는데, 이러한 결정에는 교육 기관의 형태라든가 자격 조건, 대학입시를 위한 국가고시, 교육과정 개발을 위한 기금 등의 문제가 포함되기도 한다. 결국 굿래드와 리치터가 설명하는 교육과정 구성의 절차는 이러한 세 가지 수준에서 이루어지는 일련의 복잡한 의사결정의 과정이라고 말할 수 있다. 최종적으로 교실 속에서 구현되고 있는 교육과정은 다양한 수준에서 이루어진 여러 가지 의사결정의 복합적 결과인 셈이다.

그렇다면 교육과정의 목적이나 학습 경험, 교육내용의 조직, 그리고 평가의 문제를 결정함에 있어 어느 수준에서 어떤 자료를 이용함에 있어 어떤 방법으로 의사결정을 내려야 할까? 이러한 문제를 설명함에 있어 굿래드와 리치터는 역시 타일러의 논리를 각 수준의 의사결정 과정에 확대하여 적용하고 있는 셈이다. 그들은 단지 교육과정의 구성이 지적이고 교육적인 과정이면서 동시에 복잡한 정치적·사회적 과정이라는 점을 우리에게 말해주고 있는 것이다. 그러나 굿래드와 리치터가 그들의 생각을 타일러의 논리과 밀접히 관련 되어 있는 것으로 보는 것은 다소 이상하지 않은가? 교육과정 구성의 절차에 대한 지금까지의 우리의 논의가 얼마나 철저하게 타일러의 논리에 지배되어 왔는지 다시 한번 질문해 볼 수 있을 것이다.

5장

교육과정의 이론(Ⅰ)

1. 교육과정의 초기 이론

여기에서는 제 4장에서 다룬 교육과정의 이론에 대해 간단한 요약을 함으로써 뒤에 기술되는 수학과의 교육과정 이론과 자연스런 연결을 제공하게 한다.

교육과정의 이론의 필요성은 아무래도 서구에서 찾아보는 것이 마땅하다. 미국에서는 1900년에 50만 개의 학교가 설립하면서 중등교육의 질적 확장이 시급한 과제가 되어, 유럽쪽에서 발생하여 적응되었던 학교의 교과과정을 다시 생각하게 되었다. 즉 유럽과 다른 독특한 체제의 학교조직과 교과과정의 구성을 해야 한다는 당위성이 제시되었다. 이런 당위성의 결과로 지도방법(pedagogy)이 실용주의 철학(pragmatic philosophy)에 기반을 두어 논의되기 시작하였고, 이 분야의 권위자로서 존 듀이(Dewey ; 1859~1952)를 들 수 있다. 그는 학습의 개념들이 어떻게 해서 모든 사람이 그의 환경과 행동을 통해 학습되는지를 관찰함으로써 어떤 이론은 얻으려 했다. 따라서 학교에서 일어나는 학습은 활동에 의한 학습, 경험에 의한 학습으로 인식했으며, 이러한 사상에 의해 듀이는 학교에서 교육내용을 분리된 과목으로 쪼개서 제공하는 것을 거절했고, 실체물(real object)에 바탕으로 둔 프로젝트 지도(project teaching)를 권장하였다.

우리 나라의 경우 생활수학과정기(1950~1965)에서 듀이의 사상을 반영시킨 경험이 있다. 이때는 실생활의 문제를 활동에 의한 학습, 경험에 의한 학습을 통해 해결하도록 교육과정이 만들어졌다.

몇 가지 교수과목을 살펴보면,

1. 문제해결

(1) 비에 대한 이해

· 비율과 백분율

· 비율, 백분율과 소수, 분수 관계

· 지수

· 비와 비의 값

· 연비

(2) 비례에 대한 이해

·비례, 정비례와 역비례

·비례 등식

(3) 비례관계의 도표시와 이용

(4) 이율, 할인 요금 등의 계산

· 단리, 복리

· 이율표의 활용
· 매와 손익 계산
· 요금과 저축

2. 산수의 실제 문제 해결
(1) 산수의 복습
· 대수와 관련지어 문제 해결과 계산 수련
· 계산자의 이용
(2) 계산의 수련
(3) 경제적 사항의 이해 활용
· 수표, 환, 할인, 보험, 세금 등 사항

3. 측정
· 직접 측정으로의 측량
· 삼각비와 피타고라스 정리의 이용
· 기구의 사용

와 같이 학문중심보다도 생활중심의 교수요목들이 강조되었다. 여기서 그는 아동의 교육은 그들의 활동과 경험이 두 가지 측면에서 실제(reality)를 유지하면서 이루어져야 한다는 신조를 가지고 있었는데, 한 가지 측면은 교육은 아동의 발달(development)의 필요성과 자연적인 요구를 계산해야 한다는 것과, 또 다른 측면은 학교는 아동이 그들의 생활에서 가장 적절하게 적응하도록 가장 좋은 담보를 제공해야 한다는 것이었다.

여기서 교육과정은 포괄적으로 정의되어져서 생활, 경험

과 동의어로 사용되었다. 또 교육과정에 관련된 연구 경향은 위의 사실 이 외에도 "행동주의자들의 접근방법"인 실제연습의 요구에 적응될 수 있는 교육과정으로 재구성하는 것이다. 이러한 분야는 일관작업(assembly-line work)과 직업평가(job evaluation)의 도입에 기초가 되는 이론을 제공한 테일러의 직업분석(Taylor's job analysis)을 주목할 필요가 있다. 테일러의 생각은 보비트 논리에 의하여 "어떻게 교육과정을 만드는가?(1924)"에 이어졌는데, 여기서 그는 사회생활에 필요한 모든 활동은 일의 특성(job chracteristics)에 의하여 기술(skill)과 능력(abilities)별로 세분화되어야 한다고 하였다. 이것이 교수의 목표로 고려되었다.

산수에서 계산기술(computation skill)은 수학의 기본이 되는 교수요목이다. 이 기능은 개념의 이해를 위해 필수적이다. 예를 들면 곱셈 개념인 3×4는 3+3+3+3으로 정의되기 때문에 덧셈이라는 기능을 숙달하지 못하면 곱셈의 개념을 이해할 수 없게 된다. 고급수학에서 자주 대하는 미분계수, 즉 함수 $y=f(x)$의 한점 x_0에서의 미분계수

$$f'(x_0)=\lim_{h\to 0}\frac{f(x_0+h)-f(x_0)}{h}$$

은 두 수의 비와 극한에서 사용되는 계산기술을 포함하고 있다. 따라서 계산기술의 숙달없이는 개념의 이해가 불가능해진다.

보비트의 정리는 손다이크에 의해 『산수의 심리학(1922)』에서 구체화되었는데, 그는 여기서 학습과정에 구조를

주고 이것을 산업과 상업 등의 실생활에 적용함으로써 교육과 고용 사이에 연결을 만들어 주었다.

행동주의 심리학에 바탕을 둔 이러한 작업은 교육과정의 개발에 처음 시도된 접근으로 보아진다. 이들의 작업은 이후의 교육과정의 여러 이론을 발전시키는 중요한 기초를 제공해 주었다.

보비트의 실제적인 관심은 과정공학(process engineering)이었다. 그는 교육과정의 개발에 관한 문제를 불특정한 여러 요구와 목표에 대응하는 것으로 보았다.

1949년에 타일러(R.Tyler)는 개인이나 사회적 요구만이 교육과정의 개발에 관련된 요인이 아니며, 개인·사회 및 문화적 요구가 주가 되어야 한다는 주장을 하게 되었다. 여기서 문화적 요구는 과학의 도구라고 보았다. 특히 그는 과학의 요구를 중요시했는데, 교과과정의 목표도 이 기준에 의해 재분류되어야 한다고 보았다. 이러한 그의 주장은 그 시대의 생활한경에 알맞은 것이었는데, 세련되지 못한 그의 주장은 그 후 많은 이론가들에 의해 재정립 되어 정교한 이론으로 정립되었다.. 이러한 작업을 한 대표적인 학자가 듀이의 영향을 받은 타바(H. Taba)라고 볼 수 있다. 그녀는 과학의 역할은 학교의 교육과정에서 확실히 자리 잡도록 했는데, 그녀의 주장은 과학의 내용과 방법이 교육과정에 중요시되어야 한다는 것이었다. 그래서 교육과정의 결정에 아동들의 요구가 가장 중요한 요인으로 작용되어야 한다는 것이었다. 그녀는 인지과정에서 지식의 본질과 그것의 형성을 중요시해서 교육과정의 목표, 내용평가에 대한 조심스러운 결정은 사회와 인지에 대한 종합적인 이론에 바탕을 두어 내려져야 한다는 것이었다.

타바는 이론적인 생각(speculation) 그 자체로서 충분하지 않고 이론의 추상성을 극복하기 위하여 알맞은 구체적 교과과정 모듈(modules)을 개발해야 한다고 생각했다. 이러한 생각은 이후 굿레드(Goodlad)에 의해 구체화되었는데, 그는 교육과정에 여러 가지 요인들 즉 여러 유형의 결정, 가치, 교육목적, 교육목표, 학습기회, 학습조건 을 서로 개인에 관련시키는 관점을 가졌다. 이때 특이한 점은 그가 교육과정의 이론과 실제의 연결을 위해서는 실험적 교육과정을 강조하여 종래의 규정화된(prescriptive) 측면을 서술적인 기능을 가지도록 고쳐야 한다는 새로운 주장을 했다는 것이다.

2. 교육과정의개발 유형 및 정리

1971년에 있었던 교육과정의 개발 유형에 대한 알랜 팍(Allerton Park) 회의에서 베커(Becher)는 최근까지 개발된 교육과정 유형을 세 가지로 분류하였는데, 첫째는 도구적인 것(instrumental)이고, 둘째는 상호관계에 바탕을 둔 것(interactive)이고, 셋째는 개별적(individualistic)인 것이었다. 여기서 도구적 유형은 50년대 미국에서 실험을 한 유아이시에스엠(UICSM) 프로젝트로 볼 수 있는데, 이것의 특징은 수학과 과학 분야의 학생의 수를 증가시키고 그들의 준비상태를 신장시켜 주는 데 있었다.

상호관계 유형은 1960년대 미국에서 개발한 프로젝트인데, 이 유형의 특징은 학생들의 사회적 상호관계와 협동에 그 근거를 두고 있다. 1960년 말경에 시작한 개별적 프로젝트는 학습에서 교사는 학생들을 도와주는 역할을 담당하고 학생들이 스스로 추구하는 학습을 강조했다.

이러한 베커의 분석은 할렌 팍 회의에서 많은 사람의 공감을 사게 되었는데, 특히 발베노아르(G.belbenoir)가 분석한 교육과정의 개발이 가져야 하는 세 가지 요구 즉 경제적 효율성, 사회적 판단과 민주주의, 개인적인 만족 등 과 일치함을 볼 수 있다. 그럼에도 불구하고 이 회의 에서는 베커의 분석을 전적으로 동의하지는 않았다. 이후 베커는 1978년 맥클러(Maculure)와 같이 그의 분석을 좀 더 수정하여 다음과 같은 표를 제시하였다.

	도구적 instrumental	상호관계적 interactive	개별적 indivisualistic
지식의 관점	패키지 (과제원리)	무제	개별적 탐구
목적	직업/Career	사회적 적응	개별적 행복
방법	구 조 화 된 자 료	덜 구조화된 자료	비구조화된 자료
교사역할	교사 주도	관리	조력
전달방법	수동적인 수용자로서의 교사	대표자로서의 교사	개발자로서의 교사
평가기교	세분화된 목적의 획득	설명적	개별적
인간성의 관점	목적물로서의 사람	사회적 동물로서의 사람	개별적으로서의 사람

알렌 팍 회의에 참석한 사람들은 베커가 제시한 표에 맞추어 기존의 프로젝트를 분류하려 했으나, 일부는 성공적이었고 다른 것은 이 표가 알맞지 않음을 보여 주었다. 따라서 일부에서는 교육과정 프로젝트에 대해서 이러한 정형적인 틀을 제공하기보다 다음과 같이 5개의 질문(기준)을 통해 프로젝트를 분류하려는 시도를 하였다.

프로젝트를 설정한 이유는 무엇인가?
프로젝트는 어떤 목적을 가지고 있는가?
프로젝트의 산출결과(Output)는 어떠한가?
프로젝트의 진행과정은 어떠한가?
프로젝트가 실시되려는 대상은 어떤 사람인가?

이러한 5개의 질문은 프로젝트의 성격을 묻는 것이었는데, 이러한 노력은 결국 기존의 프로젝트를 설명하거나 그것들의 이론적인 배경을 이해하려는 의도에서 나온 것이었다.

이러한 관심 중에서 교육과정의 개발에는 이론적인 연구가 필요하다는 요구가 나오기 시작하면서 특정한 사례연구과 이론적 연구과의 차이점이 무엇인가를 알아보려고 했다.

이들 두 용어의 차이는 쉽게 얻어지는데 이론적인 연구는 특정한 사례를 뛰어넘어 일반적인 설명이 가능할뿐더러 이해를 위한 도구역할을 한다. 교육과정에서 이러한 연구는 여러 사례에 대한 그것의 원인, 이유, 응용 등을 설명할 수 있는 근거를 제공하며, 평가와 의사결정의 기준도 마련해 준다.

결국 교육과정의 개발 이론의 목표는 내적 종속요인(interdependent factor)의 복합성을 밝혀내고, 지향된 목적을 얻기 위하여 그 요인들을 조직하는 데 있다.

위의 베커의 구조는 나름대로 교육과정의 개발 유형을 암시하고 있다. 이러한 그의 생각은 타일러의 이론과 비교될 성질의 것은 아니지만, 그의 생각을 타일러의 이론과 견주어 도표화했다는 것과, 이 도표가 대표적인 교육과정의 개발 양상을 설명해 주고 있다는데 의의가 있다. 베커가 보여준 조직적 접근방법은 이미 보비트의 조직에서도 본 바와 같다. 보비트의 연구는 교육과정의 결정 요인들을 다 연구하면 할수록 그의 입지는 약화된다는 것이다. 사실 인지이론과 수학 내용의 발전은 교육과정에서 새로운 개념을 필요로 하고 있다. 즉, 이용 가능한 기본적인 지식에서 출발하여 현대학문의 구조에 연결하는 개념으로 일찍이 브루너(Bruner)에 의해 시도 된바 있다. 아무튼 베커의 범주화한 접근 방법은기존의 교육과정의 개발이론과 비교해 볼 때 도움보다 오히려 약점이 더 많은 듯하다. 그것은 교육현상을 잘게 자르고 현상의 부분들을 개별적으로 탐구 하는 시도인데 반하여, 교육과정의 개발에서 일어나는 주된 문제는 부분들의 강한 내적 관계에서 일어나고 있기 때문이다.

이를 설명하기 위한 방법으로, 교육과정에서 세 가지 요구-개인, 문화, 사회-를 어떻게 반영하는가는 중요한 문제로 대두되고 있다. 특히, 학습하는 시간배당을 2가지 요인-1. 초기도입과 인지과정의 발달, 2.계산기능의 획득-에 어떻게 적절하게 고려할 것인가를 생각하며 보면 몇 가지 질문이 가능해진다.

이 요인들은 동기유발과 미래의 이익 측면에서 어떻게 영향을 끼치는가? 사회의 이익은 무엇인가? 누가 어떤 평가 기준을 정해서 이런 것들을 측정할 것인가? 이 모든 결정의 교육적인 결론은 무엇인가? 등과 같은 인지이론의 적용을 연구해야 하고, 동시에 사회적 요구가 구체적으로 어떻게 지도 모델화하는지를 실험해야 한다. 결국 우리의 모든 해석이 앞서 연구자들이 한 결과와 비교해 가면서 철학적, 정치적, 심리학적으로 개인과 사회에 밀접하게 관련있다는 것을 인식하게 될 것이다.

분명 이러한 복합적인 양상은 단순히 교육과정의 이론을 분류해서 각 유형별로 연구하는 것과는 사뭇 다른 면을 보여주고 있다. 이것이 베커와 같은 분류가 크게 도움을 주지 못한다는 점이다.

이러한 분류모델로부터 탈출하려고 시도한 이론가가 타바였고, 그의 시도는 교육과정의 이론 개발에서 새로운 시도로 평가받았다. 이와 비슷한 이론가로서 로빈손(Robinsohn)과 번스타인(Bernstein)을 들 수 있는데, 그들은 교육과정에서 필요로 하는 사회적, 개인적 요구에 관한 정보를 얻기 위한 구체적인 방법을 수학에서 만들었다.

그래서 산업사회에서 요구한 수학의 응용성을 알아 보기 위한 소양적 조사활동을 벌여서, 일반적이고 비전문적인 어떤 수학적 소양(aptitudes)이 요구되는지 알아보고 이것들을 교육목적으로 정하는 시도를 했다.

3. 교육과정 개발 전략

앞에서 관찰한 교육과정의 일반적 이론은 1950년쯤에서 여러 개의 프로젝트를 탄생시켰고, 각 프로젝트는 이론의 실현이라는 측면에서 연구된 것도 있지만 연구진의 자체 연구 결과에 의한 것도 있어 이러한 경향을 검토해 보는 것은 바람직하다고 하겠다.

왜냐하면 각 프로젝트는 나름대로 특징이 있을 뿐만 아니라, 이론을 응용했다는 데 의의가 있고 일반적인 이론을 구체적으로 실천했을때 참고가 될만한 아이디어가 나오기 때문이다. 예를 들면 브루너의 구조이론은 그 실천에서 어려움이 많았다. 그가 제시한 몇가지 수학적 아이디어만으로는 그의 이론을 포괄적으로 이해하는 일이 쉽지 않다. 이 시기에 나온 프로젝트는 이러한 구조이론을 수학에서 구체화한 것이어서 이후 교재개발에 큰 기여를 했다.

1) 행동주의자 전략

(1) 이론적 배경

행동주의자들의 전략은 교수학습의 방법을 개선하여 효율적인 수학교육을 이루는데- 즉 학습을 증진시키는데- 그들의 목적을 두고 있다.

첫째는 어떤 학습과정은 S-R패턴에 의하여 진술될 수 있고, 둘째는 이러한 학습과정은 적절한 S-R프로그램에 의하여 진행될 수 있으며, 셋째는 학습과정의 결과는 행위에서 관찰 가능한 변화를 목표화할 수 있다는 것이다.

여기서 학습목표는 행위의 바람직한 변화를 결정해주며, 학습과정의 성공은 언제나 객관적인 통제에 의해서 이루어질 수 있고 행위의 변화는 측면에서 진술될 수 있으며, 그 과정을 규명할 수 있다. 단순한 목적은 개별적이고 분리된 자극(R)에 의해 달성되지만, 복잡한 목표는 경험적으로 잘 구성된 통합으로 달성된다.

이와 같이, 복잡한 목표의 달성에 이르는 단순목표의 나열을 만드는 과정을 과제분석이라고 한다. 행동으로 표현된 목표는 낮은 수준의 추상이기 때문에 실제활용면에서는 복합적인 목표의 과제분석에 보다 큰 주의가 필요하다. 그 결과로서 교과과정에서는 목적을 묶고 구체화하는 작업이 일어난다. 예를 들면 블룸(Bloom)의 목표분류와 같은 작업은 주어진 과제를 좀 더 쉽게 만들기 위하여 이루어진 것이다.

지금까지 이야기한 S-R 관점을 교육과정의 설계도에 응용한 대표적인 것이 프로그램학습과 CAI 학습이다.

이것들은 교사나 학교행정가들에게는 중요한 도움을 주며, 잘 정의된 출발점(선수내용의 부분목표)으로부터 개별적인 단계에 들어있는 지도과정이 확연히 드러나 있어서 교사로 하여금 그 시간의 최종목표에 도달시키기 위하여 학생들의 성취수준을 통제할 수 있다. 아울러 교사 자신이 하는 일을 통제하거나 필요한 교정을 하는데도 큰 도움을 주며, 학생에게도 명확한 방향과 통제체계를 제공해 준다.

이러한 행동주의자의 전략은 기능 학습에서 성취도를 증진시키는데 효과적인 전략으로 알려져 있다. 다음은 프로그램의 학습을 소개한 것이다.

다음 문장의 해집합은 무엇인가? □+5= 9 N×3=15	
문장 3×□+4=19를 풀기 위한 단계는 다음과 같다. 3×□+4=19 3×□=15 □=5, {5} 각 단계는 앞의 문장을 좀더 단순한 ( )으로 줄여 나갔다.	N={4}, {5}
문장 7×□-7=4+4×□은 다음과 같이 좀더 간단하게 줄여진다.	수학적 문장
7×□-7=4+4×□ ( ) ( ) ( )	N={4}, {5}
해가 정수의 범위에서는 □×3=10의 해집합은 ( )	3×□-7=4 3×□=11 □=11/3

이런 문장은 앞에서 문장을 좀더 간단하게 함으로써 해집합을 구할 수 있다. 같은 방법으로 3×□-10+6×□+2= 3×□+10-6×□+18 을 풀면 ( )이 된다.	공집합
그러나, 정수의 범위라고 제약하지 않으면 □×3=10을 위한 해집합은 ( )이 된다.	9×□-8= -3×□+28 12×□-8=28 12×□=36 □=3
그러면 8×□+13=45를 해결해 보아라.	10/3

(2) 전략의 실제

다음에서는 행동주의자의 대표적인 학자인 가네(Gaene)가 제시한 두 가지 연구결가를 제시해 본다. 처음의 것은 1970년 그의 저서 "학습의 조건(The Condition of Learning)"에서 인용한 것으로 8가지 학습형태이고, 두 번째의 것은 1962년에 발표한 정수의 덧셈에 대한 그의 위계분석으로 정수의 덧셈이라는 과제를 지도하기 위한 부분목표들을 논리적으로 계열화한 것이다.

이러한 학습위계는 연구 프로젝트에서 중학교 1학년 학생들을 위한 프로그램학습을 위해 활용되었던 아이디어였다.

학습 유형과 학습이론

인간의 학습이 일어나는 8가지 서로 다른 상황이 구분된다. 즉 학습자의 능력 아래 변할 수 있는 8가지의 조건이 제시되며, 각각의 유형은 서로 다른 초기상태나 다른 구조를 포함하고 있다. 그러면, 학습의 조건이 꼭 8가지뿐인가 하는 문제는 꼭 그렇다는 것이 아니며 연구가 계속되면서 학습의 조건은 다시 분류될 수 있다. 즉 어떤 조건은 다른 조건에 통합될 수 있고 어떤 조건은 좀더 세분화되어 몇 개로 갈라질 수 있다는 것이다. 간단히 8가지로 구분되는 학습유형을 제시해 본다.

(가) 신호 학습

이는 학습자에게 정서적인 반응을 불러일으키는 한 가지의 보기 또는 여러 가지 자극의 반응을 부지불식간에 학습하는 것을 말한다. 예를 들어, 어떤 사람이 "나는 바다에서 헤엄을 치다가 익사할 뻔한 경험이 있기 때문에, 나는 더 이상 수영을 하지 않겠다."라고 말했을 때, 그 사람은 불쾌한 신호 학습의 예를 나타낸 것이라고 말할 수 있다. 각자의 어린 시절로 되돌아간다는 것은 유쾌한 경험이 될 수 있고, 반면에 화학 교과가 어렵고 짜증스럽게 만들었다면 화학실험실로 들어간다는 것은 불유쾌한 감정을 갖게 될 것이다.

앞의 예들은 신호 학습이 즉각적으로 또는 장시간에 걸쳐 일어난다는 것을 말해 주고 있다. 대부분의 고등학교 학생들은 수학을 싫어하고 있는데, 이 원인 중의 하나는 초등학교 시절에 수학을 학습하는 과정에서 불유쾌한 경험을 한 것이 총체적으로 나타나게 되었는지 모른다는 사실이다.

(나) 자극-반응 학습

이것은 학습자가 식별된 자극에 대하여 어떤 정확한 반응을 보이는 것을 말한다. 바른 반응에 대한 보상은 이 수준의 학습이 일어나는 중요한 조건이 된다. 어린 아동들이 병이나 장난감 혹은 수저를 잡거나 그가 아는 사람들에게 미소짓는 경우가 이런 유형의 학습이다. 수학에서는 도형의 이름 같은 수학적 용어를 배우는 학습을 말한다. 다시 말하면, 자극-반응 학습은 신호에 반응하는 학습을 말한다. 그러나 신호 학습과는 다르다. 즉 자극-반응 학습은 의도적이고 물리적인 반면에, 신호 학습은 무의도적이고 정서적인 측면이 있다. 자극-반응은 자극에 반응할 때 뼈, 근육 등의 자발적인 운동을 포함하고 있어서 학습자가 어떤 것을 하고자 하는 욕구가 있을 때에는 행동으로 옮겨진다. 이런 학습유형은 내적인 근육에 자극을 일으키기 위해서 외부의 자극이 필요하게 되고, 이것에는 자극과 반응 사이의 단일하고 직접적인 연관을 맺는 바람직한 반응이 수반되어진다.

자극-반응 학습에서 자극은 여러 가지 방법으로 재행동될 수 있도록 아동에게 제시되어진다. 바람직한 반응이 일어날 때마다 각 개인에게는 칭찬의 말 등의 긍정적인 강화가 주어져야 한다. 적절한 자극에 수반되는 바람직한 반응에 대하여 일련의 강화가 주어진 연후에, 아동은 자극에 수반되는 바람직하지 않은 반응들의 집합에서 바람직한 반응을 판별하는 학습을 할 수 있다.

(다) 연쇄

이것은 둘 이상의 자극-반응이 연결된 연동 행위가 이루어지는 것을 말한다. 옷을 입는다든가 문을 연다든가 또는 연필을 깎거나 글씨를 쓰는 경우가 이러한 유형의 학습에 해당된다. 수학에서 자, 컴퍼스, 도형 모형 등을 이용한 구체적 조작 활동은 여기에 포함된다. 이러한 학습을 통해 새로운 과제를 해결할 때는 이미 배운 자극-반응의 기능을 잘 정돈된 순서로 제시해야 한다.

자극-반응 학습은 언어 또는 비언어로 이루어진다. 가네는 비언어로 이루어진 일련의 자극-반응 학습을 연쇄라 하였고, 언어로 이루어진 일련의 학습을 언어적 연합이라 하였다.

(라) 언어적 연합

이는 언어적인 자극에 대한 연쇄를 말한다. 즉 사전에 학습한 언어적 자극-반응 행동을 일련적으로 연결한 과정을 말한다. 연쇄는 운동에 관한 학습인데, 그와 비슷한 언어에 관한 학습으로 시를 외운다든가, 의미를 상관하지 않고 구구를 외우는 학습이 여기에 해당된다. 언어적 연합의 가장 단순한 형태는 물체를 그것의 이름과 연관시키는 것이다. 이 활동은 물체의 특성을 관찰하는 자극-반응 학습과 물체의 이름을 말하는 자극-반응 학습의 연쇄를 포함한다. 좀더 복잡한 언어적 연합은 문의를 형성하여 만들고, 정의를 학습하고, 수학적 기호의 의미를 기술하는 것 등을 들 수 있다.

언어적 연합에 포함되어 있는 정신적 과정은 아주 복잡하고 현재로서는 완전히 이해되어지지 않고 있다. 대부분의 연구자들은 언어적 연합은 여러 가지 형태의 행동을 코드(code)화하는 정신적 연결을 필요로 하고 있다는 데는 동의하고 있다. 이 코드들은 언어적·청각적·시각적 인상일 수도 있다. 그것들은 학생들의 정신 속에서 발생되고, 학생들의 코드를 기억하는 창고의 독특한 용량에 따라서 사람마다 다르다.

예로 중학교 1학년 학생은 정신코드로서 '관계성(relationship)'이란 용어를 사용하여 함수의 수학적 개념을 이해하는 데 사용하고, 어떤 학생들은 함수를 상징적으로 코드화 하여 '$y=f(x)$' 등으로 생각한다. 또 어떤 학생들은 두 집합 사이의 일대일 대응으로 형상화시키기도 한다. 교육 현장에서 많은 코드가 가르쳐지고 있다.

예를 들어, 삼각비를 가르치는 과정에서 사인값은 글자 모양 s를 따라서 $\frac{\text{높이}}{\text{빗변}}$로, 코사인 값은 글자 모양 c를 따라서 $\frac{\text{밑변}}{\text{빗변}}$으로 탄젠트 값은 글자모양 t를 따라서 $\frac{\text{높이}}{\text{밑변}}$의 값으로 가르치고 있다.

삼각비 값의 부호를 정하는 데 있어 제 1사분면은 사인, 코사인, 탄젠트가 모두 +(양), 제 2사분면은 사인만 +(양), 제 3사분면은 탄젠트만 +(양), 제 4사분면은 코사인만 +(양)으로 지도한다.

(마) 변별 학습

이는 연쇄 사이에서의 구별을 학습하는 것을 말한다. 즉 여러 가지 구체적이고 개념적인 대상에 대하여 상이한 특성을 인식하는 학습을 말한다. 예를 들어 5, 2, 7, 9, 8 을 제시하였을 때 숫자 크기의 순으로 나열하는 것, 연산 기호 +, -, ×, ÷ 또는 관계 기호 <, =, > 등을 식별하는 것이 이 학습에 해당된다. 이런 유형의 학습을 소홀히 하면 보다 높은 수준의 학습, 특히 수학적 언어를 읽어나가는 데 어려움을 당하게 된다.

(바) 개념 학습

이것은 서로 다른 자극에 대하여 공통된 반응을 보이는 것을 말한다. 일반적으로 개념은 여러 가지 대상에서 공통된 성질을 포착함으로써 학습되며, 가네는 이것을 서로 다른 자극에 대한 공통된 반응을 하는 것으로 해석하고 있다. 다시 말하면, 대상과 사건에 대한 공통된 성질을 학습하는 것으로, 대상의 집합 또는 사건의 집합을 단일한 류(類)로 학습하는 것이다. 어떤 의미에서 개념 학습은 변별 학습과 정반대의 입장이라 할 수 있다. 변별 학습은 학습자가 대상들의 특성에 따라 대상들을 식별하도록 요구하지만, 개념 학습은 대상의 몇 가지 특성에 따라 대상들을 집합으로 분류하는 것을 포함한다. 학생들이 새로운 개념을 학습하기 위해서는 어떤 형태로든지 선수 학습이 이루어져야 한다. 즉 새로운 개념을 획득한다는 것은 다음과 같은 학습이 선행되어야만 한다. 즉 자극-반응 학습, 연쇄, 언어적 연합, 구별이 되는 특성들에 대한 다중 변별 등의 학습을 말한다.

예를 들어, 원이란 개념을 학습하는 과정을 생각하여 보자. 첫 번째 단계로는 ○모양을 보고서 자기가 생성한 자극-반응의 연결로서 단어 '원'이라고 말하는 학습이 이루어지게 되고, 두 번째 단계는 개별적인 언어적 연합을 획득함으로써 원과 같은 물리적 대상 (굴렁쇠, 동전, 자동차 타이어 등)을 확인하게 되며, 마지막 단계로 학습자는 원, 사각형, 삼각형, 타원 등을 구별하는 학습을 하여야 한다.

(사) 규칙 학습

개념을 연결하여 수학적인 원리나 법칙, 공식 등과 같은 관계를 식별하게 되는 것을 말한다. 우리가 보통 행하는 연설, 작문, 산술, 기능, 틀에 박힌 일상적인 활동 등은 우리가 학습한 규칙에 의하여 지배를 받고 있다. 학교에서 행해지고 있는 다수의 수학학습은 규칙 학습이라 할 수 있다. 우리는 수학에서 셈의 개념으로써 덧셈, 뺄셈, 곱셈, 나눗셈을 학습하고 있다.

(아) 문제해결

이는 학습자에게 이전에는 알려지지 않은 높은 수준의 규칙을 형성하도록 하는, 학습자에게 독특한 방식으로 규칙의 연쇄와 선택을 포함하고 있다. 가녜는 문제해결 학습을 유도된 발견을 통하여 보다 높은 차원의 규칙의 학습으로 파악하고 있다. 다시 말하면, 둘 이상의 규칙을 관련지어 보다 높은 수준의 규칙을 형성함으로써 이루어진다. 예를 들어, 원이나 선분을 그리는 선행 규칙을 바탕으로 자와 컴퍼스만을 이용하여 문장제를 해결하는 것, 어떤 새로운 발견을 통하여 문제를 해결하는 경우 등이 이 수준의 학습에 해당된다.

문제를 해결하고자 할 때에 학습자는 이 새로운 문제의 해를 형성하기 위하여 사전에 학습한 규칙을 선정하여 사용하여야만 된다. 여기에서 문제에 대한 정의가 오래 전부터 대두되고 있는데, 그 논란점은 여전히 남아 있다. 일반적으로 문제란 해결 방법을 완전히 규정한 알고리즘에 쉽게 접근할 수 없는 과제를 수행하도록 요구하는 상황, 혹은 사전 경험이나 사전 지식 및 직관을 조정하여야 그 해결 알고리즘을 발견할 수 있는 경우를 말한다. 학생들에게 있어서 문제해결을 위한 첫 번째 준거는 그 학생이 사전에 그 문제 또는 그와 비슷한 유형의 문제를 해결한 경험이 있느냐의 여부이다.

가네의 학습유형은 다른 사람들에 의해 관점이 다르게 제시되기도 한다. 일반적으로 널리 받아들여진 구분 중의 하나는 유형 1(조건화된 반응학습)과 유형 2(시행착오학습)인데, 손다이크는 가네와 같은 생각이고, 스키너는 하나로 통합이 될 성질의 것이라고 했다. 어떤 이론가들은 학습의 조건을 6가지나 5가지로 구분하는 경우도 있었으나, 지금은 관심을 가진 많은 사람들이 학습에 대해 보다 복합적인 형태를 선호하는 경향이 있다.

앞에서 이야기한 여러 학습유형을 필요조건(prerequisitive)의 관점으로 연결해 보면 다음 표와 같다.

문제해결(type 8) :	문제해결은 선수학습으로 규칙학습을 필요로 한다.
↑	
규칙(type 7) :	규칙은 선수학습으로 개념학습을 필요로 한다.
↑	
개념 (type 6) :	개념학습은 선수학습으로 구분학습을 필요로 한다.
↑	
구분 (type 5) :	구분학습은 선수학습으로 언어연합을 필요로 한다.
↑	
언어연합(type 4) :	언어연합 또는 연쇄는 선수학습으로 S-R연결을 필요로 한다.
연쇄(type 3)	
↑	
S-R 연결(type 2)	

위에서 제시한 선수학습의 개념을 좀 더 구체화하여 학습 위계를 만들 수 있는데, 가네가 정수의 덧셈을 예를 들어 다음과 같이 제시했다.

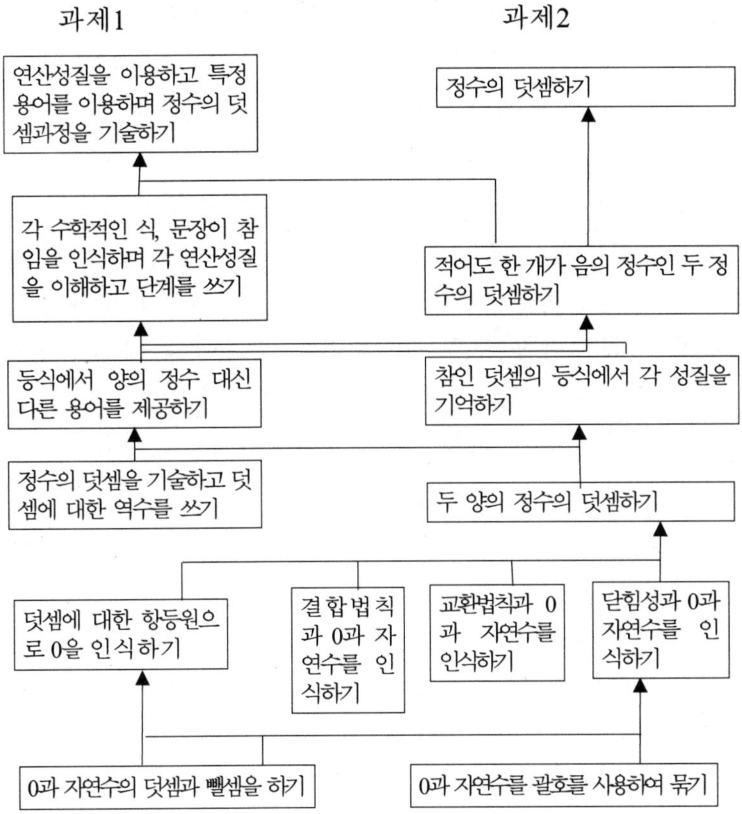

2) 새수학 접근전략

(1) 이론적 배경

이 접근방법은 부르바키(Bourbaki)학파가 현대수학을 구조화하는 가정에서 얻어진 간접적인 부산물로 수학을 조직적으로 기술하고 정확한 표현을 위해 언어, 기호 사용을 강조한 방법이다. 그 표현의 간결성과 그 개념의 점진적인 구조화 때문에, 구조화는 대학에서 수학을 가르치는 데 또한 수학을 재조직하는 데 설득력있는 방법으로 통하였다. 그러나 이러한 구조화를 중등수학에 적용해 보니 수학의 정확성과 수학의 조직적인 구성이 떨어졌다. 그러나 기존의 중등수학에 이 새로운 방법을 접목시켜 봄으로써 수학내용의 선정과 수학을 하는 방법을 혁신시켰다.

초등학교에서의 수학내용은 기존내용과 크게 달라진 것은 없으나 기존수학에 접근하는 방법이 재구성되었다, 예를 들면 집합을 강조하였다든지 구조적 측면을 강조한 교환법칙, 결합법칙, 분배법칙 등을 도입했다든지 등이다. 중등수학에서는 종래의 유클리드 기하, 고급 삼각비, 삼각함수 등이 거의 무시되었고, 대신 확률, 통계, 컴퓨터 등이 교육과정에 들어왔다. 공리로부터 연역적으로 이끄는 수학내용의 전개방법이 부르바키의 기본원리였으며, 이것이 수학의 교수, 학습에 철저하게 이용되었다. 따라서 수학내용도 연역적 접근방법에 합당한 내용이 주로 선택되고, 응용과 계산기술 등은 크게 약화되었다. 이와 같은 수학의 새로운 조직으로 인하여 학생들에게는 비교적 이른 시기에 수학의 고급개념들이 들어오기 시작했지만(예를 들면 집합의 기초와 연산 등이 초등학교 1, 2학년), 이것은 학생들의 지적 발달이나 이해 등과는 거리가 먼 시도였다. 또 한 가지 짚고 넘어갈 문제는 고급개념이 초중등에 많이 들어오면서 그 개념들은 어떤 교재 개발을 통하여 도입할 것인가를 제시해주지 못한 점들이 많았다. 전반적인 인식은 대학의 수학전공을 대비하는 프로그램으로 느껴졌다.

새수학 접근과 행동주의자 접근을 비교해보면, 전자는 주로 후자가 개발한 교육과정에서 내용의 혁신만을 강조하였고, 후자에서 강조된 교수-학습 방법의 부적절성 등을 명확히 비판하지 못하였고, 그 개선책 등도 언급하지 못하였다.

수학의 교수-학습이라는 것은 단순히 대학교의 수학내용을 중등학교에 그대로 내려오게 한다든지, 대학교에서 하는 식의 교수-학습방법이 그대로 전이되게 하는 성질의 것이 아님에도 불구하고, 이 점을 크게 고려하지 못한 실책을 범하게 되었다. 이 점은 추후 교사연수과정에서 심각한 후유증으로 드러났다.

이러한 새수학 접근전략은 수학의 개념과 정리를 효과적으로 표현하고 가르치는 데 그 효과를 보였다. 다음은 이 전략의 간단한 예에 불과하다.

실수와 그 연산에 대한 성질

실수의 집합 R과 그 연산 덧셈, 곱셈에 대하여 다음이 성립한다.

$a \in R$, $b \in R$, $c \in R$ 일 때,

		덧 셈	곱 셈
〔1〕	닫혔다	$a+b \in R$	$ab \in R$
〔2〕	교환법칙	$a+b=b+a$	$ab=ba$
〔3〕	결합법칙	$(a+b)+c=a+(b+c)$	$(ab)c=a(bc)$
〔4〕	배분법칙	$a(b+c)=ab+ac$	
〔5〕	항등원	0	1
〔6〕	역 원	a에 대하여 $-a$ $-a$ 에 대하여 a	a에 대하여 $\frac{1}{a}$ $\frac{1}{a}$ 에 대하여 a $(a \neq 0)$

(2) 전략의 실제

디유돈네(Dieudonné)가 1959년에 OEEC 모임에서 행한 연설이 새수학 접근의 시작으로 볼 수 있다. 여기에 그의 연설을 간단히 소개해 본다.

과거 50년 동안 수학자들은 수학의 개념뿐만 아니라, 계속적인 수의 연구를 위해 적절한 수학적 언어와 기호를 만들었다. 이들로 인해 수학적인 문장은 보다 간결하고 정확하게 기술되었다. 그러나 이제까지 이러한 언어와 기호 등을 중등학교에 도입하는 것은 금기시되었고, 학교는 이전의 부적절한 수학적 언어와 기호에 매달리게 됨으로써 학생들이 대학에 들어와서는 집합, 사상, 군, 벡타공간과 같은 용어 사용에 당황하게 되고 고급수학의 입문에 좌절을 겪게 된다. 이제는 중등학교에서 과학적인 사고의 발전에 맞는 프로그램의 대체가 필요하다고 본다. 한 예로 "유클리드는 추방되어야 한다."고 본다.

중등학교에서 소개될 수 있는 현대수학의 일부를 소개해 보면 다음과 같다.

1. 행렬
2. 초급 미적분(일변수함수)
3. 함수 그래프의 구성과 매개방정식 형태의 곡선 그리기
4. 복소수의 기본 성질
5. 극좌표의 개념

이러한 주제들은 순수 유클리드 기하보다 크게 어려운 면이 없다. 만일 우리가 이러한 소재들을 학생들의 지적 발달에 알맞게 교재개발을 하여 제공한다면 기존의 수학내용에 비해 어렵게 구성되었다고 말할 수 없는 것들이다.

그러면, 어떻게 학생들의 지적 발달에 알맞은 교재개발을 해낼 수 있을까? 하는 문제는 역시 숙제로 남는다. 개략적이나마 "현대 교육과정"은 연령에 알맞게 "실험적 접근과 연역적 접근"으로 나누어 구분해 볼 수 있다.

14살까지: 이 시기까지 수학을 지도할 때에는 대수와 평면기하를 대상으로 '실험적인 접근'으로 해야 하고 '공리적 접근'은 피하는 것이 바람직하다. 이것은 논리적 추론을 적절한 시기에 강조하지 말라는 뜻이 아니다.

대수에서는 학생이 먼저 문자의 계산에 친숙해져야하고, 음의 수에 대한 개념이 들어와야 하며, 미지수가 하나 또는 둘 있는 경우의 일차방정식을 할 줄 알아야 한다. 이러한 내용 정도는 종전에도 했기 때문에 별 특별한 주문이 필요 없으나 이 시기에는 기하보다 대수에 보다 많은 시간을 소비해야 한다. 기하에서는 물리적 상황에서 유용하게 이용될 수 있는 내용 도입이 바람직하다. 따라서 삼각형의 도입과 같은 인위적인 조작보다는 대칭, 평행이동, 변환의 합성등과 같은 기본개념을 다루는 것이 좋다.

또 모든 실험적 수학 속에는 수학적 언어와 기호가 가능하면 빨리 도입되어야 한다. 기호 "∈" 대신 "속한다", "→" 대신 "~이면"이라고 하면서 기호 사용을 늦출 이유가 없다. 때로는 군, 동치관계와 같은 용어를 간접적으로 대수, 기하의 문제상황을 통해 그 아이디어를 연습할 수 있으나 군의 추상적 정리 혹은 동치관계에 대한 깊은 이론까지 언급하라는 것은 아니다.

심리학적으로 말할 때 만일 이 시기에 약간의 공리론적 방법을 도입해도 무방하다고 하면, 학생들로 하여금 초급산수와 같은 "실험적 측면"에서 발전의 개념을 연습시켜야 한다. 예를 들면 피아노 공리로부터 가볍게 유도할 수 있는 산수의 성질을 발전시킨다는 것은 논에의 바람직한 연습이 될 수도 있다.

14살: 실험적 측면에서 함수의 그래프에 대한 아이디어가 소개될 시기이다.

이때 이 아이디어는 $y=f(x)$의 그래프의 도움을 받아 방정식 $f(x)=0$을 쓰는 일반적인 방법과 관련을 시켜야 하며, 역시 여러 가지 근사과정(예, 뉴튼 방법)을 이 시기에 도입하여 근의 해법을 수치해석적인 방법으로 접근하는 것과 이 아이디어를 연결해야 한다.

중요한 점은 근사적인 해를 구하는 과정이 강조되는 것이지 형식화된 공식과 그것의 활용이 아닌 것이다. 형식적인 공식의 활용은 특수한 경우에 국한 시켜야 한다. 이 시기에 이차방정식의 해가 도입될 수 있으며 그것을 깊이 다루지는 말아야 한다. 논리적 측면에서 보면, 이 시기는 몇 년간 대수를 취급했으므로 실수에 대한 공리 등을 기술할 수 있는 시간이다. 그렇다고 실수를 유리수로부터 데데킨드(Dedekind)의 커트(cut)나 칸토르(Cantor)의 기본수열방법을 써서 도입하라는 것은 아니다. 말하려고 하는 것은 서로 유도할 수 있는 실수의 기본성질을 나열하여 아르키메디안 순서체나 축소폐구간의 원리등을 익히는 수준이다. 그러나 보다 어려운 성질로써 최대 · 최소값의 존재, 근의 존재에 대한 볼자노의 정리(Bolzano's theorem) 등을 증명하는 일은 피해야 한다.

15살 : 이 시기에 실험적 접근으로 시도된 평면기하학은 공리론적 방법으로 접근되어야 한다. 이러한 공리론적 방법을 대수 관점과 기하 관점으로 동시에 해석되어야 한다. 강조한 것처럼 일차변환과 이들에 의하여 유도된 군을 도입하게 된다. 이렇게 되면 중등수학에서 실험적 접근은 종료되고 공리를 도입한 내용전개가 시작된다. 어떤 정리를 공부하는데 그 정리의 기능(활용)적인 측면과 개념의 발달측면이 있는데, 여기에서는 수학내용의 기능적인 면이 먼저 강조되고 연약적인 개념발달이 뒤에 올 수도 있다.

이러한 시도는 미적분의 출현과 계산에 보다 역점을 두어도 된다. 이 계산을 이용하여 그래프를 그리고 방정식을 푸는 일은 당연하다.

16살 : 본격적인 공리론적 접근이 수학내용으로 평면기하의 각과 삼각함수에 시도된다. 각의 정의는 정확하게 정의되어야 하며 그것의 존재는 증명없이 받아들여지면 된다. 이들과 함께 복소수가 자연스럽게 기하적인 해석으로 도입된다. 좀더 발전해서 해석기하의 2차곡선(conic)에 관한 평면 위의 모든 이차형식을 취급하고 매개방정식으로 나타난 곡선의 방정식을 만들게 된다.

17살 : 중등학교 맨 마지막 학년이 되는데 행렬을 이용한 공간기하가 도입되며, 극좌표가 제시되면서 이 좌표에서 방정식을 구하는 일이 소개된다. 또 로그와 지수함수가 정확히 정의되고, 그들이 근의 준동형(homomorphism)을 만든다는 것을 이해하게 된다.

6장
교육과정의 이론(Ⅱ)

1. 구조주의자 전략

1) 이론적 배경

구조주의자 접근은 개념의 형성과정을 면밀하게 조사한 발생적 인식론자들의 작업에 기초를 두며 브루너의 원리들의 구조로부터 시작된다. 대략적으로 이야기하면 이 정리는 다음과 같이 진행된다.

인지구조는 얻어진 개념들과 사고능력의 조합이며, 단순구조는 몇 개의 개념이 더해지면서 정교한 구조로 발전된다, 이 발전의 가장 높은 단계에서 인지구조는 과학의 구조에 대응된다. 이 구조는 아주 복잡해서 그들은 과학의 모든 통찰, 개념, 절차를 포함하지만,

또한 단순화시킬 수 있어 어떤 인지수준에도 쉽게 전이가 가능하다. 이러한 과학적 원리(scientific disciplines)에 대한 구

조의 전이(transmission)목적은 학생들에게 교육의 내용으로 구조를 쉽게 전달하는 데 있는 것이 아니다. 이것은 과제로서 과학의 내용구조와 인지구조 사이에 대응관계를 말하는 것으로 학생들의 정신활동을 신장시키는 수단이기도 하다. 과학의 구조 안에서 조작하는 일은 인지발달의 어떤 단계에서 개념이 동화되는 과정을 촉진시켜 준다. 이와 같이, 학습자는 구조와 친근함으로써 과제의 복잡성을 쉽게 파악할 수 있을 뿐만 아니라, 궁극적으로는 과제로서 과학의 구조와 학습자의 인지구조의 대응을 얻어낼 수 있다는 것이다.

브루너는 이러한 구조의 교육목적을 달성하기 위하여 "나선형 교육과정"을 도입한다. 브루너의 이론에 대한 최대의 비판은 어떻게 이러한 과학적 구조가 학생들의 낮은 수준의 인지구조까지 전이될 수 있는가? 하는 것이다. 이에 대하여 그는 일단 학습자는 일반화(generalization)와 추상화(abstraction)를 이해할 수 있다고 가정하며, 그들은 직관을 이용하여 그들 자신의 지식단계를 예측할 수 있다고 본다. 위에서 이야기한 질문에 대한 최적의 대답은 발견학습이라는 것이다. 발견과정에서 학생들의 탐구활동은 구조를 얻는 곳으로 인도하게 되고, 마치 과학의 구조를 획득하고 이해한 과학자처럼 행동할 수 있게 된다는 것이다. 나선형 교육과정은 이러한 절차를 담는 것으로 낮은 인지과정에서 높은 인지과정까지 포함한다. 낮은 수준에서 수학적인 과제는 학생들의 환경 속에서 실험적으로 발견되어지며, 이후 분석적인 사고가 단계적으로 발전하면서 공리론적인 방법이 수학의 구조를 설명하고 해석하는 데 이용된다. 아울러 나선형 방법은 동일한 수학내용도 좀 더 높은 인지수준에서 다시 반복되어 새롭게 꾸며지게 된다.

학교수학이 기초가 되는 과학의 개념은 결국 수학의 끝난 건축물이 아니고 점진적인 재구성 과정인 것이다. 물론 재구성 과정에서 강조되고 있는 것은 조직의 과정이지 산출결과가 아니다. 따라서 교육과정을 개발하는 관점에서는 구조가 스며든 구체화로써 발견의 과정을 담을 수 있는 의미있는 교수모델을 만들어야 한다.

이 전략은 새수학운동의 수정기간에 제시되었던 것으로 대표적인 작품은 유아이시에스엠(UICSM)의 수정판으로 볼 수 있고, 딘즈(Z.P. Dienes)의 교재개발을 좋은 모델로 삼는다. 그의 아이디어에 의하면 수학의 토픽(topic)을 배울 때는 구조화를 시도해야 한다는 것인데, 이를테면, 수 10을 단순히 1+1+⋯의 관점으로 보지 말고 2+8, 3+7, 1+9, 5+5,⋯등과 같은 방법으로 관찰하게 한다는 것이다. 비교적 그의 생각이 잘 나타내어진 예로서 다음을 들 수 있다.

$$\begin{aligned}325+496 &= (300+20+5)+(400+90+6)\\ &= (300+400)+(20+90)+(5+6)\\ &= 700+110+11\\ &= 800+20+1\\ &= 821\end{aligned}$$

이 과정을 관찰해 보면 간단한 덧셈인 경우에도 십진기수법의 원리, 연산법칙 등과 같은 개념이 연결되어서 수학의 연습이 이루어졌음을 알 수 있다.

2)전략의 실체

구조주의자 접근은 2개의 보고서에서 설명이 가능하다. 하나는 1963년 케임브리지 회의의 '학교수학의 목표(Goals for School Mathematics)'라는 보고서인데, 여기서는 새수학 접근이 구조주의자 접근으로 전이되는 과정을 설명해 주고 있다. 다른 하나는 브루너와 딘즈(Bruner & Dienes)의 보고서인데, 브루너가 1960년에 Mathematics Teacher라는 잡지에 기고한 "수학의 학습에 관하여(On learning mathematics)"라는 것이고, 1973년에 딘즈에 의하여 쓰여진 "수학학습의 과정에서 6단계(The Six Stages in the Process of Learning Mathematics)"라는 보고서이다.

학교수학의 목표(Cambridge, 1963). 현대 수학의 역할에 대해 많은 사람들이 수학과 교육과정은 수학의 연구를 될 수 있으면 빠르고 정확하게 할 수 있도록 도입되어져야 한다고 보지만, 우리는 이런한 생각을 거부한다. 현대 수학의 연구는 수학적인 사고를 조직할 수 있도록 많은 새로운 개념을 우리들에게 준다. 집합, 함수, 변환군 및 동형과 같은 개념들은 어린 학생에게 초보적인 형태로 도입될 수 있으며, 학생들의 매우 복합된 이해가 완성될 때까지 반복적으로 활용되어진다. 그런데 중요한 것은 이러한 개념들이 새로 나온 최근의 것과 다른 것이 아니고, 그것이 우리가 나타내려고 하는 수학적인 자료(아이디어)들을 조직하는 데 매우 유용하기 때문이라는 점이다. 또한 발견적 접근에 대한 문제인데, 이것은 학생 자신의 방법으로 수학적 상황을 개발(탐구)하는 것인데 개인에게 있는 창의적이고 독립적인 사고를 기르는 데 아주 귀중한 것이다.

이 접근에서는 기계적인 기억방법은 학생들의 사고발전에 도움이 되지 않는다는 입장이다. 학생의 초기 흥미와 경쟁적인 성격이 그로 하여금 창의적인 문제에 집중하게 한다. 그런데 분명한 것은 발견방법은 속도가 느리다는 사실이다. 한 개념을 발견하기 위해서 많은 시간이 필요하다. 그러나 교사는 적절한 아이디어를 제시하거나 학생들이 범하기 쉬운 오류에서 토론을 통해 발견과정을 유도할 수 있을 것이다.

수학의 학습에 관하여(Bruner. 1960). 수학에서 어떤 아이디어는 이해되었으나 그 아이디어를 수학적인 식으로 어떻게 표현할 것인가? 라는 문제가 생긴다. 이 질문에 답하는 데는 3가지 문제가 있는 것 같다. 나열해 보면 1. 구조의 문제, 2. 계열성의 문제, 3. 구체화의 문제가 바로 그것이다.

어떤 것(예 : 구조)을 이해한다는 것은 좀더 단순구조로 번역한다는 뜻이다. 이후 이러한 이해를 다른 사람에게 전달하는 문제가 발생한다. 즉 이해된 것을 적당한 언어를 사용하여 다른 사람에게 전달해야 하고, 다른 사람들도 남에게 시간적으로 또는 공간적으로 똑같은 내용으로 전달하는 문제이다.

두 번째는 계열의 문제인데, 수학내용의 계열을 정하는 문제는 항상 우리들 앞에 직접 볼 수 있도록 존재하는 것과 존재하지 않으면서 개념을 선명하는 데 필요한 것을 어떻게 혼합 · 발전시키느냐 하는데 있다. 아동들이 어떻게 순서문제(serial ordering)를 이해하는가의 피아제의 예를 들어 보자.

피아제는 수학적인 개념을 숙달하는 데는 일정한 계열 또는 단계가 있다고 본다. 먼저 아동들의 비교(크다, 작다)의 아이디어를 이해해야 한다.

또 오른 쪽과 같이 빛이 거울에 들어와 반사할 때 ∠a = ∠b임

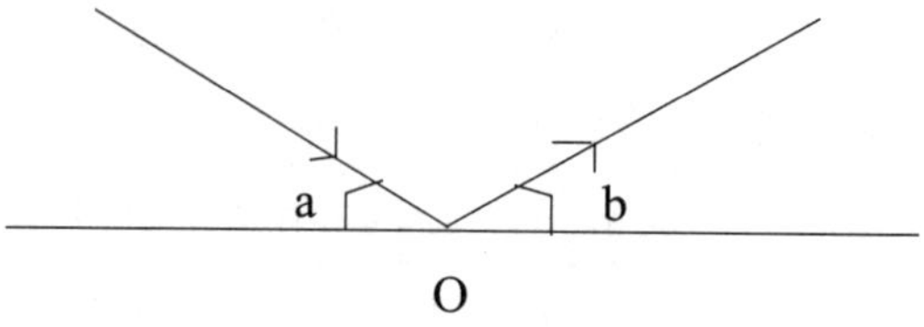

을 이해하기 위해서는 그전에 아동들은 들어오는 각에 대응해 나가는 각이 유일하게 존재한다는 것을 알아야 한다.

이러한 유일성을 먼저 알지 못하면 ∠a = ∠b를 이야기할 수도 없다.

위의 논리는 실제로 수학의 지도와 교육과정의 설계에 다음과 같은 두 가지 논의점을 말해준다. 모든 수학교사들은 수학의 이해는 연속적 · · · · · 임이 바탕이라는 생각으로 과제를 바라보아야 한다. 이 정리는 즉시 두 가지 후속 정리를 만들어낸다.

하나는 교사가 현재의 개념의 지도에 연결되는 과거의 수학적 아이디어가 무엇인지를 찾아 현재 개념에 활용해야 한다. 둘째는 교사는 비록 완전한 숙달이 학생들에게 일어나지 않는다고 해도 이해의 지도는 계속해야 한다.

지금까지 이야기한 것을 종합할 때, 교육과정에 구조를 명쾌하게 도입한다는 것은 쉬운 일이 아니다. 구조주의적 입장에서 수학의 교재를 만들려고 하는 운동이 있었다. 이를 테면 SMSG, UICSM등이 좋은 예이다. 실제로 나선형 교육과정

은 이 구조를 표현하는 좋은 방법일 수 있는데, 여기에서 수학적 아이디어는 처음에는 homologue form으로 제공되고 후에 더욱 세련되어 정확하고, 힘이 있는 형태로 제공된다. 이들은 종국에 가서는 어떤 지식(구조)을 학생들이 완전히 숙달하도록 발전되어진다.

또 구조의 교육에서 빼놓을 수 없는 것은 구조 속에 들어있는 수학적 아이디어와 그 아이디어를 이해하는 방법 사이의 다리를 놓아주는 일이다. 이 점은 심리학쪽에서 크게 도와줄 수 있다.

수학학습과정의 6단계(Z. P. Dienes, 1973). 첫 단계는 ; 모든 학습은 유기체들이 그의 환경에 적응하는 과정으로 설명되어진다는 의미에서, 환경의 개념은 중요한 뜻을 내포하고 있다. 어린이들의 경우 그들은 그를 둘러싸고 있는 환경에 관련하여 그들의 행동을 수정해 나간다.

어떤 어린이가 나쁜 환경에 적응되었다고 해도 그들은 곧 학습에 의해 그 상황을 통제하고 수정하는 적응능력을 가진다. 만일 이러한 논리를 합당한 것으로 받아들인다면 우리는 아동들이 적응하게 되는 알맞은 환경을 제공하는 일이 바람직한 일이 된다. 더 정확히 말한다면 이러한 적응(adaptation)은 자유놀이 단계를 통해 자리를 잡을 수 있다. 이러한 게임은 연습의 성격을 띠게 되는데 아동들로 하여금 그가 후에 어른이 되어 맞이하게 되는 상황(situation)에 적응하는 데 도움을 준다. 그러나 만일 우리가 어린이에게 논리를 가르치려고 한다면 그들이 논리적 개념을 형성하도록 어떤 이유 있는 상황을 제공해서 그들이 그 상황에 직면하도록 해야 한다.

논리를 보기로 들어 설명하여 보자. 어린이들이 생활하고 있는 주위 환경은 모두 어린이들에게 이유 있게 설명될 수 있는 논리에 관련된 환경은 아니다. 때로는 인공적으로 논리에 관련된 환경을 만들 필요도 있다. 이러한 환경을 제공한 덕분에 어린이들은 조금씩 조직적인 방법으로 논리적 개념을 형성하기 시작한다.

예를 들면 이러한 환경으로써 아동들에게 논리 블록을 제공하는 것을 들 수 있다. 또 대수에서 a^2과 같은 제곱, 세제곱 등의 개념을 위해서는 아동들에게 구조물(multibase)을 주어야 한다. 즉, 우리는 어떤 수학적 아이디어가 있더라도 이에 대응할 수 있는 놀이 환경(또는 기구)을 제공해 주어야 한다.

둘째 단계는 1단계에서 자유놀이를 통해 적응의 기간이 지나고 나면 그 게임이 이루어지기 전에 어떤 조건이 있음을 알게 된다. 즉, 어떤 규칙에 의하여 게임이 진행됨을 알 수 있다. 동시에 어린이는 인공적으로 주어진 제한과 함께 게임을 할 준비가 된다. 일단 아동이 어떤 규칙을 가지고 게임을 임하게 되면, 이후 다른 게임을 위한 규칙을 창안할 수도 있고 기존놀이에서 규칙을 변경시켜 유사한 게임을 할 수도 있다.

이 정도에 이르면 규칙들의 조작수준으로 들어간다. 분명한 것은 만일 우리가 아동들로 하여금 수학적 구조를 배워주기를 바란다면 우리가 주는 일련의 규칙들은 그 수학적 구조에 밀접하게 관련된 것이어야 한다. 이렇게 해서 아동들은 구조적 자료들로부터 그들의 게임을 구성하게 된다.

셋째 단계는 어떤 수학적 구조 속에서 수학적 법칙에 따라 구조게임을 한다는 것은 수학을 학습하는 일은 아니므로, 어떻게 하면 아동으로 하여금 게임 뒤에 숨어 있는 수학적 추상을 이끌어내게 하느냐 하는 일이다. 심리학적인 의미로 생각한다면 같은 구조를 가지고 있는 어떤 게임을 시작하는 것이다. 그러나 아동들에게는 종전에 했던 게임과 다르다는 것을 느끼게 해야 한다. 이렇게 되면 똑같은 수학적 구조를 가지고 있는 서로 다른 두 게임에서 아동은 추상과 연결을 발견하게 된다. 이것을 수학적인 용어로 동형게임(isomorphism game)이라고 한다. 이와 같이 해서 아동은 두 게임 사이에 존재하고 있는 공통구조를 찾아내게 되고 불필요한 부분은 버리게 된다. 바로 여기서 아동들은 그들이 경험한 서로 다른 게임에서 "같음"을 이끌어내게 되고 이때 추상이 이루어진다.

넷째 단계는 아직까지 어린이들은 이러한 추상을 사용할 위치에 와 있지 않다. 왜냐하면, 아직 그의 마음속에 추상을 고정할 수 없기 때문이다. 그가 추상을 충분히 알아차리기 전까지 어린이는 그것을 표현할 방법을 필요로 한다. 그러한 표현방법은 그가 추상하고 있는 것을 상대방에게 이야기할 수 있게 하거나, 외부에서 그것을 바라볼 수 있게 하거나, 실제적인 게임으로 표현(dispense)하게 한다. 아울러 일반적으로 게임을 점검하게 한다. 그러한 표현을 그래프도 될 수 있고, 카테시안 조직, 벤 다이어그램 등과 같은 영상적인 표현 등이 된다.

다섯째 단계는 구조에 대한 표현(몇 가지 표현도 가능)의 단계가 지나면 이 표현을 시험하게 된다. 이러한 시험의 목표는 이미 만들어진 추상의 성질을 이해하는데 있다. 이 단계에서는 이러한 표현을 서술한 언어가 필요하게 되고, 이 언어로 구조 속에 있는 여러 성질들을 명확히 서술하게 됨으로써 새롭게 언어를 창조하는 일이 이 단계에서 있게 된다.

그런데 언어 창조는 되도록 그 자신의 것으로 해야 한다. 그 다음 아동들은 각자가 만든 언어가 어느 것이 이 구조를 표현하는 데 가장 적합한지 교사의 도움을 받아 판단하게 된다. 이 적합한 기술 형태가 공리조직이고, 각 세부기술은 공리 또는 정리가 된다.

여섯 번째 단계는 대부분의 수학적 구조는 복합적이어서 많은 성질들을 포함한다. 따라서 지금까지 만들어낸 조직 속에 있는 모든 성질들을 열거해 내는 일은 불가능하다. 따라서 모든 성질을 열거할 수 없지만 몇 개의 성질을 담는 기본적인 형태의 기술이 필요하게 되고 이것은 유한개의 언어로 표현된다. 그러면 기본형태에 나타나 있지 않은 성질은 "증명방법"을 통해 참임을 보임으로써 더 큰 정리의 조직을 만들게 된다. 즉, 공리론적 방법으로 구조를 완성해 간다.

2. 형식적 접근전략

1) 이론적 배경

이 접근은 특별한 과제에 대한 추론이 없이 이루어진다. 이 방법은 두 가지 가정에 근거를 두고 있는데, 첫째는 학교교육은 인지능력 중에서 가장 기본적인 실체와 정의적이고 동기유발적인 태도(attitude)를 부여하는 데 목표를 둔다는 것이고, 둘째는 이러한 요인들은 개인적 인성으로 기술되어진다는 것이다. 이 인성은 창의적 능력, 지적인 힘, 성취동기 등과 같은 요인을 내포하고 있다. 이 요인(또는 능력)들에 대한 과학적 분석은 적절한 계획, 지도방법, 과제내용을 통해 그 요인들이 성장될 수 있다는 것인데, 다만 적절하다는 의미는 개인적 발달의 구조에 알맞은 것이어야 하며, 과제의 성질에만 의존해서는 안 된다는 것을 뜻한다.

이러한 접근으로 교육과정을 설계하려면 바람직한 요인을 개발하고 발전시키는 데 적합한 수학내용, 학습방법 등을 찾아 이들을 적절하게 결합시켜야 한다.

피아제의 연구는 수학에서 이러한 수학내용 및 학습방법의 선택에 많은 기여를 했다. 아동들의 수학개념의 발전과정을 조사함으로써 그는 개념들이 구체적인 조작과 추상에서 활동의 쉐마(schema)를 내면화함으로써 형성된다는 사실을 알게 되었다. 그는 구체에서 논리적 조작까지 여러 단계의 추상화를 인지발달 수준으로 제시하였다. 피아제는 이 수준 중 낮은 수준에 관련된 것을 주로 연구했기 때문에, 그에 의하여 개발된 대응된 학습이론들은 지적발달의 낮은 수준에 알맞은 것들이다. 따라서 초등학교에서 활용될 수 있는 수학이 연구에 의해 알맞게 개발되었다.

한 가지 주목할 점은, 피아제에 의하여 연구된 개념의 형성과정을 이해하는 데 기본적인 것으로서, 그 개념의 형성은 아동들이 실물에 자기조작(selfreliant manipulation)을 가함으로써 구체적 조작 수준에서부터 시작된다는 것이다. 아동들은 개념형성을 기호적인 활동으로부터 시작하지 않는다. 여기서 실물은 실제적 상황에서 아동들의 행동을 끌어내야 한다.

구조주의자 발상처럼 적절한 초기 수업상황이 요구되지만 이것과 차이점은 모든 구체적 실제(reality)에 중점을 둔다는 사실이다.

열린 학습이 이러한 교과과정 단위의 기본 성격인데, 학습과정을 진행하지만 일반 학생의 자동적인 행동이 어떤 것인지 예측할 수 없기 때문에 교수과정의 진전여부는 불명확하다. 이러한 이유 때문에 프로젝트는 이미 만들어놓은 교수요목의 형태로 자료를 생산할 수 없다.

대신 교수의 결과는 교사로 하여금 그의 핵심기능을 이루도록 도와주는 것뿐인데, 이 핵심기능은 아동들이 실제 활동을 즐기고 그 활동을 학습과정으로 옮길 수 있는 학습상황을 창조해 내는 일이다. 이러한 일을 하기 위해서는 교사는 일련의 정보와 아이디어와 그것들의 가능한 모범적인 표현을 할 수 있는 자료를 항상 준비하고 있어야 한다.

동시에 여러 가지 제언들을 제공해야 한다. 여기서 제언이란 특정한 교수상황에 따라 교사가 호소할 수 있는 것이어야 한다. 이 과정에서 쓰여지는 자료는 단순히 상황의 숙달을 위해 도움을 주는 것으로 의미를 가지며, 역시 활동 속에서 얻어진 경험이 동화되는 관계에서 학습과정의 보강으로서 사용된다. 주의할 점은 수학(과학)의 어떤 내용으로만 만들어진 자료는 별로 강조되지 않는다. 따라서 새수학운동에서 소외되었던 수학적 응용이 여기에서는 수학을 실제생활에 찾아보고 경험한다는 측면에서 중요한 의미를 가지고 있다.

이 전략의 핵심은 수학의 논리성, 연결성, 엄밀한 기호도입 등을 약화시키면서 학생들의 실험적인 수학활동, 창의적인 활동, 발전적인 활동을 강조한다. 따라서 일정한 틀을 가진 교과서를 배격하고, O.H.P자료, 컴퓨터자료, 토의자료, 공동사고방법 등을 선호한다.

2) 전략의 실제

피아제의 "교육의 과학과 아동의 심리(Science of Education and the Psychology of the Child ; 1965)"에서 그의 사상을 발췌해 보자. 피아제는 그의 교육방법을 결코 제시하지는 않았지만. 그의 연구 주제인 지적발달에서 활동의 역할과 아동의 사고발달, 수학의 논리적 구조 등을 개발함으로써 교육자들에게 지침을 주려고 했다.

수학의 지도에게 지능의 조작적 구조의 문제인데, 이것은 논리수학적인 본질을 가지고 있지만, 아동의 마음 속에 확실한 구조로써 제공되지 않는다. 그것은 추론을 유도하는 행동 또는 조작의 구조이다. 한편 수학의 지도는 아동이 이러한 구조에 의식적으로 생각하도록 요구한다.

이 의식적인 생각은 정도의 차이는 있지만 추상을 내포하고 기호를 동반한 언어를 사용하게 된다.

그래서 수학의 태도는 구조에 반하여 언어 자체에 대한 학생들의 이해에 대한 문제로, 또는 구조의 반영(reflection)보다는 그 상징과 연결된 추상과정의 속도에 대한 문제로 이해된다. 더욱이 모든 것이 완전한 연역적 원리에 의하여 서로 연결되는 관계로, 어떤 한 연결의 관련된 부분이 이해가 안될 경우에는 그 연결을 이어받은 다른 연결을 이해하는 데 어려움이 많다. 결국 점진적으로 그의 능력이 의심받게 됨은 물론이고 그를 둘러싼 환경에 의하여 감정적인 갈등이 발생하게 된다.

한마디로 말해서, 수학의 지도의 중심적인 문제는 지능에 알맞은 자발적인 조작구조(operational structure)와 가르치려고 하는 특정한 수학영역에 관련된 프로그램(또는 지도방법) 사이에 가역적인 적응(adjustment)의 문제로 집약된다. 그런데 수학에서 가장 추상적이고 일반적인 구조(내용구조)는 국소적인 구조보다 더욱 지능의 조작적 구조와 밀접하게 관련되어 있다. 하지만 이 지능 구조는 어떤 반영적인 형태가 아닌, 즉 논리학자가 아닌 성인이 자연스럽게 논리의 합접, 이접, 조건, 쌍조건 등과 같은 내용을 수학적인 기호나 대수적인 공식을 사용하지 않고 나타내는 형식으로 구조를 수용한다. 교수학적인 측면에서는 이러한 자연스럽고 비반영적인 구조를 이해하는 일과 이들을 이론적으로 형식화하는 일 사이의 연결을 놓아줄 수 있는 적절한 방법을 찾는 것이 중요시된다. 이 점이 바로 구조에 대한 조작적 측면과 이를 표현가능하게 만드는 상징적 언어의 측면간의 문제이다. 현대 수학의 가장 일반적인 구조는 추상적인데, 어린이의 생각 속에는 구체적 조작(물리적 또는 언어 형태 중 어느 하나)을 제외하고는 이 구조가 그대로 도입되지는 않는다.

심리학에 덜 익숙한 수학자들은 추상에 방해가 되는 물리적 연습을 의심하는 반면에, 심리학자들은 대상들(수학에는 다소 생소한 물리적 실험)에 바탕을 둔 추상과 행동, 수학적인 연역, 추상에 바탕을 둔 추상 사이의 차이를 조심스럽게 구분한다.

사실 우리는 추상과 연역을 하는데 이용한 그럴 듯한 훈련이 기교적인 언어와 상징의 이른 사용을 예상 가능하게 한다는 것을 믿어서는 안된다. 왜냐하면 수학적인 추상은 사실 조작이 본질이며 발생적으로 구체적 조작에 근거를 두고 점진적으로 발전되기 때문이다. 또한 지식은 아동들의 행동이 아닌 대상물에서 나온다는 물리적 실험으로서의 구체와, 직관적인 표현(이라는 관점에)을 혼동해서는 안 된다. 왜냐하면 조작은 행동으로부터 나오는 것이지. 지각적이거나 영상적으로 기억된 것으로부터는 나오지 않기 때문이다.

교육의 초급수준에 현대 수학을 일찍 도입하는 것이 바람직하다는 견해에도 불구하고, 실제 도입된 결과는 어떤 방법을 사용하느냐에 따라 성공했었거나 실패했었다는 점이 이와 같은 여러 가지 이해의 부족을 입증하고 있다. 그렇기 때문에 1956년의 UNESCO의 보고서는 중등학교에서의 수학지도에서는 다음과 같은 것을 권장하고 있다.

1. 학생들은 그 자신의 수학적 아이디어를 구성하도록 하거나, 수학의 관계와 성질을 스스로 발견하도록 해야 한다. 여기서 주의할 점은 성인이 이미 만든 상태로 준비해 주어서는 안 된다는 것이다.
2. 학생들에게 형식을 도입하기 전에 조작적 과정을 얻도록 해야 한다.
3. 학생들은 초기에 수학적인 경험을 가져야 하며, 그 다음에 연역적 체계로 점진적으로 들어가야 한다.
4. 학생들이 만든 오류는 그들의 사고를 이해하는 수단으로 보아야 한다. 또 반영과 추론에 초점을 맞추어야 한다.

3. 통합적 접근 전략

1) 이론적 배경

이 접근은 앞의 형식적 접근처럼 인지이론을 배경으로 하고 있다. 다만 방법에만 치우치지 않고 교과내용 문제까지 언급한다. 특히, 지도방법을 바탕으로 한 학습자의 인성을 강조해서 학생들의 인지발달에 따른 내용의 조직이 중요시된다. 따라서 학습내용의 선정은 학생의 흥미와 필요에 따른다. 즉 그들의 개인적인 일상생활에서 필요로 하는 실제 문제들이 나오게 되고, 이것들이 지도내용을 결정한다. 이러한 실제적 문제는 개별적인 학교의 과제나 한 종류의 원리에 입각한 개념, 통찰, 자료들을 사용하는 차원을 넘어 여러 개의 원리로부터 나온 공통 절차, 사고가 문제해결전략 속에서 결정적 역할을 한다.

따라서 이 접근은 지도할 과제를 세분화하는 것보다 주어진 문제가 요구하는 수준에 맞게 과제를 통합적으로 재구성한다. 이 접근에서 수학의 역할은 수학화와 실제문제에 수학의 조직을 관련시키는 모델을 제공한다. 이 문제해결에 알맞은 수학내용과 아이디어가 지도내용이 된다.

따라서 이 접근은 학생들의 동기유발이 중요시되어, 문제를 학생들 스스로 찾아야 하고, 교과과정의 단원도 크게 융통성이 있어서 학생들에 의하여 문제해결의 과정이 통제되도록 열려 있다. 이 접근은 원래 미국에서 유행했던 프로젝트를 다시 부활시긴 것이다.

2) 전략의 실제

초등학교의 과학과 수학의 상관에 대한 케임브리지 회의는 초등학교에서 통합적 접근에 대한 좋은 보기를 제시하고 있다. 다음에서는 이 접근에서 수학이 변해야 할 것을 제시해 본다.

수학 및 과학의 특징 때문에 두 학문은 인간생활의 가치창조에 기여한 바 크다. 일부를 소개해 보면 받아들인 지식에 관한 건전한 회의와 오류가능한 사고를 버리는 의지, 이해는 결코 완성품이 아니며 그것은 항상 증가된다는 확신, 이해는 하나의 즐거움이며 그 자체에서 끝난다는 확신 등이다. 200년 전만해도 과학자들은 한 가지 또는 두 가지 분야에서 일했으나 모든 분야에서 서로 관련시키려는 활동이 있었다. 이 시대의 학교는 "자연철학"이라는 과목 아래 수학과 과학을 통합하였다.

그러나 급격한 지식이 증가로 과학은 세분화되어 수학, 물리, 화학, 생물 등으로 나누어지기 시작하였다. 새수학운동과 같은 시기에도 이들은 다시 한 과제로 합치려는 운동은 거의 없었다. 지금 과학은 초등학교에서 너무 많은 몫을 차지하고 있기 때문에 과거의 자연철학이라는 한 과제 아래 합쳐질 수 있는가를 다시 생각해야 할 시점이다. 초등학교의 자연은 일반적인 소양을 강조하는 일반과학임에도 불구하고 수학으로부터 많이 멀어져 있고, 많은 교사들은 과학과 수학의 특성을 들면서 두 과제는 결코 통합할 수 없는 것으로 생가하고 있다. 특히, 일부 수학교사들은 수학은 내적인 관계를 중시하고 수학 외적(응용)인 소양을 크게 중요시하지 않으며, 오직 교실에서는 추상화에만 많은 어린이들이 매달리게 되어 실험을 강조하는 과학하고는 많은 틈이 있기 마련이라고 한다.

케임브리지 회의에서도 일부 수학전문가들은 수학시간에 과학을 도입함으로써 수학이 가지는 밀접한 계열성이 흩뜨려진다고 하였다.

그럼에도 불구하고 본 회의의 결론은 수학과 과학을 통합하는 데 좀더 많은 노력을 모든 전문가(수학, 과학)들이 초등학교에서 특히 힘을 쏟아야 한다고 결론을 내렸다. 일부에서는 이러한 주장에 대한 기본철학의 모호성을 들고 있으나 수학과 과학의 상호보완성이 통합교육과정의 장점으로 볼 수 있다. 우리는 두 과제의 차이점을 인정을 하면서도 메디슨 프로젝트, 누필드재단 등과 같은 몇 개의 프로젝트를 통하여 초등학교에서 크게 성공했다는 것은 주시해 볼 필요가 있다.

전에 언급한 수학의 특성상 두 가지 어려운 문제인 추상화 과정의 흩뜨러짐, 수학 내적인 계열성의 분산 등에 대해서는 이들 프로그램에서 보여준 것은 오히려 과학이 적시적절하게 도입됨으로써 추상화의 결과를 자연현상이나 실생활의 문제해결에 자연스럽게 전이되는 과정을 관찰했고, 과학이라는 소재가 들어감으로써 동기유발, 구체적 보기를 통한 개념도입 등이 더욱 자연스러워져서 수학내적의 개념들의 연결에 방해가 되지 않고 오히려 수학지도의 융통성을 부여해 주었다는 것이다.

한편 수학과 과학의 통합교육과정을 짜는 일은 쉽지 않다는 점도 알아야 한다.

지금까지 수학 또는 과학 쪽에서 했던 실험 외에 다른 실험을 광범위하게 해야 한다. 아마 학교의 지도방법도 광범위하게 바뀌어져야 한다. 예를 들면 개별 또는 소집단 수업형태 등이 강조되어 몇 가지 프로젝트에 학생들을 묶음으로써 통합화 교육과정의 목적을 달성할 수 있다고 본다. 물론 교사교육의 문제는 더욱 어려운 점이 생기리라 보지만, 과학의 여러 분야와 수학이 합쳐져서 고유한 계열성을 유지하는 작업은 여러 가지 어려움을 넘어 극복해 볼 만한 가치로 본다. 중요한 점은 과학의 방법(methodology)과 수학의 논리적 추론이 결합된다는 점이며, 두 집단(과학, 수학)의 전문가들의 긴밀한 공동연구가 필수적이라는 점이다.

7장
교과내용의 선정, 조직 및 지도

타일러는 교육과정의 기본요소를 4가지로 구분하고 있다(1949). 이들을 질문으로 표현해 보면 학교에서 달성하고자 하는 교육목표, 이러한 목표를 달성하기 위한 학습경험의 선정, 이 학습경험을 효과적으로 조직하는 방법, 교육목표의 달성 여부를 평가하는 방법이다. 여기서 학습경험을 그는 다음과 같이 진술했다.

"학습경험이란 용어는 어느 한 교과목에서 취급하는 교과내용이나 교사가 펼치게 되는 지도활동과 같은 것이 아니다. 학습경험이란 학습자와 그를 둘러싸고 있는 환경 속의 여러 외적 조건들 사이에서 벌어지는 상호작용을 의미하는 것이다."

위에서 보는 바와 같이 타일러는 학습자와 환경적 조건 사이에 일어나는 상호작용을 학습경험이라 규정하고, 학습자의 능동적 활동을 통해 일어나는 것이 학습이라고 했다.

수학의 학습과 관련된 학습경험으로서는 지식을 위한 학습경험, 사고력을 위한 학습경험, 흥미를 위한 학습경험 등을 말할 수 있는데(이동승, 1994), 여기에서는 경험의 의미를 수학과 내용을 선정하고 조직하는 것으로 제한한다.

1. 타일러의 관점

타일러는 경험의 선정으로 수학에서 문제해결력을 신장시키는 목표를 달성하기 위해서는 여러 수학적 문제를 풀 수 있는 기회를 충분히 제공해야 한다는 기회의 원칙. 문제해결을 학습과정으로 선정했을 때 문제해결 능력 이외에도 개념 · 기능을 이해하고 발전시키는 성과도 동시에 얻을 수 있다는 다성과의 원칙, 문제해결을 선정했을 때 실제 관심있는 사건의 문제를 해결함으로써 만족을 얻는다는 만족의 원리, 학습경험에서 요구하는 학생의 반응이 현재 그 학생의 능력안에 있는 것이어야 한다는 가능성의 원칙, 동일한 교육 목표를 달성하는 데 유용한 학습경험은 여러 가지가 있을 수 있다는 다경험의 원칙을 내세웠다.

또 타일러는 학습경험의 효과적인 조직을 위하여 고려되어야 할준거로서 3가지를 제시했는데, 그것은 제4장에서도 언급했던 계속성(continuity), 계열성(sequence) 및 통합성(integration)이 해당된다.

계속성이란 경험요소가 어느 정도 계속해서 반복되도록

조직해야 한다는 것으로, 문제해결 능력의 신장이 중요한 목표라면 학년별로 연결하여 문제해결에 대한 내용조직이 반복해서 담겨져야 한다는 것이다. 계열성이란 계속성과는 약간 다르게 해석할 수 있다. 계속성은 하나의 학습요소가 거의 비슷한 수준에서 반복 제시하는 것을 의미하는 데 비하여, 계열성은 점차적으로 경험의 수준을 높여서 더욱 심화있게 학습경험을 제공하는 것을 말한다. 함수의 경우에 처음에는 일차함수를 통해 함수의 표와 일차함수의 성질을 제시하다가 이차함수, 다항함수, 로그함수 등으로 심화있는 내용구성을 하게 된다.

마지막으로, 통합성은 경험을 횡적으로 상호 조화롭게 연결지어 조직한다는 것이다. 함수의 지도에서 대수적인 방법으로 함수를 지도하지만 기하에서 이동(평행, 대칭, 회전)을 대수에 결합시킨다든지, 유클리드 기하를 해석기하로 구성한다든지 하는 것처럼 이들의 상호관계를 따져 서로 밀접하게 연관되도록 조직한다는 것이다.

여기서 수학의 개념을 물리·화학 등에 연결짓는 것은 이 영역에 해당된다. 이 세가지 원칙에 의하여 수학의 개념, 원리 법칙들이 의미있게 짜여진다.

참고로, 다음은 현행 중학교 수학과 교육과정에 있는 함수 부분이다. 위의 세 가지 원칙에 의하여 잘 짜여져 있는지 판단해 볼 문제이다.

	1학년	2학년	3학년
함수	·대응과 함수	·일차함수와 그 그래프	·이차함수와 그래프
	·함수값의 변화	·일차함수의 응용	·이차방정식과
	·순서쌍과 좌표		·이차함수의 관계
	·함수의 그래프		

2. 수학내용의 선정

전통적으로 학교의 수학교육과정을 만든다는 것은 적절한 수학의 토픽을 정하고, 학년 수준을 고려하여 적절한 교수계열을 만드는 것이 주였다.

여기서 적절한 내용선택과 계열구성은 교육과정의 설계에서 가장 민감한(critical)한 부분이다. 왜냐하면 배워야 할 것과 배울 수 있는 것 사이의 판단을 항상 반영해야 하기 때문이다. 일반적으로 수학내용의 선정은 다음 세 가지를 참고해야 한다.

1. 가치, 문제, 사회의 요구
2. 개별학생들의 필요와 흥미
3. 수학내용의 구조

이들을 좀더 진술해 보면, 첫째는 사회의 요구와 가치에 알맞은 수학내용을 선정하는 일이다. 미래의 사회에서 개인이나 사회에 유용한 수학내용을 선정하는 일은 가장 중요하고 어려운 일임에 틀림이 없다. 윌슨(Wilson, 1937)이 당시에 연구했던 것을 보면, 분수에 대한 산업사회의 요구수준을 조사하기 위하여, 여러 직종의 사람을 면담한 후 다음과 같은 결론을 내렸다.

사회에서 요구하는 분수에 관한 지도는 $\frac{1}{2}, \frac{1}{3}, \frac{1}{4}, \frac{1}{8}, \frac{1}{12}$, ...이고, 분수의 뺄셈은 별로 사용하지 않으며, 분수의 나눗셈은 거의 사용하지 않았다.

한편, 비슷한 몇 편의 연구에서도 산수에서는 시간과 예산 문제가 꼭 들어가야 한다는 주장이 있었다. 이러한 연구에서 공통으로 제시된 것은 역시 젊은 층에서도 분수의 나눗셈은 잘 사용하지 않았다는 것이었다.

그러나 산업사회가 발달함에 따라 이러한 연구는 별로 관심을 끌지 못하였고 당시의 산업사회의 수준에 매달리지 말고 미래 산업사회에서 학생들의 생존을 위해 꼭 필요한 필수요목을 법으로 정해야 한다는 의견이 많았기 때문에, 윌슨 등이 연구했던 방법은 약화될 수 밖에 없었다. 어쨌든 산업사회가 어떻게 발전하든 그것이 교육과정의 내용선정과 관련있는 한, 시민들이 살아가기 위해서 필요한 수학적 내용은 (기능, 개념, 문제해결) 어떤 것이어야 하는가? 와 같은 질문을 일반 시민과 전문 직종인에게 물어보아야 한다. 불행하게도 아직 이러한 방법으로 수학내용을 선정하는 방법이 개발되어 있지 못하기 때문에, 시대적 변화를 민감하게 이해하여 이에 알맞은 내용선정을 하는 일이 개발되어야 한다.

현행 교육과정은 우리 사회의 요구를 크게 반영한다고는 말할 수 없지만, 직장에서 일어나는 문제를 해결할 수 있는 능력을 길러주어야 한다는 시대적 요구가 80년대에 강력히 있었고, 그 결과 응용적인 문제해결을 다음과 같인 제시했다.

중학교 : 방적식과 부등식의 응용(1, 2학년), 확률(2학년), 일차함수의 응용(2학년), 이차방정식과 이차함수의 응용(3학년)

고등학교 : 방정식과 부등식의 응용(1학년), 지수와 로그의 응용(1학년), 함수의 활용(1학년), 삼각함수의 응용(1학년), 도형의 이동(1학년), 수열의 응용(2학년), 도함수의 응용(2학년), 정적분의 활용(3학년), 확률·통계(2·3학년) 문제는 이러한 사회생활에서 일어나는 문제를 잘 파악하여 교육과정 속에 반영했느냐 하는 점인데, 아직 사회적 요구를 적절히 측정할 수 있는 연구방법이 없다는 것이 교육과정 설계의 약점이라고 할 수 있겠다.

둘째는 학생 개인에게 매력적인 수학내용을 선정하는 일이다.

학생들이 좋아하는 수학의 주제들은 넓은 의미에서 교육철학의 변화에 따라 변한다. 구조주의에서는 공리론적 방법의 실수를 공리론적으로 이해하지 않고 자연스럽게 정수, 유리수에서 유도한다. 또 우수학생들은 창의적인 어려운 문제풀이를 좋아한다든지 엄격한 수학의 기호나 증명을 사용하는 내용을 좋아하고, 보통학생들은 쉬운 문제의 연습을 좋아한다는 견해가 있으나, 학생들의 필요와 관심에 관한 한 훨씬 복잡한 면이 수학내용 선택에 있다. 호겐(Hogan, 1997)은 1~8학년 사이의 학생 3000명을 상대로 그들이 좋아하는 수학내용이 어떤 것인가를 조사했다. 이 연구에서 그들은 계산을 좋아하지만 기하를 싫어하고, 어려운 수학의 과제는 싫어하지만 쉬운 과제는 좋아한다는 것을 알았다. 그러나 중요한 사실은 일반사람들의 예측과는 달리 좋아하는 내용이 다양하다는 것이다. 일반적으로 많은 수학교사들은 학생들이 수학교사가 선호하는 과제, 교육과정에서 강조하는 내용, 교과서의표현양식에 따른 과제를 좋아한다고 알고 있다. 실제로 좋은 교과서는 어떤 내용에 대해서 학생들로 하여금 좋아하도록 내용전개, 표현 등을 호감있게 구성하기도 한다.

셋째는 수학에 인접해 있는 교과를 위한 적절한 수학내용을 선정하는 일이다.

수학을 이용하는 교과들은 관련된 수학내용이 기본이 되기 때문에 수학에서 그러한 내용을 발견하여 수학과 교육과정에 소개해야 한다는 것이다. 수학과 가장 상관이 깊은 교과로서 과학을 들 수 있으나, 실제로 과학과 수학을 연계해서 기본수학내용을 짜내는 작업은 잘 이루어지지 않았다. 즉 과학에서 독립적으로 개발하여 가르치는 경향이 있었는데, 그 원인은 단순히 몇 개의 수학내용을 선정하는 문제가 아니라 과학에 도움을 주는 수학적 능력을 먼저 선택하여 이에 알맞은 수학내용을 구성해야 하는 작업이 매우 어려운 과제이기 때문이다.

Malpas(1973)는 영국의 중등학교의 과학프로그램을 분석하여 선정하였는데, 비와 비례, 일차함수의 그래프, 몇 개의 공식, 측정과 자료처리방법(통계), 확률, 평균 계산, 근사값, 수치해석방법 등이 가장 관련이 깊은 교수요목으로 보았다. 또 기하와 삼각법이 물리에 기본이 되는 수학의 내용임을 발견하면서 다음과 같이 기술하고 있다.

과학의 프로그램을 분석해 보면, 과학의 현대화작업에 필요한 많은 수학의 중요내용들이 의외로 소홀히 다루어지고 있다는 것을 알 수 있다. 학생들이 매우 어려워하는 수학적 개념이 있다는 것을 많은 과학교사들이 보고하고 있는데, 초등수준의 개념으로 비와 비례, 일차함수, 변수의 변화 등이다.

이와 비슷한 견해를 손다이크(1924), 벨(1970) 등도 지적하고 있다.

넷째는 수학 내적인 연결에 적합한 수학내용을 선정하는 일이다. 앞에서는 수학내용을 선정하는 3가지 관점을 제시했는데, 문제는 이러한 수학내용의 선정은 서로 관련이 없이 수학과 교육과정에 도입되는 것이 아니고, 엄격한 수학 자체의 내적 조직 속으로 들어와야 한다는 것이다. 이러한 내적 조직은 구조주의, 구성주의, 형식주의 등과 같은 수학의 사조 속에서 이루어지기 때문에, 3가지 관점으로 선정된 수학내용은 다른 수학내용과 강하게 결합하게 되는 것이다. 수학내용의 선정도 전통적으로 내려온 수학내용의 조직방법, 산업사회의 관심을 측정하는 방법, 교과서의 서술방법, 교육과정 심의 등과 같은 여러 과정을 효과있게 통제함으로써 이루어진다. 예를 들어, 과학에서 비와 비례를 필요로 한다고 해서 이 내용을 독립적으로 교과서에 제시하는 것이 아니라, 수학의 내적 조직 속으로 이 내용을 끌어들여서, 수학프로그램의 함수를 도입할 때 이들을 적절하게 배열시킨다. 왜냐하면 비와 비례에는 함수적인 사고가 들어가 있기 때문이다. 이 경우 함수에 관한 몇 개의 발전된 내용은 비록 과학에서는 의미가 없더라도 수학에서 다음의 내용들을 계속 연결하기 위해서 필요한 것들이다.

3. 수학내용의 조직화(구조)

1960년까지는 학교수학의 내용과 그 계열은 크게 변하지 않았다. 생활수학에 관련된 내용들로써 중등수학에서 오랫동안 큰 변화없이 사용했던 것들이다. 물론 이 기간 동안에 0과 자연수, 분수 및 소수 등과 같은 산술내용이 점차적으로 대수영역, 분수 및 소수 등과 같은 산술내용이 점차적으로 대수영역, 기하영역, 삼각법 등으로 발전된 것은 사실이다. 그러나 새수학운동이 일어나면서 수학자들은 현대수학에서 다루고 있는 수학의 아이디어를 중등수학에 조직화하는 방법을 생각하게 되었다.

Washhurne(1931)은 교실에서 교사가 조직화한 수학내용을 그의 교수방법에 의해 지도하였을 때, 학생들이 실질적으로 무엇을 배웠는가를 측정하는 방법을 개발했는데, 이러한 연구결과는 새수학운동에서 지도내용을 조직화하는 데 큰 도움을 주었다. 1960년대와 1970년대는 이 운동의 조정기간으로 볼 수 있으며, 이 시대의 특징은 수학의 기능, 개념, 문제해결 등을 새롭게 조직하여 종전의 전통적인 조직에 변화를 주고, 더 좋은 수학의 개념망을 촉진시키는 작업이 일어난 시기로 보는 것이 바람직하다. 이 시대에 수학내용을 조직할 때 고려했던 아이디어들은 다음과 같다.

첫째는 다양한 능력의 학생들에게 수학의 아이디어를 표현할 효과적인 방법을 찾는 일이다.

중등학교에서 학생들의 수학내용에 대한 이해와 기능숙달은 수학적 아이디어가 숨겨져 있는 문제장면(problem setting)에서 출발한다. 삼각함수를 도입하기 위해서는 물리적 현상에서 삼각비가 이용하는 문제장면을 끌어낸다. 이와 같이, 교육과정의 설계과정에서는 수학의 정의, 정리 및 기능을 어떤 방법으로 학생들에게 표현해 주는가를 연구하게 되는데, 특히 증명이나 근의 공식 등 수학의 사고과정을 유도하는 과정을 어떻게 표현해 줄 것인가를 연구하는 것은 어려운 일이다.

이것을 위해서는 다음 몇 가지 질문이 중요한 역할을 한다.

1. 중등학교에서 역함수와 같은 개념을 지도할 때, 구체적 조작수준의 자료개발을 어떻게 하면 좋을까?
2. 서로 다른 능력수준의 학생을 위해 형식적, 비형식적인 자료와 구체적, 반구체적, 상징적 표현방법을 어떻게 생각해 낼 것인가?
3. 어떤 자료가 고급수준의 수학적 기능(적분하기, 미분하기, 고차방정식 풀기 등)을 훈련시키는데 도움이 되는가?
4. 초급수준의 함수개념을 개발하는 데에는 여러 접근방법(순서쌍방법, 화살표로 나타내어지는 다이어그램 방법, 카테시안 그래프 방법, 대입-산출 함수기의 방법) 중에서 어느 방법이 가장 효과적인가?
5. 고급의 수학적 사고인 연속, 극한과 같은 개념을 수열방법, $\varepsilon - \delta$ 근방의 방법, 기타 공식사용 중에서 어느 것이 학생들의 이해에 보다 가까운가?

이러한 연구질문은 수학과 교육과정에서 내용을 조직하는

데 중요한 힌트를 제공한다. 수학내용의 조직에서 함수를 도입하는 방법은 중요해서 어떤 자료를 사용할 것인가? 함수를 표현하기 위하여 브루너의 EIS이론을 어떻게 도입해서 교과서에 표현할까? 등과 같은 문제는 학생들의 인지발달 수준에 큰 영향을 주는 것들이다.

이 분야에 대한 연구는 1960년 이래 몇 백 편의 연구물이 나왔는데, 주로 몇 가지 자료제시방법(구체적 자료들, 추상적 자료들)의 효과를 알아보는 실험연구였다. 즉 위의 질문에서 언급한 바와 같이 함수의 표현을 어떤 방법으로 접근할 것인지, 또는 자료를 구체적, 반구체적, 상징적으로 제시할 때 이것은 학생의 개념발달과 어떻게 관련이 되는가? 등등이다. 이승균(1994)의 현장 연구결과를 보면, 그는 극한의 개념을 지도하는데 활동적 지도모델을 정의하고 이것의 효과를 실험했는데 활동적 교재개발을 통해 학습한 학생들이 훨씬 문제해결에서 개념의 전이가 높았다는 결과를 얻었다. 초등수학에서 행하여진 이러한 연구에서도 그 목적을 개념표현에 있어 구체적 모드와 추상적 모드 사이의 바람직한 선택에 두었다.

Fonnema(1972)는 초등수학에 있는 곱셈의 지도에서 구체적 접근과 상징적 접근의 효과를 알아 보는 실험을 했는데, 그녀는 성취도에서 두 집단의 차가 없다는 것을 발견했다. 그러나 전이효과를 알아 보는 테스트에서는 상징집단의 전이력이 높게 나타났는데, 이상징 집단은 종전의 구체적 접근방법도 경험한 표본이었다.

Nelson(1964)은 50편의 논문을 검토한 결과, 구체적 조작자료들은 계산기능의 숙달에 긍정적인 효과를 주었으나 문제해결이나 전이과제에서는 부정적인 효과를 주었다고 분석

했다. 어렇게 일정치 않은 결과에 대해, Kieren(1971)은 단순히 "활동적 학습이 다른 형태의 학습보다 그 효과가 좋은가?"라는 질문은 별 의미가 없다고 말했다.

고급수준의 수학에서는 구체적 접근과 상징적 접근에 대한 논란 자체가 별로 의미가 없기 때문에, Brownell(1968)은 가장 좋은 접근은 교사가 학생들을 지도하는 데 편안하게 생각하는 것, 학생들에게 자신있게 사용할 수 있는 것이다라고 말했다. 예를 들면 Usiskin(1971)의 연구에서는 변환기하의 도입에서 변환기하를 배운 실험집단은 전통적인 방법으로 출제된 기하문제에서 낮은 성취도를 보였다고 한 반면, Kort (1971)는 변환기하에 함수와 그래프를 특히 강조한 변환기하 실험집단이 성취도, 기하의 사고과정, 태도 등에서 전통적인 방법의 집단보다 우수했다고 했다.

종합해 보면, 수학내용의 조직에 있어서 내용의 표현방법에 따라 실험에 투입한 방법과 산출된 결과 사이의 관련성은 매우 크다는 것을 알 수 있다.

둘째는 학생들의 학습에 긍정적인 영향을 주는 수학내용의 계열을 구성하는 문제이다.

수학내용의 조직에서 계열구성은 가장 중요한 문제로 부각되었다. 도함수를 지도하기 위한 교재는 지도하는 습관에 따라 여러 가지로 배열할 수 있으나, 대략 다음과 같이

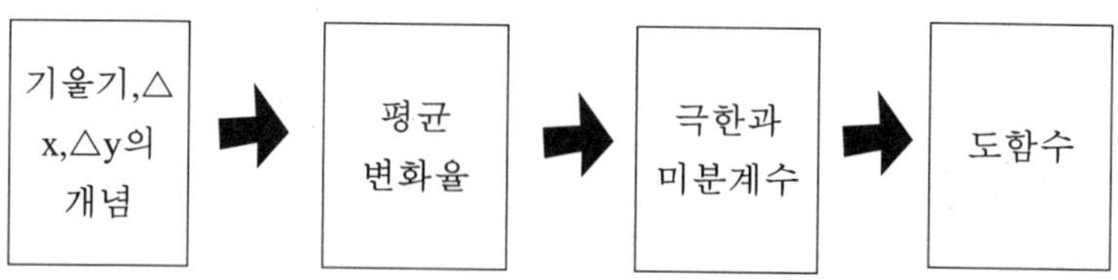

로 배열하는 경향이 있고, 더욱 세부적인 계열의 구성은 학생들의 이해에 의하여 평균변화율에서도

구체적 수준의 평균변화율 (함수 $y=x^2$ 등)	➡	상징적 수준의 평균변화율 (일반적으로 함수 $y=f(x)$)

로 계열을 구성하고 있다. 이 문제는 1960년의 새수학운동에서부터 가장 관심있게 제기된 문제이다. 수학자들은 수학에 있는 기본개념들을 통합화 구조(unifying structure)에 의하여 계열구성을 하려고 하는 경향이 있는데, 그들은 통합의 의미는 유클리드 기하를 좌표로 도입한 해석기하의 방법으로 구조화하는 것을 예로 들어 설명 한다.

한편, 인지심리학자들은 구조와 수학의 과정을 강조한 계열구성은 학습의 전이를 극대화한다고 보고 있으며, 행동주의 심리학자들은 수학내용의 학습시에 목표를 세분화하여 위계구성을 해야 하다는 입장이다. 대표적인 가네의 과제분석을 보면 목표가 위계적으로 잘 계열화되었다는 것을 알 수 있다. 위에서 보는 바와 같이 수학자들과 인지심리학자들은 서로 의견을 같이 하는데, 이들의 견해는 브루너(1960)의 "교육의 과정(The Process of Education)"에 잘 나타나 있다. 당시 우드홀(Woods Hole) 교육과정협의회에서는 수학 및 과학자들이 초청이 되었는데, 브루너는 교육과정 수정작업을 위해 다음 세 가지를 제시했다.

1. 수학의 중요내용과 아이디어를 널리 보급하고 학습시키는 일이 중심적인 역할이 되도록 그것들을 다시 조직하고 교재개발을 서둘러야 한다.
2. 개발한 교재는 학생들의 인지능력에 대응되어야 한다.
3. 학생들의 발견능력을 길러주는 내용계열이 만들어지도록 수학내용의 구조화가 이루어져야 하며 지도에서 탐구태도를 길러주어야 한다.

우드홀 회의에서 그는 결론적으로 "수학은 지적으로 매우 정직한 형태로 제시될 경우에 어떠한 발달단계에 있는 학생들에게도 지도될 수 있다."는 가설을 내세웠다. 많은 수학자나 교육과정 전문가들이 브루너의 생각을 실현시키려고 노력했으나, 20년간 실험한 결과 그의 아이디어를 뒷받침해 줄 만한 자료는 적다.

실제로 SMSG는 수학자의 관점으로 본 수학의 구조와 패턴을 강조하는 대수, 산수내용을 재조직하려고 했었다. 초등학교에서 연산법칙(교환, 결합, 배분)을 강조하고, 대수에서는 등호의 성질과 같은 수학의 중요규칙을 강조하여 방정식을 풀도록 했지만, 교육과정의 평가결과를 보면 학생들의 일반적인 수학능력을 길러주는데 이러한 접근은 별 효과가 없었다고 보고하고 있다. 그러나 NLSMA 보고서에서는 구조화된 수학을 강조한 SMSG교과서는 전통적인 방법으로 만들어진 교과서보다 문제해결능력의 신장면에서는 긍정적인 효과가 있었다고 보았다. 일반적인 관점은 수학적 구조를 강조한 교육과정의 구성은 전통적으로 중요시되었던 수학적 기능과 이해를 증진시키지 못했다는 것이었다. 주의할 점은 초·중등학교에서 수학의 계열구성은 수학의 전문분야에서 강조하는 구조화와 같게 될 수 없다는 실험적인 결과가 있다는 점이다.

대표적인 관찰로서 우리 나라 중학교에서 실수를 도입하는 문제인데, 대학교재에서와 같이 엄격한 공리론적 방법으로 실수에 관한 지도계열을 만든다면 중학교에서는 지도에 어려움이 있음을 많은 교사들은 공감한다. 이러한 점 때문에 현재는 실수의 도입을 위한 내용의 계열은 구성주의적 입장을 취하고 있음을 알 수 있다.

이 문제는 아직도 논쟁 중인데, 다음 두 사람의 대표적인 견해를 어떻게 이해해야 할 것인가에 보다 생각의 초점을 두어야 한다. 즉 Begle(1973)은 SMSG를 주관한 학자답게 "수학과 교육과정에서 수학내용은 전체적이고 수학의 구조에 기반을 두어 계열구성을 해야한다."라고 주장하고 있으며, Bell (1974)은 "미래의 교육과정은 공리론적 방법보다 중요한 심리학적인 측면을 강조해야 한다."는 것이다. 이들의 주장 가운데 어느 것이 옳다라고는 말할 수 없지만, 몇 사람의 실험적 연구를 보면 Crawford(1964)는 초등학교 4학년에서 6학년 사이에 체(field)의 공리를 이해하는 정도를 조사했는데 이에 대한 성취도가 학년이 올라감에 따라 일차함수의 그래프와 같은 증가를 보였다.

각 개념의 곤란도를 조사한 다음 내린 그의 결론의 체의 공리를 이해하는 데 나이라는 변수가 작용했다는 것이었다.

새수학운동 중에 만들어진 프로그램에 대한 가장 긍정적인 효과를 암시한 연구는 Binford(1965)의 것이다. 그는 6학년 학생들이 초급논리를 배우는데 대학생들의 이해수준의 90%를 숙달했다고 하였는데, 그후 O'Brien(1968)에 의해 그의 연구는 약간의 제한점이 있었다고 밝혀졌다. 전체적으로 볼 때, 초등학교에서의 형식적 논리는 아주 느리게 발전된다는 것이 여러 연구자에 의해 확인되었다. 또 Lovell(1971)과 Karplus (1974)는 대수쪽에서 비와 비례의 이해에 관한 연구를 했는데, 그는 수학적 구조 관점으로 쓰여진 교과서의 계열이 학생들이 그 개념을 발전시키는데 제약을 준다고 하였다.

이러한 연구결과를 볼 때, 수학내용의 구조 관점에 의하여 만들어진 수학내용의 계열(교과서 저자, 수학자의 작품)은 학생들의 이해수준을 크게 고려하지 않는 느낌이 있다.

gksuvs, 피아제의 심리학을 수학내용의 계열에 어떻게 반영할 것인가는 상당한 관심이 있었지만 최근까지도 그 연구가 잘 이루어지지 않았다.

Glennon은"피아제의 발생적 발달 이론(gentic developmental theory)과 수학내용의 조직적 학습에서 두 개의 정신과정이 동형인가를 알아보는 논쟁은 실험적인 결과를 이용하기보다 이론가들의 학설로 대립된 느낌이다."라고 했다(1975).

새수학운동에서 주장되었던 지도내용의 계열에 관한 논의는 학생들의 인지발달면에서 검증이 안되었기 때문에, 아직도 그때의 주장들이 확실한 믿음을 주지 못하고 있다. 교육과정의 내용조직에 관한 브루너의 전반적인 가설은 인간의 학습을 인지발달이론에 의존하여 설명하려고 했지만 구체적 아이디어가 결여되어 있다고 할 수 있다.

반면 행동주의 심리학자인 가네(1967)는 수학내용의 계열을 특이한 방법으로 만들려고 했다. 브루너의 생각보다 훨씬 구체적이었는데 기본적으로 그는 수학내용의 계열을 성취능력이 서로 다른 과제를 분석하여(과제분석방법) 위계화 하는 것으로 다음과 같이 몇 가지를 제시했다.

1. 어떤 과제는 서로 다른 여러 개의 과제요소(component)들의 집합으로 만들어진다.
2. 이 과제요소들은 최종목표 달성의 중재자 역할을 함으로써 각 과제요소를 숙달하면 다음 과제요소의 훈련에 긍정적인 전이효과를 주고, 숙달하지 못하면 전이효과는 거의 제로에 가깝다.
3. 훈련의 기본원리는 다음으로 구성된다.
   과제요소의 확인, 확인된 과제요소의 숙달, 최종목표를 달성하기 위하여 과제의 요소들을 계열화함으로써 전체 학습장면을 정리하기.

이 계열이론은 "이차함수 $y = a(x-p)^2 + q$의 그래프 이해"라는 과제에서 설명해 보면 대략 다음과 같이 각 과제요소로 구성할 수있을 것이다.

함수 $y = ax^2$의 그래프의 성질을 설명하기
⇒함수 $y = ax^2 + c$의 그래프의 성질을 설명하기
⇒$y = a(x-p)^2$의 그래프의 성질을 설명하기
⇒ 최종목표

그러나 위의 개념은 각 요소가 너무 포괄적이어서 수학내용의 계열을 잘 조직했다고 볼 수는 없다. 더욱 세분화된 계열이 나와야한다. 이와 같은 그의 과제분석에는 과제요소가 행동용어(behavior terms)로 나타내어져 있는데, 여기서 그의 유명한 가설“ 만일 그가 어떤 과제의 선수역할을 하는 과제를 숙달하지 못하면 그 다음 과제를 해결하지 못한다.”를 점검해 볼 필요가 있다.

이 가설을 검증했던 3개의 연구는 이 가설을 뒷받침했으나, Merrill(1965)의 연구는 이를 뒷받침해 주지 못했다. 즉 선수역할을 하는 과제요소가 다음 단계의 과제요소를 해결하는데 필수적인 것이 아니라는 결론을 얻었다. Miller(1969)의 연구는 Merrill의 것과는 약간 다른데, 그는 수학내용의 지도계열구성에서 수학의 내적인 논리적 계열구성이 마지막 목표를 달성하는데 비교적 효과있는 수단이기는 하지만, 학생들의 이해에 바탕을 두지 않은 지도계열을 문제가 있다고 했다.

세째는 내용 조직에서 촉진과 능력의 속도조절 문제이다.

새수학 운동 때 만들어진 어떤 프로그램을 보면, 내용계열을 중등학교에 알맞게 수정함이 없이 대학내용을 그대로 중등학교에 소개한 경우를 본다. 즉 수학내용은 비록 같지만 (예, 함수의 연속성) 대학생들의 인지구조와 중등학생들의 인지구조가 다른데도 불구하고 똑같은 내용의 계열구성을 한 경우를 본다. 이러한 프로그램은 주로 우수학생을 위한 수학과학의 프로그램인데, 대표적인 것으로 Lefkowitz(1976)의 고급미적분 프로그램(Advanced Placement Calculus Program)이나 홉킨스대학교의 SMPY 프로그램이다. 이들 프로그램은 한결같이 대학수학의 계열을 훨씬 단축해서 고등학교의 우수한 학생에게 가르치는 자료이다.

이상에서 살펴본 내용의 조직은 아직도 가장 효과적인 방법을 얻지 못했으나, 핵심은 수학내용의 내적 관련성만을 고려하여 지도계열을 만든다는 것은 검토해야 할 연구방법이며, 이것에 학생들의 인지구조를 조화시키는 것이 남겨진 연구라는 것이다. 이 점에 대해서는 다음 주제가 해결해야 할 몫이다.

4. 수학내용의 지도 모드

앞에서는 수학과 교육과정에 들어갈 지도내용의 선택, 표현방법, 계열구성, 속도조절을 이야기했다. 여기서는 이들이 학생들의 소유가 되도록 어떤 형태로 통합해서 제시할 것인가를 논하게 되는데, 다음 몇 가지로 요약할 수 있다.

첫째는 서로 다른 연령 능력에 수학의 아이디어를 전달하는 방법의 문제이다.

60년대는 수학의 아이디어를 전달하는 방법의 연구가 활발하게 시작되었던 때였는데, 논의된 주제는 두 지도방법의 효과를 비교하는 것으로 강의식(설명식) 지도 대 발견적 지도, 연역적 지도 대 귀납적지도, 이론적 방법에 응용적 방법 등 교육과정에서 내용조직을 전달하는 방법이 있다. 이 중에서 방법에 대한 연구는 그 연구방법의 부정확성이라는 비판을 받으면서도 가장 많은 보고서를 내고 있다.

대표적인 연구로 Worthen(1967)의 것을 들 수 있는데, 그는 초급수학에서 수학내용의 발견적 계열과 설명식 계열의 효과를 실험했다. '발견적'의 뜻은 개념 또는 일반화의 문자화를 그 지도계열의 맨 마지막에 오게 하는 것이며, 또 설명식은 그 계열의 맨 처음에 문자화를 시도한 거으로 제한했다. 모든 훈련 절차와 두 실험집단에 영향을 주는 변인을 사전에 통제한 상태에서 시행한 연구결과는 몇 가지 시사점을 주었다. 설명식 계열에 의한 지도는 연구가 끝난 즉시 실시한 테스트(immediate recall)에서 발견적 계열에 의한 지도보다 좋은 성취를 보였으나 전이 테스트(transfer) 또는 보존테스트 (retention)에서는 저조한 성취를 보였다. 그러나 어느 경우든 통계적으로 의미 있는 차이를 보이지는 못했다. 그 후 비슷한 실험을 Olander(1973)가 했는데, 그는 연구에서 사전테스트에서 낮은 성취를 보인 학생은 본 연구에서 설명식 계열에 잘 적응하고, 사전 테스트에서 높은 성취를 보인 학생은 발견적 계열에 적응을 잘한다는 것을 알았다.

70년대에는 연구주제를 좀더 수학의 구체영역(예 : 기하의 영상화능력) 에 인지유형과 지도방법의 형태를 대응시키려는 것에 초점을 맞추었다.

Carrt(1968)는 "공간적 영상화(spatial visualization) 능력은 이차부등식이 그래픽 접근에 보다 긍정적 영향을 주며, 일반추론능력은 수학이 과제를 해결하는 해석적 능력에 긍정적인 영향을 줄 것이다." 라는 가설을 세웠는데, 실제 실험결과는 실패로 끝났다.

한편 선행조직자(advance organizers) 또는 후반조직자(post)에 대한 연구가 진행이 되었는데, 이것의 조사는 의미 있는 설명식 학습은 포괄적이고 관련 있는 개념이 존재하여, 그것이 학습자의 인지구조속에서 쉽게 활용이 될 때 일어난다는 생각으로부터 시작되었다. 즉 이 생각은 효율적인 지도는 문장화된 학습과제의 제시 전에 선행조직자(개념)를 제공해야 한다는 의미로 해석된다. 그러나 이 가설은 많은 연구자에 의하여 뒷받침을 받지 못했다. 이 선행조직자는 행동주의 심리학에서 제언한 수업 전에 목표를 제시하는 것과 깊은 연결을 맺을 수 있는데, 여러 실험에 의하면 목표제시도 지도에 긍정적인 효과를 크게 주지는 못한다고 하고있다;. 선행조직자에 대한부정적인 연구결과에 대해, Lesh(1976)는 선행조직자의 사용의 수학의 사고, 기능에 어떤 구조를 부여하는 일이라고 말하면서 다음과 같이 몇 가지를 지적했다.

논쟁의 초점은 수학의 논리적 발전과 학생들이 그것을 이해하는 방법 사이의 갈등이다. 우리는 적어도 세 가지 형태의 구조를 접하게 된다. 즉 이것은 수학구조, 지도구조, 인지구조이다. 세 가지 구조가 양립할 수 있냐는 것을 확인하는데는 매우 조심스러운 접근이 필요하다. 특히 이 중에서 인지구조와 수학구조를 구분하는 일은 매우 중대한 문제이다.

아울러 그는 수학의 개념은 결코 완성된 상태를 인지구조속에 형성이 되는 것이 아니고 계속적인 추상과 발전과정에 있기 때문에 위계분석은 좋지 않다고 보았다.

사실 일부학자들은 수학의 아이디어에 대한 전반적 조직은 일정한 기간이 지나면 모두 마감되는 것이 아니고, 개별적인 아이디어가 전체의 한 부분으로 들어오면서 전반적 조직 속애 그 의미를 찾아가기 때문에, 직관적인 수준에서 이를 조직하는 일이 중요하다는 것이다. 그러나 가네의 관점에서는 분리된 과제요소의 연결을 강조하기 때문에 잘못하면 전체를 보는 눈이 결핍될 수도 있다.

둘째는 지도에서 서로 다른 매체(media)의 사용효과에 관한 문제이다.

수학이 내용과 조직을 학생들에게 전달하는 역할자는 교사이지만 보조수단으로서의 매체의 역할은 크다. Jamison(1974)은 교육용 라디오(IR), 교육용 텔레비전(ITV), 프로그램화된 지도(PI), 컴퓨터의 도움을 받은 지도(AI) 등에 관하여 수학지도에 있어서 그 효과성을 조사했는데, 전반적으로 이것은 학습에 긍정적인 면을 가지고 있다고 말했다. 그러나 수학의 지도에서 이것들을 사용하여 얻은 장점과 약점을 명확하게 가려내는 일은 더 많은 연구가 필요하다고 했다. Zoll(1969)도 35편의 PI 연구결과를 검토한 후 60,70년대에 수학교육의 논쟁의 초점이 되었던 프로그램화된 지도(PI)는 많은 연구가 교사가 주도하는 전통적 지도보다 효과가 없었다고 지적하였다. 이 후 PI에서의 연구는 프로그램의 질 향상, 학생의 흥미 유도, PI가 특히 효과 있는 지도상황의 확인 등에 그 관심이 모아졌다. 한편, 컴퓨터를 수학의 지도에 사용하는 문제는 PI와는 별개로 수학시간에 논의의 초점이 되었다. 왜냐하면, 교육에의 컴퓨터 도입은 수학에서 가장 효과를 발휘할 수 있다는 신념이 있었기 때문이었다.

이것의 사용은 대부분 문제해결의 활동에 모아졌다. CAMP(Minnesota Computer—Assisted Math)는 현재 학교수학의 지도에서 CAI를 적용할 수 있는 소재를 확인하는 것으로부터 시작했는데, Kieren(1972)은 수학시간에 극한과 같은 내용을 컴퓨터로 프로그램화하면서 전통적인 수업에 변화를 주었더니 성취도에서는 큰 성과를 보지 못했지만, 프로그래밍은 데이터를 조직하고, 무한과정과 같은 수학의 사고과정을 이해하는 복합적인 과제에서는 큰 효과가 있다고 보았다. CAMP의 연구결과에 의하여 수학시간에 컴퓨터를 사용하는 것은 급속도로 퍼져갔다. 더욱이, 컴퓨터를 교수학습에 구체적으로 이용할 수 있다는 CAI는 스탠포드대학교의 기능과 연습의 프로그램으로부터 수학의 학습에 도입되는 계기를 제공하였다. 오래 전부터 교수학습에—구체적으로 개념형성 과정이나 문제해결의 과정에—수치해석 방법을 적용할 수 없을까? 하는 문제가 있었는데 컴퓨터나 계산기가 이 역할을 할 수 있었다.

셋째는 수학의 지도를 조직하는 데 있어서 여러 패턴의 장점에 관한 문제이다.

수학의 지도에서 교사는 개별적인 자료를 개발하여 학생들에세 수학적 아이디어를 전달하는 것으로 인식했으나, 새 수학운동 이후 교육학자들은 산업, 사업, 정부 등에서 사용하는 조직접근(systems approach)의 모델을 교육현장에 적용하려고 했다. 그 결과 개별화 프로그램—개인의 능력, 태도, 요구 등에 맞게 내용을 제시하는 방법—을 수학의 지도에 도입했는데, 이것은 다음과 같은 특징을 지니고 있다.

내용의 목표를 학생들의 성취목표로 바꾸고, 과제분석을 통해 이를 위계화 한다.

학생의 개별학습을 유도하기 위하여 지도자료를 교재화 한다.

학생들이 수업목표를 도달했는지 테스트한다.

1. 학생의 능력에 따라 자기의 학습속도를 조절 한다.
2. 교사의 역할은 관찰기록, 테스팅, 튜터링 및 소집단지도에만 국한된다.

이 기본원리에 맞춘 SMSG의 개별화 자료를 소개하면 다음과 같다.

목표 : 실수의 순서관계

1. 오른쪽 수직선을 보면 참인 것은? $-\frac{3}{2}$ $-\frac{3}{4}$ 0

$-\frac{3}{4} < -\frac{3}{2}$, $-\frac{3}{2} < -\frac{3}{4}$

2. 부등호기호 <, >를 사용하여 두 수를 비교하여라.

$3 \square 5$, $7 \square 4$

3. 다음에서 Q는 참이다. 그러면 P, R은 참이라고 말할 수 있나?

$$P: -\frac{7}{4} = -\frac{4}{3}, -|-7| < -|7|, \sqrt{3} < -\sqrt{3}$$

$$Q: -\frac{7}{4} < -\frac{4}{3}, -|-7| = -|7|, -\sqrt{3} < \sqrt{3}$$

$$R: -\frac{4}{3} < -\frac{7}{4}, -|7| < -|-7|, -\sqrt{3} = \sqrt{3}$$

이러한 자료는 종전의 교실수업 방식을 크게 바꾸어 놓았다. 교사는 설명식 지도보다 튜터링과 각 개인의 학습속도가 조절이 잘 되도록 교실환경을 유지하는 일에 중점을 두게 되었으며, 학생은 자기의 학습에 보다 많은 책임감을 지게 되었다. Miller(1976)는 여러 연구결과를 검토한 후 개별화 프로그램이 종전의 교사주도형 지도보다 약한 성취도, 태도면에서 약간 긍정적 효과가 있다고 했으며, Schoem(1976)은 이 점에 대하여 약간 다른 관점을 가졌다. 그의 연구결과 분석에 의하면 이것은 비용이 많이 들고 교사에게 더 많은 일을 요구하는 대신 성취도, 태도형성에서는 교사주도형 학습보다 나아진 것이 없다고 말했다. 대학에서 PSI(personalized system of instruction)는 중등학교에서 개발한 프로그램과 거의 같으나, 강조점은 자기 학습목표 조절, 완전학습 등에 주어졌다.

중등학교에서 사용했던 ISI(individualized system of instruction)나 대학에서 사용했던 PSI 프로그램 모두 수학의 지도에서 중요시되는 교사와 학생, 학생과 학생간의 의사교환을 소홀히 함으로써 수학지도의 특성을 무시했다는 비판을 받고 있다.

그럼에도 불구하고 대학의 초급 미적분에서부터 시작하여 추상대수학에 이르기까지 수학의 PSI는 긍정적인 효과를 주었다는 평가도 있다. 또 PSI나 ISI의 영향을 받아 수학의 지도에 실험실을 운영하는 방법이 논의되었다. 이러한 경향은 피아제와 같은 인지발달론자들에 의하여 영향을 받았는데, 이 점에 대해 Fitzerald(1972)는 수학실험실은 질문을 통한 탐구, 문제해결장면에의 계속적인 참여 등을 강조하는 학습이기 때문에, 학생들은 실험을 통해 발견을 하게 되고 교사는 지식과 학생 사이의 활동을 연결해 준다고 했다.

둘째는; 그것은 구체적이고 직관적인 자료, 소재 등을 갖추고 있기 때문에 학생들은 활동을 통해 학습하게 된다고 말했다. 이러한 수학실험실을 수학의 지도에 이용한 연구결과를 보면 성취도에서는 전통적인 교수학습보다 우월하지는 않았지만, 수학에 대한 태도의 변화에서는 매우 긍정적인 효과가 있었다고 보고하고 있다.

8장
교육과정과 인지 심리

교육학자나 심리학자들은 오랫동안 수학적 과제를 다루는 학생들의 능력에 관하여 흥미를 가지고 있었다. 전통적인 연구 방법은 학생들의 성취도에 관점을 맞추었기 때문에, 조사 방법은 이 성취도에 영향을 주는 외부적 조건들의 효과를 측정하는게 주로 관심이 있었다. 예를 들면 문제해결력을 신장시키는 두 가지 학습 방법의 효과를 알아보는 실험에서 문제해결 성취도를 점수화하여 이들 점수를 비교함으로써 두 가지 학습 방법 중 어느 하나가 통계적으로 의미 있는 차를 가졌을 때, 그것에 영향을 주는 외부적 조건들의 효과를 논하는 일 등이 여기에 속한다.

이와는 대조적으로, 학습자의 성취도에 초점을 맞추기보다는 학생들이 문제를 푸는 과정을 면밀히 관찰하여 어떤 결과를 추론하는 경향의 연구가 있다. 물론 연구자는 학생들의 심리를 눈으로 직접 쳐다볼 수는 없지만, 그들이 보인 전략이나 과정을 통해 그들의 사고를 추론하게 된다. 최근의 연구는 학생들의 사고에 대한 좋은 관찰 결과를 주는 후자를 무척 선호하는 경향이 있다.

이 연구는 수행하는 방법에 따라 2가지 수준의 세부 연구로 나누어지는데, 첫 번째 수준은 학생들의 사고와 학습에 관한 '일반화','추상화'와 같은 일반적 사고의 원리를 이끌어내는 것인데, 피아제의 연구가 대표적인 수준이다(예를 들면 지적 발달단계, 아동의 추론력 등).

여기서는 학생들이 다루는 일반적이고 포괄적인 수학적 상황을 통해 잠재적이고 기본적인 인지 과정(cognitive process)을 얻어내는 데 초점을 맞춘다.

두 번째 수준은; 유사한 유형의 수학적 문제에 적합한 해결 전략을 찾아내는 데 초점을 맞추는 것이다. 예를 들면 학생들이 일차함수에 관련된 개념 문제, 분수의 이해에 관한 문제, 함수의 이해에 관련된 문제 등을 해결할 때 학생들이 하고 있는 것이 무엇인가를 관찰하는 것 등이다.

이 단원에서는 이러한 두 수준의 연구에 대한 결과들을 종합하여, 이들 결과와 연구과정이 수학과 교육과정을 설계하는 데 어떤 역할을 하는지를 알아 본다.

1.일반적 인지 과정

과거에 수행되었던 많은 연구는 여러 인지 과정과 이들이 수학적 과제에 미친 관계 등을 다루었는데, 특히 2가지 유형의 인지 과정이 수학의 학습에 관련이 있었다. 이 분야의 중심적 연구 문제는 피아제에 의하여 시도된 논리적 추론 능력과 최근의 인지 심리학자(Campione, 1976:Case, 1978) 등에 의하여 활발하게 연구된 정보처리 과정의 용량 문제이다.

1.)논리적 추론 능력

아동들이 어떻게 지식을 획득하고 세계를 배우는지를 알아보기 위해 피아제와 그 동료들(Piaget, 1952:Piaget, Inhelder and Szeminska, 1960)은 아동들의 사고 과정을 면밀히 관찰한 적이 있다. 그들은 몇 개의 사탕을 아동들 앞에 일렬로 늘어놓았고 그것을 다시 흩어 놓아 그 개수를 물었을 때, 그들은 한결같이 일렬로 길게 늘어놓은 것이 개수가 많다고 말했다. 유사한 과제에서도 아동들은 일관성 있게 같은 대답을 했다.

이것으로부터 피아제는 아동들은 어떤 나이에서는 수의 보존을 이해하지 못한다는 사실을 알았고, 또 길이와 부피 등과 같은 연속량의 개념에서도 비슷한 결과를 얻어냄으로써, 피아제는 보존(conservation)은 논리적 추론의 발달에 있어서 이정표가 된다는 사실을 밝혀냈다. 물론 이 보존은 아동의 사고와 어른의 사고의 차이를 특징짓는 것이기도 하다.

교육학자와 심리학자들은 피아제에 의하여 확인된(보존과 같은)논리적 추론이 다른 여러 가지의 수학적 과제를 해결하는 데 필수적일 수도 있다고 하였다(Elkind, 1976:Lish, 1973).

많은 수학적 과제의 분석에서 얻어진 것은 이것이 논리적 예비 조건이 될 수 있다는 사실을 뒷받침해 주고 있다. 예를 들면 구체물 조작을 통한 단순 덧셈과 뺄셈을 하는 과정을 들 수 있는데, 구체물을 옮기고 여러 가지 방법으로 묶는 것을 관찰해 보면 이러한 변환(transformation)에 사용하는 전략은 어디까지나 수의 보존의 이해라는 논리적 능력을 대전제로 한다는 것이다. 비슷한 과제인 측정의 문제에서는 길이 보존이라는 논리적 능력이 측정에 관한 기본 개념을 이해하는데 대전제가 된다는 것을 암시하고 있다.

이와 같이 보존이 여러 수학적 과제를 해결하는데 논리적 대전제가 된다는 것이 어른들의 관점에서는 쉽게 이해가 되지만, 이러한 사실을 아동들에게서 실험을 통해 찾는다는 것은 쉽지가 않다. 최근의 여러 연구 자료를 조사해 보면, 많은 연구자들 사이에 수학은 배우는 데 필수가 된다는 보존성의 중요성에 대하여 논란이 많다는 사실을 발견하게 된다. 비교적 초기에 이루어졌던 상당한 연구들은 보존성의 테스트에서 좋은 점수를 받는 것과 수학의 성취도 검사에서 좋은 점수를 받는 것은 밀접한 관계가 있다고 말하고 있으나, 관계가 없다는 논쟁도 만만치 않다. 즉 초기의 연구들은 연구 방법의 미숙 등으로 그 결과 못지 않은 의문점을 여러 가지로 제시하고 있다(Carpenter, 1980). 근래의 연구자들은 이 보존성의 문제를 다룰 때, 연구 방법을 일반적인 성취도를 다루던 종전과는 달리 구체적이고 특별한 수학적 개념의 이해와 성취 과정을 취급하는데 초점을 맞추었다. 예를 들면 조심스럽게 설계된 지도 계열 속에서 연구자는 각 지도 계열의 중간중간에 학생이 이룩한 성취(맞다, 틀리다)를 비교하는 일보다 그들이 사용한 과정을 면밀히 분석하는 일 등이다.

이러한 발전된 연구 방법(methodology)으로 인하여 수학의 여러 과제를 해결하는 데 필요한 대전제로서의 보존의 역할에 대한 시각을 다르게 가지게 하였다. 이러한 시각에 힘입어 최근 산수의 사칙계산과 측정 분야에서 보전성과 수학적 과제의 수행 능력과의 관계에 대한 연구가 깊어진 느낌이 있다. 이들 중에는 수의 보존과 어떤 종류의 덧셈과 뺄셈에 관한 문제해결 사이에는 의미 있는 관계가 있음을 보인 연구도 있다(LeBlanc, 1971 : Sohus, 1974 : Steffe,1971). 그러나 이러한 연구에서도 보존에 절대적으로 의존하는 산수 문제 또는 보존에 의존하지 않는 산수 문제들의 패턴이 어떤 것 인가에 대한 논의는 없었다.

최근의 연구로서(Mpiangu, 1975) 유치원생들에게 행한 다양한 단순셈에 관한 문제와 수 기능에 관한 실험에서 비보존 집단은 기능의 성취 면에서 보존 집단보다 통계적인 차이를 보이지 않았고, 이를 통해 보존성은 산수의 기능을 습득하는데 꼭 필요한 전제는 아니라는 결론을 얻었다. 이후 Steffe(1976)의 연구에서 비보존자는 단순 기능을 익히는 데 어려움이 없다는 사실을 확인했으며, 보존성이 보다 복잡한 산수 문제를 해결하는데 필요한 전제가 될 수 있다고 보았다. 한편, 셈 전략(counting strategies)에 대하여 몇 개월 동안 지도한 후 비보존자와 보존자의 전략의 활용에 대해 조사를 해보았는데, 비보존자는 2+□=10과 같은 문제를 푸는 데 있어 셈전략을 서툴게 사용했으나 보존자는 이들 사용을 성공적으로 했다는 결과를 발표했다. 따라서 Steffe는 다음 두 가지를 쟁점으로 삼았다.

1. 보존은 단순 셈기능으로 할 수 있는 덧셈과 곱셈 문제를 하는데는 꼭 필요하지 않다.

2. 보존은 a+□=b와 같이 보다 복잡한 문제를 해결하는 데는 꼭 필요하다.

이와 더불어 Hiebert(1980)에 의하면, 초등학교 1학년에서 비보존자도 여러 종류의 문장제를 풀 수 있다는 자료를 제공했는데 정확도 면에서는 큰 차이가 났다고 보고하고 있다. 이것 이외에도 어떤 종류의 문제(덧셈, 뺄셈, 3+□=10)는 여전히 비보존자도 잘 풀 수 있다는 것과 복합적인 과제에서도 일부 비보존자는 성공적으로 전략을 활용했다는 결과가 나오고 있다. 이러한 결과들은 보존성이 초급적인 셈기능이나 간단한 문장제의 풀이 등에 전제가 될 수가 없다는 사실을 암시하고 있으며, 10+□=8 과 같은 문제를 해결하는 데 보존성이 촉진 역할은 하지만 반드시 전제가 된다는 보장은 할 수 없음을 뜻한다.

아동들의 측정(measure)의 학습에 대한 연구에서도 위와 비슷한결과를 얻었다. 몇 편의 연구에서는 다양한 측정 개념들이 얻어지는 일련의 계열을 조사했다. 만일 보존 능력이 어떤 개념이나 기능의 습득에 필수 요건이라면, 우리는 아동들이 그 개념이나 기능을 완전 습득하기에 앞서 보존 과제를 성공적으로 성취할 것이라는 가정을 세울 수 있다. 실제로 단위 크기(unit size)와 단위수(unit number) 사이의 역관계를 아동들이 얼마나 이해하고 있는가를 측정하는 과정에서 위의 가설은 성립했다. 즉 주어진 양(길이, 넓이, 부피)을 재는데 측정단위를 크게 했을 때보다 측정 단위를 작게 했을 때 더 많은 단위가 들어간다는 사실을 아동들은 알고 있음을 관찰하게 되었다(Bradbard, 1978 ; Carpenter, 1975). 이 실험에 포함된 또 다른 질문을 보면, 1. 단위를 사용하는 능력, 즉 한 개의단위를 어떤 길이를 재기 위해 움직이는 능력, 2. 길이를 재는데 자와 같은 표준 측정 기구를 사용하는 능력, 3. 단위수 4. 5. 6. …등을 비교해 보고 가장 큰 단위 수는 측정량이 많다는 사실을 추론하는 능력(Carpenter, 1975)이 있는가 등이 있는데, 이 연구에서 비보존자가 다양한 측정 기능을 배웠다는 사실을 알 수 있다. 이외에도 Hiebert(1981)가 보존자와 비보존자를 실험 대상으로 하여 측정에 대한 기본 개념을 얼마나 이해했는가를 알아보았는데, 비보존자들도 보존자와 대등하게 보존자들이 사용하는 해의 전략을 사용했다는 사실을 알았다. 분명히 보존성은 측정의 몇 가지 개념의 이해에는 필수적임을 알 수 있지만, 일반적으로 많은 측정 개념을 획득하는 데 꼭 필요한 것은 아니었다. 수학의 지도에서 준비성의 측정으로 보존성을 사용하는 관행은 이것이 여러 수학적인 개념이나 기능을 배우는 데 필수요소라는 가정에 근거를 두고 있다. 그러나 보존성은 쉽게 지도되는 것도 아닐 뿐만 아니라 기본적인 논리적인 사고 능력이기 때문에, 논리적인 사고 능력이 개발될 때까지 보존성의 지도를 연기하는 것이 논리적으로 타당한 듯하다. 물론 이것을 확인하기 위해서는 어떤 수학적 과제를 하는 데는 정말로 보존성을 미리 갖추고 있어야 한다는 것을 실험적으로 보여주어야 한다.

지금까지 종합한 연구 결과는 수·연산과 측정 분야에서 일부 개념을 학습하는데 보존성의 역할이 어떠한지에 초점을 맞추었다. 이들 연구 결과는 보존성을 측정하는 과제는 위에서 언급한 개념의 지도 준비성을 재는 한정된 가치(limited value)만을 가지고 있다는 것을 보여 주고 있다. 즉, 실험한 개념 중 단위수와 단위 크기(임의 단위)의 역관계를 제외하고는 측정에서 보존성은 학교 수학의 과제들을 해결하는 데 꼭 갖추어야 할 필수조건은 아니라는 것이다. 하여튼 많은 교사들의 관찰에 의하여, 보존성을 측정하는 과제는 실패했어도 수학적인 과제를 성공적으로 수행하는 경우는 많다는 사실이 밝혀졌다. 문제는 많은 수·연산과 측정을 수행하는 데 있어, 보존성이 논리적인 전제조건처럼 보이지만, 아동은 그러한 수학적 과제를 해결하는 데 보존성을 사용하지 않는다는 것이다. 즉 아동들의 문제해결 과정은 성인들의 논리적인 판단과는 다르다는 점이다.

그들은 단순한 덧셈 문제를 해결하기 위하여 구체물을 옮기고 묶기만 할 뿐 자기가 보존성을 갖추고 있는가? 라고 묻지 않는다. 즉 그들은 답을 얻기 위하여 단순히 구체물을 센다든지, 측정에서 물체의 길이를 재기 위하여 단위 길이를 옮길 뿐 단위 길이가 보존되는 지 안되는지 확인하지는 않는다. 또 아동은 현재 자기에게 주어진 질문에 어떻게 답변해야 하는가에 온 정신을 집중할 뿐 보존성이 과제를 위한 기본적인 논리적 기초를 마련해 준다고 인식하지는 않는다. 세기와 같은 단순 기능은 분명히 아동들로 하여금 많은 수학적 과제의 논리적 구조(logical structure)를 그냥 통과하게 한다. 즉 아동들은 성인들이 생각하는 엄격한 논리적 구조를 따라가지 않고 세기와 같은 단순 기능을 이용하여 주어진 과제를 해결한다.

한편 보존성은 수학의 학습에 크게 영향을 주는 유일한 추론 과정(reasoning process)은 아니다. 피아제는 이것 이외에도 추이적 추론과 다양한 분류 기능이 수학적 개념을 획득하는

데 필요한 기본적인 사고 과정으로 보았다(Piaget, 1952 ; Piaget and other, 1960).

그러나 몇몇 연구에서는 이것이 관련된 수학적 과제를 해결하는데 필수(prerequisites)가 아니라고 했으며(Hiebert, 1981 ; Sohus, 1974 ; Steffe, 1976), 이러한 논쟁에 관하여 성인들의 수학적 과제를 해결하는 능력과 피아제의 이론에서 제기되는 형식적 추론 과정과의 관계를 정립하는 데 필요한 연구가 있기도 했다(Adi, 1978 ; Carpenter, 1980). 피아제에 의하여 제기된 추이적 추론 기술이 많은 수학적 고급 개념을 이해하는 데 필수적일 것 같지만, 이러한 피아제의 가설을 뒷받침해 주는 연구가 별로 없다는 사실로 보아 이 가정을 확정적으로 해석하는 일은 적합한 일이 아닌 것 같다.

2) 정보처리

정보처리(information processing)이론의 기본 골격은 학습자가 문제를 풀거나 새로운 기능(skill)을 얻을 때 실제적으로 그가 하고 있는 일이 무엇인가를 알아보려는 것에서부터 나오기 시작했다. 이 이론의 목적은 학습자가 어떻게 정보를 처리하는가를 관찰하여, 이 과정을 이용하여 인간의 정보처리 조직을 모델화하는 것이다. 이 모델은 매우 정밀해서 컴퓨터 언어로 나타내게 되는데, 이 모델의 신뢰성은 컴퓨터와 학생에게 똑같은 문제를 주고 컴퓨터가 얼마나 근접하게 학생의 성취를 생성해 내는가를 관찰해 봄으로써 판단되며, 이 모델의 가치는 어떤 문제를 푸는 데 들어가는 많은 양의 사고를 자세하게 기술함으로서 높아진다. 왜냐하면 컴퓨터는 정확성을 가진 프로그램이 없으면 잘 작동되지 않기 때문이다. 결과적으로 이 모델은 우리의 사고 과정에서 발생하는 민감한 점들을 지적해 주는데, 대부분의 정보처리 모델은 다음 세 가지를 포함한다.

1. 단기 기억장치의 문제이다. 이것은 모든 사고 또는 정보처리과정의 중심이며, 동시에 진행될 수 있는 정보수(number of information pieces)에서 이를 받아들이는 데 제한된 용량을가지고 있다.
2. 대부분의 모델은 주어진 문제를 푸는 데 들어가는 풀이 과정으로 진술되어 있으며, 만일 컴퓨터의 시뮬레이션이 더욱 개발 되어진다면 이 풀이 과정은 더욱 세밀하게 기술된다.
3. 최근에 제시되는 모델은 정보의 처리 과정에서 작동할 수 있는 전략, 계획을 수행할 수 있는 기능(function)을 첨가하고 있다. 일명 메타인지(meta-cognitive)라는 과정은 어떤 한 순간에 어떤 종류의 정보가 필요하게 되는지를 결정해 주는 전략을 포함하고 있고, 또 정보를 가장 효과적으로 처리할 수 있는 조직력을 결정해 주는 것까지 가질 수 있다.

학습에서 용량의 문제. 단기 기억장치는 이것이 조절할 수 있는 정보수에서 제한적이기 때문에 정보처리 조직에서 예민한 역할을 한다. 275+468의 계산에서 우리는 비록 많은 계산 규칙을 알고 있지만, 계산 오류가 발생될 때는 스스로 자신이 가지고 있는 부족한 단기 기억장치의 용량을 한탄하게 된다. 이러한 계산에서 아동들은 제한된 자신의 용량 때문에, 답이 틀린다든지 문제를 풀기 위한 선수 학습 내용을 충분히 활용하지 못한다든지 등과 같은 어려움을 항상 가지고 있다. 아동들은 성인들이 조정할 수 있는 정보수의 ½이나 ¼ 정도밖에 취급하지 못한다.

어떤 연구자들은 이러한 아동의 제한 용량이 교육과정의 실행에 큰 영향을 줄 수 있다고 말하고 있다. 지도할 수학의 과제는 아동들에게 정보를 수용하고, 코드화(encode)하고, 그리고 통합하는 과정을 요구한다. 여러 경우를 보면, 아동들은 이들 과제를 해결하는 데 필요한 기능(skill)을 가졌음에도 불구하고 과제해결에 실패하게 되는데, 그 이유는 과제를 해결하는 데 필요한 모든 정보를 다룰 수 있는 용량이 매우 제한적이기 때문이다(Casi, 1975).

다음은 이러한 용량이 수학의 학습에 어떤 효과를 주느냐의 문제인데, 수학의 과제에서 이 용량의 효과를 분리해 낸다는 것은 어려운 일이다(Hiebert, 1981). 최근의 연구는 이것을 하기 위해서는 처리 용량을 측정할 수 있는 신뢰할 수 있는 측정 도구의 개발이 전제가 된다고 말하고 있다(Romberg, 1980). 측정 도구를 만드는 연구들이 진행중이지만, 수학의 교수-학습에 이를 응용하는 문제는 여전히 안개 속에 묻혀 있다.

메타 과정. 최근의 일부 연구자들은 수학의 학습을 촉진시키는 인지 과정을 찾아내는 일에 매달렸다. 이러한 인지 과정으로 문제의 풀이에서 보여지는 과정과 특별한 절차의 수행

(execution)을 선택하고 모니터(monitor)하는 메타과정(meta-process)을 들 수 있다. 단기 기억장치의 용량은 사람이 성숙해 가면서 발달하는 것이므로 특별한 훈련을 통해 신장되지 않는다. 반면 위에서 제시한 두 가지 과정은 지도에 의하여 영향을 받을 수 있으며, 더욱이 개인은 정보를 더욱 효과적으로 처리할 수 있는 전략을 배울 수 있다 (Brown, 1978).

이 분야의 연구 결과는 아직 수학과 교육고정에 활발하게 응용되지 못하고 있지만, 여기에 사용된 연구 방법은 수학적 상황에서 아동의 사고를 연구하는데 활용되고 있다. 그 중 하나가 아동이 가지고 있는 숙달(proficiencies)에 대한 강조이다. 즉, 아동들은 효과적인 문제해결에 대한 기초원리(rudiments)를 가지고 있는 잠재력 있는 사고자로 보면, 아동이 하고 있는 일 자체가 그들에게 센스를 길러 주기 때문에, 그들이 정보를 취급할 때 사용하는 과정을 보다 자세하고 정확하게 기술해 보자는 움직임이다. 두 번째는 과제 분석(task analyses)에 관한 문제인데, 아동들은 같은 수학적 개념을 측정하는 여러 종류의 과제에 아주 다른 성취를 보이는 경우가 많다. 아마 그 원인으로 과제가 제시되는 형태, 요구되는 대답의 형태, 기타 다른 변인들은 생각할 수 있다. 실제로 아동들의 실질적인 능력은 불필요한 과제 변인(task variable)들에 의하여 숨겨질 수 있기 때문에, 과제를 이해하는 일은 아동이 그 과제를 푸는 데 사용한 과정을 이해하는 데 필수적이다. 따라서 다양한 과제 분석의 절차들이 과제가 내포하고 있는 구조를 기술하는 데 활용된다. 세 번째로는 최근의 연구는 대역적(global)인 것보다 국소적(local)인 과정을 중시한다는 것이다. 사실 교육심리적 상황에서는 다양한 상황에 적용할 수 있는 학습 및 사고의 일반적 원리를 발견하는 것이 어렵다. 그렇기 때문에, 연구자들은 잘 정의된 유사 문제군에서 사용되는 특별한 처리과정에 관심을 가졌다. 이러한 결과로 다양한 범위의 문제에 적용되는 일반적 처리과정을 찾는 일보다 동질적(homogeneous)인 문제군에서 문제를 푸는 데 이용된 특정 전략을 자세하게 기술하는 것이 보다 더 생산적인 연구 가치가 있다고 보고 있다.

2. 수와 연산에 관한 학생들의 사고

정보처리 과정에 사용된 접근 방법을 이용한 수학교육의 연구로 아동들의 수 · 연산 획득 과정을 들 수 있다. 이 분야에서 연구자들의 관심은 아동들이 정규 교육을 받기 이전 · 이후에 이 두 과제들에 대하여 무엇을 알고 있는가를 알아보는 데 있었다. 즉 과제 변인은 어떻게 그들의 성취에 영향을 주는가? 서로 다른 연산 문제를 풀 때 그들이 사용한 전략은 어떤 종류가 있는가? 등이다.

비록 아직은 완성된 전체적인 연구를 소개할 수 없지만, 이 분야에서 발견된 아동들의 중요한 사고를 읽을 수 있다.

1) 초기의 수 개념 발달

아동들의 초기의 수 개념 형성은 세기(counting)로부터 얻어지는데, 이러한 관찰은 누구나 “몇 개?”라는 질문을 해보면 아동들의 대답에서 쉽게 얻어지는 결론이다. 몇 편의 연구물을 보면 아동들의 세기 과정은 중요하면서도 복잡하다는 사실을 알 수 있다.

Fuson(1980)과 Steffe(1979)는 아동들이 처음 몇 개의 수를 말로 표현할 때부터 여러 가지 계산 문제를 풀 때까지 그들이 사용하는 세기 능력의 발달 과정을 살펴보았고, 아동들이 사용한 세기 행위를 분석한 결과 "구체물이 몇 개인가?"라는 단순한 문제의 풀이과정에서는 몇 가지 서로 분리된 행위의 조정이 있다고 했다. 즉 1부터 시작하는 수를 말로 나타내기, 그리고 말로 수를 말하면서 서로 다른 구체물을 지적하는 일 등이다. 아동들의 세기의 기술이 발전되면서 두 가지 중요한 변화가 일어난다는 것을 알았는데, 하나는 세기 용어들 사이의 관계였다. 즉, 아동은 어떤 주어진 수(예를 들면 7)에서 계속 앞으로 셀 수도 있고 뒤로 셀 수도 있었으며(예를 들면 7,8,9,… 또는 7,6,5…), 바로 앞의 수, 바로 뒤의 숫자를 셀 수도 있었다. 두 번째 변화는, 더 발전된 수 세기의 단계로써 숫자를 세기의 구체물로 삼는다는 사실이다. 이것은 문제를 푸는 데 세기의 힘을 급격히 증대시킨다. 예를 들면 아동들은 8보다 5 많은 수를 구하는 데 8부터 세어서 9, 10, 11, 12, 13과같이 5번째에서 그친다. 여기에서는 구체물이 더 이상 필요 없고 숫자들이 단위로 쓰여진다.

세기 행위는 몇 가지 중요한 원리에 의존하는데, Gelman(1978)에 의하면 각 구체물은 유일하게 그에 대응하는 숫자에 맺어지고(예, 다섯 개의 사과는 숫자 5에 대응), 같은 숫자는 같은 양의 구체물에 매번 사용되고(예, 5는 책상이 다섯 개, 사과가 다섯 개에 반복 사용), 세는 마지막 숫자가 그 구체물의 개수가 되며, 여러 구체물에서 어떤 것부터 셀까? 하는 것은 문제가 되지 않는다는 것이다. 그는 아동들의 세는 과정을 관찰하면서 세기의 초기 활동은 수의 언어(하나, 둘, 셋…)들을 배우는 것부터 시작하여 위의 원리들을 더욱 큰 수의 세기에 응용하는 것으로 진행한다고 보았다.

2) 덧셈 · 뺄셈의 발달

세기의 기술과 더불어 취학 전의 아동들은 덧셈, 뺄셈에 대한 직관적인 아이디어를 얻는다. 예를 들면 네 살까지 대부분의 아동들은 덧셈은 수의 증가를 의미하고, 뺄셈은 수의 감소를 뜻한다고 이해하고 있다. 물론 정확한 수의 계산은 어렵다.(Brush 1978). 만일 구체물의 모임이 적다면 그들을 세어서 결과를 얻을 수 있으며, 아울러 같은 방법으로 덧셈과 뺄셈의 역연산을 인지하게 되는데 초기에는 한 쪽(빼는 수)이 증가하면 결과는 감소한다든지 하는 것 등을 구체물이 주어질 때 그 결과를 알게 된다(Gelman),1978). 위의 직관적인 연산 감각, 보다 효과적인 세기의 기술 등이 학교에 들어오면서 수 · 연산의 기본 지식이 된다. 연산에 관한 아동들의 이해능력은 타인의 지도를 받으면서 점진적으로 진행되지만 처음 몇 년은 그들의 세기 기술과 밀접하게 관련되어 진행된다.

Ginsburg(1977)는 "세기의 기술은 아동들에게 매우 중요하며 정규지도를 받더라도 대부분의 아동들은 연산은 세기로 처리하려는 경향이 있다."고 말했는데, 이러한 그의 견해가 여러 연구자들의 관점과 일치되는 것을 볼 때 덧셈과 뺄셈을 정식으로 배우기 전에는 세기로 계산 문제를 해결한다는 것이 참인 듯하다.

또 몇 편의 연구(Carpenter, 1981 ; Moser, 1979 ; Heller and Greeno 1979)에서도 정식으로 덧셈·뺄셈의 지도를 받기 전의 아동들은 말로 제시하는 덧셈과 뺄셈을 적절한 세기의 전략으로 해결 할 수 있을 뿐만 아니라, 같은 전략을 여러 문제를 푸는 데 적용하지 않고 문제에 따라 서로 다른 전략을 사용할 줄 안다고 지적하고 있다. 이들 연구에서 많은 연구자들의 관심을 끌었던 것은 '어떤 요인들이 여러 종류의 전략을 사용하도록 영향을 주는가?'였는데 의미 있는 요인 중의 하나는 아동들이 문제에 주어진 행동 또는 구체물 집합들의 관계에서 그것을 찾으려고 한다는 것이다(Carpenter and other, 1981 ; Rileg and Greeno, 1978). 몇 가지 예를 들어보면, 다음의 문제들은 모두 큰 수(구체물)에서 작은 수(구체물)을 빼어서 그 결과를 얻는다.

1. 복남이는 8개의 사과를 가지고 있다. 그는 5개를 영희에게 주었다. 복남이는 지금 몇 개를 가지고 있는가?
2. 철수는 5개의 사과를 가지고 있다. 영희가 그에게 몇 개를 주어서 8개를 가지고 있다. 영희가 준 사과는 몇 개인가?
3. 복남이는 8개의 사과를 가지고 있다. 영희는 5개의 사과를 가지고 있다.
   복남이는 영희보다 몇 개 더 가지고 있는가?

만일 1학년 아동들에게 위의 문제를 읽어 주며서 셀 수 있는 구체물을 준비해 주면, 거의 모든 아동들은 구체물을 이용하여 이들 문제를 푸는 데 세 문제 모두 다른 전략을 사용한다는 것을 알 수 있다. 이를테면, 첫 번째 문제에서는 8개에서 5개를 옮겨 놓고 나머지를 세며, 두 번째는 5개를 만들어 놓고 여섯, 일곱, 여덟과 같이 세면서 구체물을 놓고 마지막에 더해진 구체물을 다시 센다. 세 번째 문제에는 더 많은 변화(variation)가 있는데, 많은 아동들은 5개의 구체물 모임과 8개의 모임을 만들어 놓고 일대일 대응 시킨다. 그 다음에 대응이 안되는 구체물을 세어 답을 말한다. 이러한 보기로부터 우리는 많은 아동들이 문제 속에 기술되어 있는 활동(action)이나 표현을 통해서 문제를 푼다는 것을 알 수 있다.

아직 결론적이지 않지만 두 가지 중요한 참고를 할 수 있다. 첫째는 아동들은 문제 속에 있는 활동을 가르치는 언어 힌트(verbal cues)에 민감하다는 사실이고, 둘째는 아동들이 서로 다른 뺄셈 문제(위의 예에서)를 서로 다른 전략을 사용해서 푼다는 사실을 통해 그들은 어른들의 시각 - 어른들은 위의 예를 같은 뺄셈의 문제로 봄 - 을 가지지 못한다는 것이다. 그들은 서로 다른 전략으로 해결하는 서로 다른 문제로 본다.

3) 덧셈 · 뺄셈의 기호 발달

아동들은 학교에 입학함에 따라 수학적인 기호를 배우게 된다.

8 -5 = □와 같은 표현은 아동들에게 어려움을 주면서 위의 3가지 문장제가 한 가지 표현으로 되는 것 같아 수학적으로 유사함을 느낀다. 이러한 일은 1학년 아동들에게는 능력 및 기대 밖이다 (Gibb, 1956 ; Vergnand, 1979). 아동들은 문장으

로(또는 언어로)된 문제를 기호화하는 일에 어려움을 느끼기 때문에, 1학년 후반에 가서야 식으로 나타낼 수 있다고 보았다. 그러나 Carpenter(1981)의 연구를 보면, 아동들은 문장제를 여러 방법으로 푸는 일과 그 문장제를 식으로 나타내는 일은 무관하게 생각하고 있음을 알 수 있다. 왜냐하면, 많은 아동들은 식을 문장제를 풀기 전에 도입하기 보다는 문제를 푼 후에 도입하는 경향이 있기 때문이다. 즉 식으로 나타내는 일은 풀이 전략을 세우는 일에 거의 영향을 미치지 못한다는 사실이다. 이러한 연구의 핵심은 아동들이 수학적인 형식 기호에 항상 의미를 주지 않고 있다는 증거이다. 이 점에 대해 Lindavall(1980)은 1,2학년 학생들도 형식 기호(예, 8 - □ = 4)등에 알맞은 구체물의 조작을 하지 못한다는 것을 알게 되었으며, Grouws(1972)도 3학년 일부 학생까지도 미지수의 위치 변화에 따른 뺄셈식의 이해에 어려움을 느끼고 있다는 것을 알았다.

그러면, 학생들이 수학적 형식 기호를 이해할 수 있는 의미 있는 방법을 찾지 못했을 때는 어떤 일이 일어나는가? 여러 연구에 의하면, 그들은 형식 기호를 조작하고 답을 구하는 자신의 규칙을 발전시킨다는 것이다. 즉 알고리즘이나 규칙을 기억하고 나름대로 유일한 방법으로 풀이 방법을 고안해 낸다는 것이다.(Davis, 1979). 그들이 고안해 내는 방법은 어떤 때는 아주 창의적인 경우도 있으나, 꼭 올바른 방법만 있는 것이 아니어서 틀린 알고리즘은 맞는 것보다 매우 복잡한 경우도 있다. 분명한 것은 아동들은 복잡한 알고리즘도 만들 수 있고 이를 일관성있게 사용할 수 있다는 점이다. Burton(1978)도 학생들이 오류를 범할 때 일반적으로 일관성

있고 조직적이라는 것을 관찰했다.

또 하나의 관점은 학생들이 스스로 만든 알고리즘이 올바른 것인가에 대한 실재감(reality)을 느낄 만한 감각을 그들은 갖추고 있지 못하다는 것이다.

어쨌든 수학의 형식적 기호 이론은 아동들도 하여금 자연적 · 직관적인 문제들의 기술로부터(물론 실제 생활에 의존된) 기호 조작으로 옮겨가게 한다. 이 점에 대해, Ginsburg(1977)는 아동들은 그들의 비형식적 경험에 의존된 조직을 형식적 기호와 규칙으로 옮기는 데 큰 어려움을 경험한다고 했다. 학교에 입학했을 때 아동들이 직면하는 가장 큰 고통은 이처럼 그들이 경험한 것을 수학적 기호를 사용하여 형식화하는 의미있는 연결(link)를 찾지 못하는 데서 오는 것이다. 중요한 점은 수학적 문제에 대해 직관적인 이해가 결여되었거나 직관적인 이해가 통하지 않는 상황에서 수학의 기호적 조작을 강요받았을 때, 그들은 이 기호 조작에 대한 유일한 길을 찾게 된다는 점인데, 상당한 부분은 개념의 불완전한 이해와 오류로 이어지고 있다.

3. 기하 개념의 발달과 성인의 사고

1) 공간과 기하

아동들의 공간 개념의 발달에 대한 피아제 개념은 지각적(perceptual) 공간과 개념적(conceptual) 공감의 구분에서부터 시작한다. 그는 “공간 개념은 내면화된(internalized) 행동이며,

단순히 외부의 대상이나 사물의 심적 영상(mental image)이 아니다"라고 말했다. 아동들은 언과 삼각형의 차이를 지각(perceive)할는지 모르지만 이 차이를 개념적으로(conceptually) 다룰 수는 없다. 예를 들면, 그들은 이 차이를 그림으로 나타낼 수 없거나 두 그림 사이를 구별할 줄 모른다는 것이다. 피아제는 공간 개념의 연구에서 세 개의 내용-즉 위상적 개념을 다루는 일, 사영적 개념을 다루는 일 및 유클리드 개념을 다루는 일 - 으로 구분한다. 이들의 관계에 대한 피아제의 가설은

> 어떤 위상적인 성질 - 이를 테면, 근사(proximity), 분리, 순서, 닫힘 및 연속성은 - 유클리드 개념에 앞서 나오는 개념들이다.

는 것이다. 그러나 이러한 가설은 이후 많은 사람들에 의하여 반박을 받고 있다.

한편, 기하 개념의 발달에 대한 가설은 반힐(Van Hieles)에 의하여 제기되었다(Freudenthal, 1973). 그들은 피아제가 무관심했던 부분을 연구했으며, 추상적인 기하 조직에서 전체적인 개념 발달 계열을 묘사하고 있다. 그들은 이러한 발달은 5단계를 거치면서 진행한다고 했는데, 수준 I에서는 아동들은 기하(모양)를 대역적인 관점(global terms)으로 받아들인다고 한다. 비록 정사각형, 직사각형, 평행사변형 등과 같은 각각의 모양을 인식하지만, 각 모양의 특별한 성질(attribute)은 얻어낼 수 없다는 것이다, 그들은 서로 다른 모양들 사이에 있는 관계를 확인할 수 없을 뿐만 아니라, 모든 정사각형은

직사각형이 된다든지 모든 직사각형은 평행사변형이 된다든지 하는 성질을 인식하지 못한다. 이러한 결과는 아동들이 일반적으로 포함 관계로 위계를 결정하지 못한다는 관찰과 일치하기도 한다.

수준 Ⅱ에서는 각 모양의 상질들은 실험적으로 분리해낼 수 있으나, 어떤 성질은 다른 성질이 전제되어야 성립한다는 것을 알 수는 없다. 다시 말하면, 이 수준의 아동들은 평행사변형의 대변은 평행하면서 합동이라는 사실을 인식하지만, 이 성질들은 단순히 동시에 일어난다고 생각한다. 또 아동들은 대변들이 서로 합동인 사각형은 평행사변형임을 인식하지 못한다. 이때의 아동들은 서로 다른 모양들의 공통 성질을 확인할 수 있는 수준이지만, 정사각형, 직사각형, 평행사변형들의 위계를 여전히 결정할 수 없다.

수준Ⅲ은 수준 Ⅰ,Ⅱ의 특색인 실험적 기하에서 형식적 기하로 옮겨가는 기점이 된다. 연역적 추론이 구체적인 실증으로 가능하며, 어떤 성질은 다른 성질로부터 유도된다는 것을 인식할 뿐만 아니라 도형을 분류할 줄도 안다. 그러나 연역적 추론의 사용은 제한적이며 교사나 교과서로부터 자료 도움을 받아야 한다. 수준 Ⅳ에 가서야 기하의 체계적이고 추상적 조직 관점이 이해가 된다. 반힐은 수준들 사이에 구분되는 불연속이 있으며, 수준을 건너뛸 수 없다고 가정한다. 피아제와 두드러진 다른 점은 이 수준들은 학습의 영향을 받으면서 발전되며, 따라서 학교에서 알맞은 프로그램을 제공하여 각 수준을 끌어올릴 수 있다는 점이다. Wirszup(1976)은 러시아의 연구 결과를 소개하면서 반힐의 가설에 기초한 프로그램이 크게 성공적이었다고 말한다. 이러한 반힐의 해석(가설)이 옳다면, 기하 교육에 큰 전환점이 될 수 있다. 보통 고등학교 1학년은 수준 Ⅳ에 해당하고 이 수준은 앞의 수준 Ⅱ,Ⅲ에 의하여 연결된다는 것인데, 그가 주장하는 만큼 두 단계 사이의 연결이 확실하지가 않다. 아직까지도 발달 과정이 명확하지가 않아서 그의 주장을 뒷받침해 줄 수 있는 연구가 부족한 편이다.

2) 성인의 사고

인지 발달에 대한 연구는 주로 이동에 초점을 맞추었고 심리학 · 교육학쪽에서 지대한 관심이 되었지만, 성인의 경우데 대한 연구는 활발치 못하다. 즉, 성인의 사고에서 얻을 수 있는 일반적인 이론들이 나오지 못하고 있다. 그 이유는 성인들의 사고가 가지고 있는 일반적인 원리를 이끌어낼 수 있는 연구가 부족하기 때문이다.

Nimark(1975)는 성인들의 사고에 알맞은 인지 발달(해석적 조작기)이 있다고 말했으며, 피아제는 이것이 12살과 15살 사이에 시작된다고 했다. 그러나 많은 연구자들은 형식적 사고 구조는 이 시기보다 뒤에 온다고 말하고 있으며, 모든 사람에게 똑같이 얻어지지 않는다고 지적했다. 이것은 구체적 조작기보다 활용이 다양해서, 성인들까지도 어떤 과제에 대해서 형식적 조작 수준을 보이다가도 어떤 과제에 대해서는 실패하기도 한다는 것이다. 피아제(1972)도 이 점을 인식하고 이 단계에서는 개인의 흥미, 태도, 경험이 어떤 과제를 성공적으로 끝내는데 중요한 역할을 한다고 주장했지만, 이를 뒷받침할 수 있는 프로그램의 효과가 미개발 상태이다. 또 형식적 사고에서 관찰되는 기본적인 성질, 구체적 현실에 대한 제한을 넘어 가능성을 생각한다는 것이다(Inhelder, 1958). 이 시기의 성인은 어떤 문제 상황에서 일어날 수 있는 모든 관계를 생각할 수 있으며 가설을 검증할 수도 있다. 또한, 구체적인 도움 없이도 비와 비례의 논리적 구조를 파악할 수 있는 능력을 가지고 있으며, 그들 자신의 사고 과정을 반영시킬 수 있다.

형식적 조작기에는 더욱 복잡한 분류 전략이 이용되며, 문제를 푸는데 있어 기억의 필요성을 알게 되고, 더욱이 이것을 다루는 다양한 전략을 구상하게 되며, 또한 논리 용어인 전칭명제(quan-tifiers)를 이해하게 된다. 고등학생들이 주로 해결해야 하는 수학의 많은 과제들은 형식적 조작의 사고 구조를 필요로 하는데, 형식적 증명 과정과 일반적인 발견술의 습득도 이 구조에 의존한다. 학생들이 실패하고 있는 원인을 형식적 조직의 사고 구조가 결여된 것에서 찾으려고 하지만 이 가설을 뒷받침해 줄 수 있는 실험적 연구 결과는 부족하다. 그렇지만 경험적으로 보면 형식적 조작기에 있는 추상적인 추론 기능(reasoning skill)은 고등학교의 수학적 과제를 성공적으로 수행하는 데 필요한 것으로 인식되고 있다. 많은 성인이 형식적 사고 구조를 가지고 있지 못하므로, 그들에게는 단기 훈련(short-term training)을 통해 수학적 과제들을 수행하는 데에 필요한 사고 기능을 훈련시키는 것이 필요할 것이다.

그 이유는 피아제가 제시한 바와 같이 경함과 훈련이 형식적 사고 구조를 발달시키는 의미있는 요인이 되기 때문이다. 형식적 조작기의 사고 구조를 밝히는 연구가 많은 사람들의 관심 속에서 진행되어 왔는데, Ginsburg(1967)의 비와 비례 관계(Lovell, 1966 ; Lunzer, 1966 ; pumfrey, 1968), Lovell(1971)의 확률, Taback의 극한, Thomas(1975)의 함수 개념 등이 의미있는 연구 결과를 던져 주고 있다. 이들 연구는 한결같이 형식적 추론(formal reasoning)의 발달이 어떻게 수학의 학습에 영향을 주는가?에 초점을 맞추고 있다. 아울러, 이들 연구에서 지적된 것은 형식적 조작기의 사고를 측정할 수 있는 도구를 개발하는 일이 필요하다는 것이다.

4. 수학교육 과정에의 응용

지금까지 검토한 연구들이 중등학교에 적용되지 못하는 점은 있지만 초·중등교육과정을 설명하는 데에는 많은 참고점을 제시한다. 그 중 하나는 학생들이 하고 있는 것을 관찰하는 일이 교육과정의 설계의 기초가 된다는 점이고, 둘째는 학생들의 자연상태의 경험을 그들이 배우게 되는 수학적 개념과 형식기호에 어떻게 연결시켜 주느냐 하는 것이다.

1) 학생들의 관찰하기

아동들의 사고는 어른들의 사고와 다르기 때문에 다른 관점으로 그들의 세계를 보려고 한다. 즉 그들 자신의 사고로부터 어떤 수학적인 문제의 풀이를 보려고 하는데, 보존성에 관한 수학적 과제를 접근하는 아동들의 사고가 대표적이다. 어른들이 논리적일 것 같다고 생각하지만 아동들은 이를 무너뜨린다. 검토된 연구에서 우리는 보존성을 획득하지 못한 학생들도 논리적으로 불가능한 수학적 과제(어른들의 사고 관점)를 보존성 없이도 해결함으로써 보존성의 획득은 과제의 성취에 크게 영향을 주지 못한다는 것을 알 수 있다. 즉, 비보존자도 보존성이 논리적이면서 필수기 될 것같은 과제를 성공적으로 해결했다.

많은 연구자들이 아동들의 사고와 성인의 사고는 다르다는 것을 인식했지만, 구체적으로 연구화한 사람이 피아제이다. 피아제는 아동들이 문제를 풀 때, 그들의 대답을 듣고 이유를 묻는다든지, 문제에 대한 그들의 이해가 왜 그런지 이유를 알려고 하는 방법으로 면담을 진행시켰다. 피아제의 확신은 아동의 사고는 문제풀이 과제에서 그들이 하는 일을 관찰함으로써 명확하게 기술되어진다고 보았으며, 어른들의 논리적 분석으로는 아동의 사고를 예측할 수 없다고 보았다. 이러한 피아제의 관찰 방법은 초·중등학교의 수학과 교육과정에 담겨질 수학적 개념, 규칙, 절차를 구체화시키는 데 큰 역할을 했다.

수학을 가르치는 교사를 포함한 교육과정 전문가들은 이 개인 면담 방법을 활용하여 어떤 수학적 과제를 학생들이 어떻게 해결하는가를 관찰할 수 있다. 학생들의 해결과정에 질문이 주어질 수 있고, 그들의 사고 과정이 풀이 과정에서 관찰될 수 있으며, 답의 옳고 그름이 점검될 수 있다. 이 과정에서 관찰된 것은 의미있고 적절한 전략을 창안해 내어 교육과정에

반영시키기 위한 피드백 자료로 활용할 수 있다. 오류의 발견과 이것의 활용이 좋은 예이다.

2)수학적 개념과 기호에 알맞은 의미를 개발하기

Van Engen(1949)은 실생활의 경험을 수학적인 개념과 기호에 연결시키는 노력이 학습에 강조되어야 한다는 주장을 한 적이 있다, 지금도 이 가설은 변함없이 받아들여지고 있으며, 새삼스러운것은 이에 관련된 비형식적 지식의 종류와 두 지식 사이의 관계가 성공적이지 못할 때 오는 오류의 종류를 많이 알고 있지 못하다는 점이다. 다음에 소개되는 두 가지는 최근의 연구에 기반을 둔 것이지만, 초기의 Van Engen의 관점도 크게 수용한 것이다.

연산에 대한 초기의 지도. 초기의 수·연산에 관한 연구들은 한결같이 세기 과정(counting process)이 아동의 초기의 학습에서 중요한 몫을 차지하고 있다고 했다. 비록 모든 아동들의 자연적인 세기의 기술(counting skil)을 가지고 학교에 들어가지만, 그들 모두가 정교하고 발전된 세기를 사용하는 것이 아니다, 따라서 초등학교 1학년의 지도에서는 자연적인 세기를 발전된 세기로 연결시킬 수 있는 지도 전략, 교재 개발이 우선되어야 한다. 아동들은 주어진 수에서 앞으로 세어가기(7에서8, 9...), 뒤로 세기(counting back),그리고 덧셈·뺄셈을 하는 데 다양한 발견술을 사용하기 등과 같은 상황을 가져야 한다. 예를 들면 두 가지 발견술을 말해 보면 “10을 만들어가기” 또는 “2배로 만들어가기”등이며, 6+7=□에서(6+4)+3 또는 (6+6)+1이다.

특정한 전략을 곧 바로 지도하기보다는 대채될 만한 여러 가지 전략을 사용하는 것이 아동들에게 그들 자신의 풀이 과정을 개발하는데 도움을 준다. Resnick(1980)은 교실에서의 지도는 아동들이 자기에게 알맞은 전략을 개발하도록 초점을 맞추어야 한다고 말했으며, 몇몇 연구에서도 위의 관점을 뒷받침해 주었는데, 자연스러운 세기를 사용하는 아동은 만일 그들 스스로 문제를 잘 파악하고 옆에서 문제풀이를 위한 적절한 도움을 준다면 보다 발전된 세기전략을 창안해 낸다고 했다.(Groen, 1977), 따라서 교사(또는 주위에서 가르치는 사람)가 다양한 풀이 전략을 제공해 주고, 그것을 개발하도록 기회를 확대해 주면 아동들은 이러한 지도에서 적극적인 영향을 받는다는 것이다. 어떤 소재가 덧셈 ·뺄셈을 도입하는 데 가장 효과적인가?라는 연구에서는 문장제(verbal problem)가 적절한 것으로 판단되었다. 일반적으로 교사는 아동들이 문제를 풀기 전 계산 기능을 먼저 획득해야 한다는 가정을 가지고 지도에 임하고 있지만, 실제로 그들은 다양한 세기의 기술을 활용할 수 있다는 점이 발견되기 때문에, 사전 지식으로 계산 기능보다 학생들에게 덧셈·뺄셈의 의미에 적합한 문제 상황을 주는 것이 바람직하다. 많은 연구는 적합한 의미를 가지고 있는 문제 상황을 주는 데 있어 문장제의 이용을 권장하고 있다.

기호적 표현에 대한 초기의 지도. 많은 1학년 학생들이 문장제를 푸는 데 탁월한 능력을 가지고 있는 반면 기호적인 표현에서는 어려움을 느끼는 것으로 조사되었다. 즉 아동들이 문장제와 구체적 연산 상황에서 폭넓은 경험을 가질 때까지 형식적 기호화를 연기하는 것이 바람직하다는 것이다. 아동들은 문제를 푸는 데 비형식적인 상징 조작(산가지, 그림 등)을 행한다는 연구가 있는데(Allardice, 1977), 이러한 상징들은 5 - 3 = □와 같은 수식과 연산에 대한 직관적 이해 사이에 존재하는 어떤 것보다도 유용한 전이를 마련해 준다.

어쨌든 아동들이 맨 처음 산수에 관한 형식적 기호를 대할 때, 그들은 그 기호를 이해하는 데 어려움을 느끼게 된다. 따라서 이 기간 동안 교사가 해야 할 일은 아동이 가지고 있는 개념과 막 도입한 기호 사이의 연결을 유지시켜 주는 데 지도의 초점을 맞추어야 한다. 아동들의 문장제적 상황(verbal problem situation)이 이러한 연결을 잘 해줄 수 있으며, 많은 연구가 형식적 기호를 도입할 때 문장제적 상황을 도입하라고 권고하고 있다. 아동들은 문장제를 식으로 나타내는 연습은 물론 식을 문장제로 나타내는 연습을 많이 해야 한다.

또한, 기호의 개념을 표현하는 데 구체물을 이용할 수 있다. 한 가지 주의할 점은 아동들이 물리적 표현이 상징적 표현을 잘 연결시키게 하기 위해서 교사는 둘 사이의 자연스러운 연결이 이루어지도록 구체적 활동을 구조화해야 한다. 예를 들면 덧셈(예, 12+49)을 하기 위해 우리는 자리값을 나타내는 구체물을 이용하는데, 구체물 조작이 이루어진 다음에는 바로 아래에 기호와 식을 쓰는 행동이 이루어져야 한다. 이러한 행동은 단순히 정답을 얻는 데 사용 되는 것이 아니고, 대상에 대한 의미있는 행동과 관련된 기호 조작 사이의 연결을 구성하는 것이다.

5. 수학적 과제의 선택과 계열성

어떤 수학 내용을 선택하고, 그것을 계열화할 것인가? 하는 것이 수학과 교육과정에서 핵심적인 연구 문제이다. 적절한 수학 내용의 선택은 크게 연구되지 못했지만 심리학쪽의 제언을 들어 보면, Kohlbergan 와 Mager(1972)는 교육의 목적은 앞에서 제기한 인지 발달을 촉진시키는 데 맞추어야 하며, "피아제의 인지 발달의 4단계를 학생들이 잘 진행하도록 해야 한다"라고 말했다. 비슷한 이야기는 반힐도 하고 있는데, 기하적 추론 기능을 배우는데 그 목적을 두어야 한다고 했다. 그런데 이러한 가설을 배경으로 한 교육과정이 과연 현실성이 있느냐에 대해 수학자나 수학교육자들은 의견을 달리하고 있다. 그동안 우리는 좀 더 수학의 구조, 산업 사회의 발전과 교육정책적 영향에 의하여 수학 내용을 전통적으로 선택해 왔다. 따라서 인지 심리학자들의 기본 가정을 크게 고려하고 있지 않는 실정이다.

다음은 내용의 계열성 문제인데, 교육의 목표가 확정되면 이에 알맞은 수학적으로 의미있는 내용을 효과적으로 선정하는 방법이 있어야 한다. 이러한 일은 접근 방법, 정의, 사용되는 모델, 그리고 내용 계열을 포함하고 있다. 새수학운동의 시기에는 수학 내용의 논리적 구조에만 주요 관점을 두었으나, 그 후에는 수학을 배우는 학생들의 심리적 상태도 중요시해야 한다는 의견이 제기되었다.

1) 지도내용의 개념을 설계하는 일

기본적인 패러다임(paradigm)은 학생의 생각 속에서 자연스럽게 개념의 발달이 이루어지는가?와 이 자연스런 발달 과정을 교육과정의 구성에 반영시켜야 한다는 것이다. 이러한 주장의 배경에는 "기초적 수학 개념들은 여러 형태의 지도

방법과는 독립적으로 자연적인 발달 과정을 가지고 있다"는 기본 가정을 가지고 있다. 주의 깊은 관찰에 의하여 교육과정 설계자는 이 계열을 확인할 수 있으며, 학생들이 이미 알고 있는 지식에 바탕을 두면서 그 계열을 교육과정에 반영시킬 수 있다. 연구의 핵심은 이러한 접근 방법 중 가장 생산적인 것을 찾는 것이다.

이러한 패러다임을 활용하는 데 있어 주의할 점은 현행 학교에서 실시하고 있는 교육 프로그램과 독립적인 고유한 발달 과정을 확인할 수 있는가? 라는 문제이다. 만일 학생들의 개념 발달이 학교의 교육과정에 있는 발전 과정에 크게 벗어난다면 학생의 개념 발달의 모델은 학교의 것과 독립적일 것이며, 학생들의 개념 발달(개념의 이해 발달 순서)이 교육과정의 발전 과정과 평행하다면 두 효과를 분리할 수 없는 어려움이 있다. 그러나 이 고민은 심각한 것은 아니다. 왜냐하면, 서로 평행인 경우에는 교육과정의 설계에 문제가 없는 것이고, 두 개의 발달 과정이 크게 다를 때는 교육과정의 수정 작업이 필요한 것이다. 하지만 후자의 경우(수정의 경우)에는 현행 교육과정의 효과에 대한 매우 조심스러운 분석이 필요하다. 이러한 패러다임을 연구한 사람으로 Brainerd(1973, 1976, 1979)를 들 수 있는데, 그는 연구에 들어가기 전에 자연수의 개념은 논리적으로 순서수적인 관점으로 발달되든지 (Dedekind의 관점), 또는 집합수적인 관점으로 발달되든지 (Rusell, Whitehead의 관점) 둘 중의 하나일 것이라는 가설을 세웠다.

연구한 결과 순서수의 개념이 집합수의 개념에 앞서 발달되며, 이것은 사칙연산에 직결되는 초기의 개념으로 확인되었다. 따라서 이러한 결과를 바탕으로 그는 종래의 집합수 관점으로 된 교육과정을 수정해야 한다고 말했다. 그러나 그의 연구가 신뢰성이 있다고 해도 교육과정의 수정에 대한 그의 제언은 지나친 감이 있다. 왜냐하면, 그의 주장에는 순서수 개념의 엄격한 지도가 실험적으로 진행되지 못했고 지극히 제한된 표본으로 연구가 진행되어 그 결과가 검증되어야 하기 때문이다.

일부 연구자들 아동들이 어떤 수학적 과제의 획득과정에서 보인 명확하게 노출된 개념·과정·기능을 고려하여 교육과정을 설계하는 것이, 수학내용이 가지고 있는 논리적 발전을 고려한 교육과정의 설계보다는 보다 생산적이다는 의견을 가지고 있다. 이를테면, 초등학교 학생들의 덧셈·뺄셈의 프로그램을 대신해서 도입해 보자는 Steffe(1976)의 의견 등이 여기에 해당된다. 또 다른 연구를 분석해 보자는 것이다. 학생들의 성취 과정에서 보여진 심각한 오류나 교육과정은 그 결점을 보충해 주는 방향으로 설계되어야 한다는 것이다 (Gal'perin, 1969), Zykova(1969)의 연구는 위의 연구방법과는 또 다르게 진행되었는데, 여기서 그는 학생들에게 결핍된 기하적 과정의 기능(skills)을 찾아내고, 이를 보충하기 위한 특별한 지도를 설계하였다.

2) 인지발달 단계에 알맞은 지도

인지발달쪽에서 교육과정의 구성에 도움을 줄 수 있는 또 다른 것은 '수학 내용이 먼저 학생들에게 지도되어지는가?' 인데, 기본적인 문제는 개인의 인지 발달의 수준에 알맞게 지도 내용을 마련하는 일이다. 따라서 위에서 지도 내용의 개념을 만드는 일을 논의했다면, 여기서는 개인의 인지발달 단계에 알맞게 그 계열을 놓은 일을 논의하게 된다.

이러한 것을 기계적(mechanistic)인 관점으로 보면 선수 기능(prerequisite skills)의 위계를 확인하고, 학생들이 필수적인 선수 내용을 획득했는가를 점검하는 일이지만, 유기적(organismic) 관점으로 보면 인지발달 단계는 지도에 의해 병행할 수 없는 인지구조를 통합하는 기능이므로 단순히 선수 기능의 계열을 확인하고, 선수 내용을 숙달했는가를 점검하는 문제가 아니라는 것이다. 즉 지도 계열을 학생들의 인지발달 수준에 맞추는 것이지, 지도계열 속에 적당히 학생들을 맞추는 것이 아니라는 것이다. 두 이론에 대한 가장 민감한 차이는 기계적 관점은 정신 과정이 인지 발달 중에 변하지 않는 상태로 조작된다는 것이고, 유기적 관점은 각 발달 단계에서 수용되고 있는 학생들의 정신 과정이 단계별로 질적인 차이가 있다는 점이다. 기계적 접근에서는 모든 학습과 인지 발달은 부분으로 쪼개져서 지도에 들어오게 할 수 있다고 보지만, 유기적 접근에서는 기본적인 정신과정(예를 들면 보존성, 추이성)은 부분으로 쪼개질 수 없거나 지도에 귀속되지 않는 인지 기능(cognitive function)의 기초 수준이라는 것이다.

각 발달 단계는 어떤 학습 상황에 직면했을 때 학생들의 능력에 제한(limit)을 준다. 그러한 제한은 특별히 고안된 지도 (또는 훈련)에 의하여 서로 없어지지 않기 때문에, 교육과정의 설계는 각 단계가 가지고 있는 제한들을 확인하고, 이 제한에 알맞은 지도 과정을 일관성있게 고려해야 한다.

이러한 노력은 몇 가지 문제를 내포하게 되는데, 첫째는 각 인지 발달 단계를 세분화하는 일이고, 둘째는 각 수학적 내용에 대한 인지발달적인 요구 사항이 어떤 것인가를 확인하여 구체적인 수학 내용이 인지발달의 어느 단계와 짝지어질 수 있는지이며, 마지막으로 각 학생의 인지발달 수준에 알맞은 프로그램이 제공되었다는 것을 객관적으로 느낄 수 있는 문제는 각 인지발달 단계를 어떻게 신뢰성 있게 측정하느냐 하는 것이다.

9장

교육과정의 현안문제

1. 학교수학의 정책

1) 학교수학의 성격 및 목적

서부 유럽에서 일어났던 산업혁명 이후 각국의 역사와 문화에 알맞은 수학과 교육과정이 개발되었는데, 초기에는 앨리트(elite)교육으로 시작되었으나 지금은 학교의 표준과목으로 거의 모든 나라에서 수학을 중요과목으로 소개하고 있다. 그 이유로서는 수학이 학문 자체의 생존을 위한 방법으로 자리를 잡게 되었다고 하기보다는 수학이 산업 사회에서 고용, 경제 문제 및 민주시민으로 살아가는 방법으로 정의되었기 때문이다. 그럼에도 불구하고 수학 자체의 생존을 위해서 수학이 중등학교에 들어오는 경우가 많기 때문에, 각 나라에서는 국가가 필요로 하는 것을 수용할 수 있는 수학과 교육과정을 만들기 위하여 혁신적인 측정 방법을 구상하고 있다.

그러한 것 가운데 몇 가지 논의되고 있는 것을 살펴 본다.

(1)만인을 위한 수학

수학을 필수 과목으로 하여 모든 국민에게 일정한 기간 동안 학교교육을 통해 의무적으로 이수하도록 해야 할 것이가? 가 주된 관심사이다. 이에 대해서 몇 가지 가능성을 예측할 수 있다

만일 위의 질문에 '아니오'라고 답한다면, 수학을 모든 사람에게 제공하지 못하는 관계로 일부 엘리트층만이 수학을 하게 되고, 일반교육의 핵심 역할을 포기해야 한다. 또 수학시간이 중등학교에서 줄어드는 대신 물리, 기술교육, 경제 등이 그 자리를 메우게 될 것이다.

그러나 위의 질문에 동조를 하게 되면, 수학은 여전히 학교교육과정에서 중심적인 역할을 하게 될 뿐만 아니라. 동시에 초등수학과 중등수학의 질적인 차가 점점 벌어지는 문제도 생각해야 한다. 이러한 것을 극복하기 위한 몇 가지 대안을 제시할 수 있는데, 첫째 모든 사람에게 수학을 가르칠 수는 있지만 모두에게 이해될 수는 없다는 사실을 인정하는 선에서 교육과정을 만드는 일이고, 둘째는 학생들의 능력에 따라 세분화된 교육과정을 서로 다른 속도로 제공하면 될 것이다.

(2) 토속문화수학(ethnomathematics)

아동들이 학교에 들어올 때 그들은 많은 문화적 지역적 및 물리적 경험을 하고 들어온다.

이들 경험은 아동들이 정규학교에서 직면하게 되는 수학시간에 중요한 역할을 하게 되지만, 학교에서는 새롭게 계획

된(아동의 문화적 경험과는 동떨어진) 교육과정이 준비되어 있다. 이때 아동들은 새롭게 준비된 과정에 익숙하게 적응이 되며, 오직 그들이 알고 있는 것은 학교에서 시작되는 지식뿐이다라는 가정을 둔다. 이러한 현상에 대해 자기 문화에 알맞은 수학과 교육과정을 대면하게 하기 위하여 아동의 취학전 지식 및 경험을 반영시키자고 하는 견해가 있다. 여기서 학교교육과정에 이러한 아동의 토속문화수학에 관한 지식을 수용할 것인가 하는 질문이 제기 될 수 있다. 만일 우리가 긍정적으로 이 문제를 본다면 교사는 학생들의 심리학적 사회적 및 문화적 배경을 깊이 분석해야 할 것이고, 취학 전 수학과 교육과정이 융통성있게 구성이 되어, 구체적 수학의 내용 및 기능의 계열을 두지 말고 특정한 시간계획도 짜지 말아야 할 것이다.

아울러 새로운 교과서나 교자재를 이 교육과정에 맞게 개발해야하는 어려움도 뒤따른다.

아직 우리 나라 아동들의 문화적 사회적 및 심리적인 경험이 어떤 것인가 하는 것은 분석되어 있지 않은 상태이지만 분석 방법만 개발이 된다면 보다 우수한 교육과정이 나올 수도 있을 것이다.

(3) 수학 내용의 응용 문제

수학을 교육과정에 제공해야 한다는 주장은 두 가지 이유에서 출발했다.

하나는 인간의 사고 활동은 구조를 필요로 하는데, 학력중심의 교육과정이 이러한 필요를 충족시켜주는 역할을 하기 때문이며, 다른 하나는 학문 중심의 교육이 각 개인의 서로 다른 영역에서의 지식을 서로 연결시켜주어 창의성을 가질 수 있게 하기 때문이다.

그러나 경험에 의하면, 만인을 위한 수학에 알맞은 프로그램은 이 두가지를 수용할 수 없게 되어 새로운 질문-즉 학생들이 학교에서 배운 수학적 지식을 자신의 사회적 경험에 연결시키기위하여 교육과정을 어떻게 개발해야 할 것인가-에 직면하게 된다.

이 질문에 대한 긍정적 대안으로 다음 세 가지를 들 수 있다.

첫째는 기존의 학력 중심의 수학과 내용 계열에서 벗어나 수학의 서로 다른 내용끼리 연결성(개념의 통합)을 강조하고, 수학 이외의 다른 과제에 응용할 수 있는 문제를 자주 풀게 하는 것이다. 이러한 것의 장점은 수학의 내용이 보다 밀접한 상태로 외부 사건과 관련을 깊게 맺음으로써 의미있게 들려온다는 것이다. 그러나 교사에게는 수학 내용과 다른과목(물리, 화학, 생물, 통계,...)과의 연결을 강조해야 하므로 부담이 된다.

둘째는 교육과정 자체를 수학의 응용에 알맞게 재구조화하는 일이다.

이것의 장점-예를 들면 열린 교육(open-ended)의 관점에서 문제해결의 중심이 되고 수학의 효용성을 극대화할 수 있다-은 많으나, 수학이 응용의 도구로 쓰인다는 것이 약점이 되어 순수한 수학적 연습(추상화, 일반화 ,발견술의 연습)이 소홀히 되기 쉬워 교사에게 큰 부담으로 남겨진다. 위의 장단점에 대한 논의를 제쳐두고라도 사회에서는 수학의 응용성이 교육과정의 핵이 되어야 한다는 바램이 있다.

또 마지막 대안으로 ; 현재 학력 중심이 지향하는 많은 고급적인 수학 개념을 알고 머리에 저축하는 학습보다 수학적 과정을 중시하는 교육과정으로 재구성하는 것이다. 이것은 다음과 같은 두 가지 가정에서 출발한 전통적인 수학관을 재강조한 것에 불과하다

1. 수학은 지식의 더미로 쌓여 있고 수학교육자가 해야하는 일은 학생들의 미래를 위해 이들 중 적당한 내용을 알맞은 절차에 의해 선택 나열한다는 것이고,
2. 수학은 지식의 더미가 아니고 과정의 집합이며, 학교의 과제는 학생들이 수학화 하는 것을 배우도록 도와주어야 한다는 것이다.

컴퓨터가 생활필수품으로 된 사회에서는 비교하기, 분류하기, 순서 정하기, 추상화하기, 기호화하기, 일반화하기, ... 등을 수학화의 중요한 과정으로 본다 그런데 과정은 수학 내용의 도입 없이는 지도되어질 수 없기 때문에 각 과정에 알맞은 수학 내용의 선택은 필수적이다.

최근에 많은 수학교육자들 사이에는 교육과정이 수학의 과정을 강조해야 한다는 것에 동의하고 있다.

2) 교육과정의 설계

(1) 의무교육과정

많은 나라가 수학을 의무교육으로 강조하고 있다. 대표적인 몇 나라를 들어보면, 일본과 우리 나라는 물론 전통적으로 중등수학을 강조하고 있는 러시아와 동구권을 들 수 있

다. 영국의 경우에는 지금까지 제도적으로 의무교육을 실시하지는 않았지만 실질적으로 일정한 기간 동안 모든 학생이 수학을 선택하도록 배려했으며, 최근에는 정부에서 의무교육을 실시하려는 강한 의욕을 가지고 있다. 그러나 미국과 캐나다의 경우에는 사정이 약간 달라서 개인의 자유를 최대한 보장한다는 정신이 학교에도 그대로 받아들여지기 때문에 중등학교는 편차가 크다. 물론 초등학교는 의무교육이다. 수학의 응용성, 학문으로서 수학 자체의 강점, 다른 과목에 미치는 영향, 창의적인 훈련 소재, 추론의 힘을 키워주는 소재 등 수학이 가지고 있는 장점 때문에, 수학을 의무교육으로 모든 국민들에게 서비스 하는 문제는 수 세기 동안 논의된 바 있다. 여기에 어떤 사회적인 공감대가 생기기도 한다. 예를 들면 수학을 선택하지 않은 학생들은 직장생활에서 수학을 배운 학생보다 불리한 조건에 있을 수 있게 된다는 것이다. 따라서 학부형의 입장에서는 경쟁사회에 있는 자녀들에게 수학을 소홀히 하도록 내버려두지는 않는다.

이러한 점들을 좀 더 세분화해 보면 몇 가지 대안들을 제시할 수 있다.

첫째 중등교육에 수학을 의무교육화 한다면 수학교사의 수가 증가하고, 이들을 양성해야 하는 기관이 들어서야 하며, 학생 입장에서는 직장생활에 유용한 수학을 배우게 된다. 그러나 단일 교육과정이 가지는 폐단이 생기게 되고, 수학에 취약한 학생들의 문제가 대두된다.

둘째 중등교육에 수학을 의무교육화하지 않는다면, 수학교사의 수가 줄어들면서 교사들은 수학을 배우려고 하는 학생들에게만 지도를 할 수 있고. 동기유발이 지속되며, 학생들은 자기들이 좋아하는 (또는 성공적인) 과제에만 열중할 수 있다. 그러나 일부 학생들은 수학을 배우지 못하는 상태로 졸업하여 직장생활에서 불리한 조건에 처하게 되고, 교육과정에서 언제 수학을 선택하게 해야 할지에 대해 깊은 사고가 필요할 것이다.

어떤 정책이 받아들여지든지 간에 중등학교에서 수, 공간 및 그래프에 관한 소재는 지속적으로 교육되어져야 한다. 그러나 내용전개를 공리론적으로 구조화하는 것이 학생들에게 유리한지, 실생활에 유용한 관점으로 내용을 소개하는 것이 유리한지는 학생들의 수준에 의하여 많이 결정되기 때문에, 모든 수학을 모든 학생이 의무적으로 배워야 한다는 생각은 실현이 그리 쉽지 않다.

또 의무교육하에서 문제가 되는 것은 학생들의 성취도이다. 예를 들면 "6399보다 많은 수는?"에서 14살 먹은 학생이 대답하지 못하는 경우가 있는가 하면, 썩 잘 대답하는 7살 아이도 있어 7년의 차를 보이는 경우가 있다. 같은 교육과정을 배우는 학생들 간의 능력차는 크게 되어, 교사의 입장에서는 각 능력에 알맞은 프로그램을 제공해야 할 필요를 느낀다. 이러한 교육과정의 세분화는 여러 형태를 초래하게 되는데. 우선 정책적인 목적에서 학교의 특성을 강조한 학교 제도를 볼 수 있다. 전통적으로 수학적인 능력이 우수한 학생집단을 만들고 이들에게 좋은 교육환경과 제도를 마련하는 경우가 있다. 예를 들면 수학적 능력이 상위 수준인 학생들을 수용하여 학교의 특성을 만들어가는데, 예비 과학도를 길러 내어 미래의 국가와 사회에 적절한 인재를 제공하든지. 수학적인 능력이 덜 하지만 산업 사회에 알맞은 인력 공급을 위한 특수학교-예를 들면 실업계 학교, 직업학교 등-를 운영하는 경우가 그것이다. 이들의 교육과정 세분화를 보면, 특수한 학교 목적(예를 들면 공업계 고등학교)에 알맞은 교수 과목을 설정한다든지 일반 학생들의 교육과정을 보다 빨리 이수하게 하는 촉진 제도를 운영하는 경우를 볼 수 있다. 또 다른 방법의 세분화는 한 학교내에 이루어지는 경우인데, 조정(setting)과 스트리밍(streaming)을 구체화하는 것이다. 조정이라는 것은 한 교실 내에서 수학의 성취도에 따라 학생들을 소집단화 하는 경우이며, 스트리밍은 학생들의 일반적인 학력을 일정한 기준에 의하여 분류함으로써 집단화를 꾀하는 제도이다. 이들 교육과정의 세분화에서는 수학의 지도면에서 전통적인 혼합 교실의 것과 다르다. 교사는 집단 과제를 주어 해결하게 하는 방법을 쓰기도 하고, 개별화 프로그램을 만들어 제공하기도 한다.

어떤 경우든지간에 학생들의 능력, 학습 속도 및 학습 습관에 알맞게 수업이 진행된다.

개별학습을 강조하는 교실에서 수업을 진행하는 교사는 교육과정의 세분화를 만들어야 한다. 수학적 능력이 우수한 집단에게는 복합적인 어려운 문제를 주어야 하고, 그렇지 않은 집단에게는 질문을 줄이고 유의미한 설명을 통해 학습에 대한 신뢰를 늘리고 수학에 대한 적극적인 태도를 가지게 해야 한다. 실제로 교육과정의 세분화는 여러 형태로 나타내어진다. 우선, 수학의 내용에 따라 세분화하는 것을 들 수 있는데, 영국의 경우 16살 이후의 학생들에게 두 개의 시험을 제공하고 있다. 그 중 하나는 공통교육의 자격(GCE)이고, 다른 하나는 중등교육의 자격(CSE)이다. 이들을 학업 능력에 따라 적용하는 방법이 다르나, 최근의 사회 여론은 이들을 다시 하나로 통합하여 단일 수준의 국가시험제도를 가지도록 유도하고 있다. 또다른 방법은 한 교실에서 배우는 공통교육과정을 학습의 속도에 기준하여 세분화를 시도해 보는 것이다. 즉 학습 속도가 빠른 학생은 빨리 공통교육과정을 이수하게 하고, 속도가 느린 학생은 그것을 천천히 이수하게 하는 것이다. 일부 국가에서는 유급제를 적용하여 학습 속도를 조절하는 경우가 있고, 일부 국가에서는 유급제를 적용해 학습 속도를 조절하는 경우가 있고, 또 유급제를 두지 않아도 개별화 학습 자료(Wordcards, Worksheet, Topic Booklet)를 통해 속도를 조절한다. 보다 급진적인 방법으로는 수학적 능력이 다른 집단에 그들 특성에 알맞은 교과과정을 만들어주는 것이다. 이를 위해 수학 내용, 학습 속도, 수학의 과정 등이 배려된다.

(2)모듈 교육과정

고등학교에서 시도해 볼 수 있는 교육과정의 세분화 방법 중의 하나로 볼 수 있다.

공통과정에다 선택과정을 결합시킨 것으로, 고등학교 마지막 2년 동안 이것을 이용할 수 있다.(Fujita, 1985).여기서 공통과정은 몇 가지 다른 방법과 내용,길이로 제공될 수 있으며, 몇 가지 옵션(option)이 개별화된 교육자료-즉 교육공학적 접근 자료, 프로그램화된 자료 등-로 제공된다.

2. 학교수학의 내용

1) 내용의 선택

중등학교에서 선택해야 할 내용은 각 나라에서 시행하고 있는 교육정책에 많은 영향을 받고 있음에도 불고하고, 실제로 조사한 자료를 보면 그것들은 동질성을 가지고 있음을 알 수 있다. 국제수학연구회(SIMS)의 자료에 의하면, 25개국이 중학교 1학년(13살 정도)에서 선호하는 공통된 대수 내용으로 정수, 유리수, 지수법칙, 대수적 식, 일차방정식과 부등식, 관계와 함수, 유한 집합을 들었고, 별로 중요하지 않다고 생각하는 내용으로 평면 기하의 분류, 평면 기하의 성질, 합동과 닮음, 작도, 좌표 개념과 간단한 연역, 비형식적 변환 기하, 기하의 시각화, 변환 기하 등을 선택했고, 별로 중요하지 않다고 생각하는 내용으로 오진법, 이진법, 지수, 연립방정식, 실수, 프로그래밍, 선과면의 관계, 조합, 표본, 공간 사건, $P(A \cup B)$, $P(A \cap B)$, 독립 사건을 들었다. 일반적으로 각국에서 강조점이 다른 분야는 통계였으며, 특히 합의가 잘 안된 분야는 기하 영역이 있으며, 기하의 내용은 일정한 틀이 없이 가르쳐지고 있었다. 그러나 NSB(National Science Board, 1983)에서 K-8(나이 S-14)에 알맞은 내용으로 다음과 같은 것을 추천한 바 있고, 많은 나라는 이것을 표준으로 생각하고 있다.

(1)사칙 연산의 이해와 활용
(2)한 자리수를 이용한 수 감각 기르기

(3)개념의 이해 또는 종이와 연필로 하는 구태의연한 계산을 대신할 수 있는 계산기· 컴퓨터 활용

(4)비형식적인 암산에서 기능의 숙달과, 간단한 문제에서 정확한 답을 구한 다음 복잡한 문제에서 근사적인 답을 계산하기

(5)추정과 근사 과정에서 기능의 숙달

(6)문제해결의 능력의 개발, 시행착오 기능, 추측과 추정 기능

(7)초급통계, 확률의 이해

(8)자릿값, 소수, 퍼센트, 유효숫자 표시법의 이해

(9)수와 기하의 관계 이해

(10)분수, 분수의 비교, 분수를 소수로 전환하기의 이해

(11)직관적인 기하 개념의 이해

(12)집합의 개념을 이용하는 집합 언어의 사용 능력. 그러나 집합은 수학의 개념을 이해하는 데 이용되는 도구에 불과하며 매년마다 제 1장에 집합을 소개하는 것은 적합하지 않다.

(13)일차함수의 개념 이해

(14)대수적 기호의 활용 능력과 기법 개발(특히 중학교 1·2학년)

이러한 수학 내용은 현행 학교제도에 따라 약간의 변화를 주는데, 실제로 역사적으로 학교제도는 초급적인 직업학교와 대학 진학을 위한 학교로 나누어져 발전되어 왔다. 이들은 간단히 그림으로 나타내어 보면 다음과 같다.

초등학교는 산수에서 공식 등을 이용한 응용	—	직업훈련은 특수한 응용력과 테크닉 숙달

산수	중등수준	대학 수준
	초급 미적 ↖ ↑ ↗ 대수적 표현 (변수, 식, 함수) 삼각함수 해석 기하 ↗ ↑ ↖ 종합 키하	수학의 구조 과학·기술 분야에 수학적 방법 적용

그런데 1960년대에 들어서 새수학운동의 교육과정은 이것보다 더욱 순수수학적인 쪽으로 가까이 갔음을 느낄 수 있다.

초급 수준	중등수준	대학 수준
논리, 집합, 수 개념, 측점 공간 및 모양	선형대수기하 미적분 구조화 확률	현대 수학 과학과 기술 분야에 수학적 방법 응용

이들 내용은 이후 많은 수정 작업을 거치면서 완화된 구조로 들어 왔다. 즉 구조적이고 연역적인 증명(집합 관련 내용, 대수적 구조, 공리론적 접근)이 훨씬 약화되었으며 기하가 공리론적인 접근 없이 학교 수학에 도입되었다.

그러나 해석 기하, 확률 및 벡터는 오히려 새수학의 정신을 유지한 느낌이다. 실제로 국가 단위의 교육과정의 변천을 살펴보기 위한 느낌이다. 실제로 국가 단위의 교육과정의 변천을 살펴보기 위하여 15살 수준의 러시아의 교육과정을 조사해 보면 다음과 같다.

(1) 이차방정식, 부등식 및 연립방정식을 포함한 대수의 기초 내용을 숙달
(2) 일차 · 이차함수의 이해와 그들 그래프의 숙달
(3) 수열(등비, 등차)의 개념과 기본 성질의 습득
(4) 유리수의 지수의 숙달
(5) 로그의 성질 이해와 수표를 이용하여 로그 방정식과 부등식을 풀기
(6) 평면 기하, 삼각함수의 기능 숙달

이들 수학 내용과 앞에서 제시됐던 NSB의 수학 내용들은 앞으로 새로운 교육과정의 수정 및 개발에 방향을 제시해 준다. 즉 수학 내용의 선정에서 몇 가지 안을 만들 수 있게 해준다.

첫째는 교육과정을 세분화할 필요가 없이 우수 학생들이 성취할수 있는 수준까지를 모든 학생들에게 강조하는 것이다. 이 방법은 모든 학생들의 성취 수준을 높게 끌어올린다거나 평등한 기회를 준다는 장점은 있지만, 개념의 이해에 많은 약점이 있으며 교사의 많은 노력이 요구된다.

둘째는 교육과정을 세분화하는 것이다. 이 방법은 학생들이 성공할 수 있는 기회가 많아지고 동질 집단이 된다는 장점이 있으나, 교사의 급료가 차등화될 수밖에 없으며 학생들을 수준별로 분류하는 일이 어렵고, 학부형들의 불만이 문제가 될 수 있다.

2)수학교육과정의 구조화

1960년대에 유행하던 새수학운동의 교육과정은 어린 학생에게까지 구조화된 엄밀한 수학을 교육시키면 학생들은 보다 쉽게 현대수학을 받아들이고 활용할 수 있다는 가정하에서 시작되어졌다.

그러나 이 가정은 결과적으로 무리라는 것이 입증되었고, 여러 질문-구조화가 불가능한가?구조화는 가능하지만 교재의 준비 과정에서 명확한 교재가 개발되지 못했는가? 구조화는 가능한데 이것을 교육시킬때 학생들의 학습 속도를 고려하지 않았는가? 등과 같은 의문-이 제기되었다. 전체적인 의견은 구조화는 가능하지만 교재 개발의 어려움, 이것을 교육시키는 기술의 어려움 등으로 인하여 대수적 구조를 중심으로 한 학교수학이 실패한 것으로 모아졌다. 프로이덴탈(Freudenthal, 1983)도 교재 개발을 수학자들의 학습 관점에서만 맞추고 학생들의 학습 습관, 이해 패턴에 맞추지 않았다는 지적을 했다.

3)특별한 내용 이슈

종전의 교육과정에 새로운 사회적 · 학문적 요구를 수용하는 문제가 많이 거론되었는데, 주된 관심의 대상은 확률과 통계, 기하, 응용, 계산기 및 컴퓨터, 이산수학의 내용 등이었다.

확률 · 통계 확률은 통계보다 수학적인 사고의 훈련 측면 때문에 교육과정에서 강조된다. 이 두 교수요목이 교육과정에서 확고한 위치를 차지하고 있는 이유는 몇 가지가 있다.

Fujita(1985)는 수학교육의 목적은 수학적 언어(literacy)와 수학적 사고를 할 수 있는 능력을 이용하여 수학적 지능을 개발하는 데 있다고 말했으며, 후자가 전자보다 무척 도달하기 어려운 반면 우리가 보다 많은 관심을 가져야 할 분야로 생각했다.

서술적 통계(descriptive statistics)는 분명 수학적 언어의 영역에 들어오는 분야이며 학교에서는 생활을 이해하는 데 필요한 데이터 분석 등을 제공해 준다. 그래서 지리학과 같은 인접학문과 수학을 연결시켜주는 역할을 하지만, 수학적 사고를 증진시켜 주는 일은 크게 하지 못하는 약점이 있다. 그러나 확률은 단순히 동전을 던져 눈이 나오는 확률을 알아 보는 차원을 넘어 수학적 사고의 패턴을 제공한다는 데 의의가 크다. 따라서 확률은 수학적 사고를 신장시킨다는 면에서 통계보다 중등학교에서 그 역할이 자못 크다고 하겠다.

학문의 구조적 측면에서도 초급 확률은 서술적 통계와 공리론적 확률의 기초가 될 뿐 아니라, 수학적 사고의 출발점이기도 하다.

기하 중등학교의 수학 내용 중에서 기하만큼 많은 사람들로부터 연구 대상이 되는 경우는 드물다. 그것은 그만큼 기하가 중요한 영역이면서 교수요목을 정하기가 어려운 과목이기 때문이다. 지난 30년 동안 많은 전문가들은 다양한 보기와 해설 자료를 개발하였고, 최근에는 LOGO 등과 같은 소프트웨어가 개발됨에 따라 학생들의 기하적 실험의 기회는 크게 확대되었다. 아직 중등학교에서는 활용되지는 않지만 컴퓨터를 이용한 변환기하의 학습은 학생들에게 더 많은 실험기회를 제공하게 될 것이다. 이러한 노력에 힘입어 수학적 언어의 공간 영역이 쉽게 중등학교의 교육과정에 들어오게 되었다. 그러나 아직도 공간을 느끼기 위해 준비된 활동 또는 수학적이라기보다는 물리적 속성으로 인하여 기하 활동을 기하적 사고라는 측면으로 전환시키는 작업은 미약한 편이다. 일반 학생들이 이러한 변환을 이해하고 준비한다는 것은 기대하기 어려운 일이지만(물론 이러한 변환을 고려하지 않아도 현행 교육과정은 크게 손상을 받지 않는다). 일부 우수한 학생들은 자신들이 대수적 방법, 좌표 및 벡터 등을 도입하여 이 변환을 해결하려는 경향도 있다.

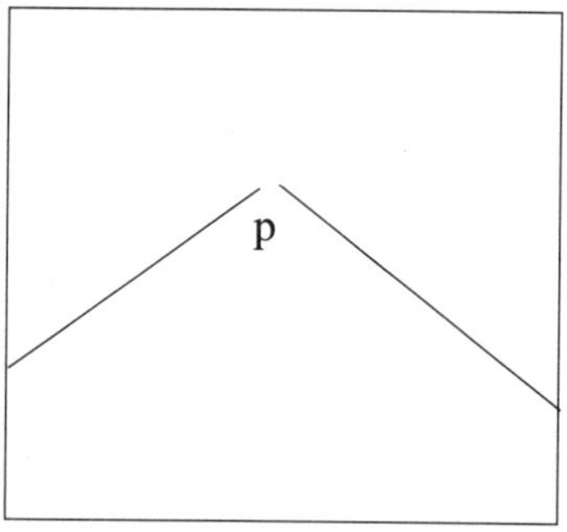

예를 들면 오른쪽 그림에서 점P가 정사각형 ABCD의 내부에 있는 임의의 점일 때, △BPC가 예각 삼각형이 될 확률을 구하는 문제에서 과거 60년대 학생들은 오직 기하적인 방법으로만 접근하려 했다면 오늘날 학생들은 대수적인 방법 등을 동원하여 이 문제를 풀려고 한다. 이러한 대수적 접근을 기하 문제의 풀이에 접목하려는 활동은 오래 전부터 있었다.

18세기에는 심슨(Simson)이 대수적 접근 방법에 대해 비판을 가한 적이 있었고(그런 방법은 의미없는 기계적 절차일 뿐이다). 19세기에는 유클리드 기하를 선호하는 사람들로부터 비슷한 비판이 있었다. 톰(Thom, 1973)은 "대수는 신텍스(syntax)에서는 풍부하지만 의미론(meaning)에서는 약하다. 그러나 기하는 그것의 역이 성립한다"라고 말했다. 이러한 현상으로 인하여 중등학교의 교사들은 신텍스가 풍부한 대수 쪽을 선호하여 시험문제를 자주 출제하고, 기하쪽은 소홀히 하게 되었다. 누구든지 기하쪽의 시험문제를 출제하는 것이 어렵다는 사실을 인정한다. 그 이유는 기하 영역이 의미론이 강한 영역이므로 단순 기능을 위한 문제이거나 난이도가 높은 문제의 양자택일의 경우를 강요하기 때문이다.

이러한 것을 종합해 보면, 교육과정의 설계에서 몇 가지 방법이 논의될 수 있다.

첫째는 기하를 교육과정의 한 줄기로 인정하지 않고 단순히 대수적 방법을 도입하기 위한 수단으로 약화시키는 것이다. 이러한 시각은 기하를 통해 학생들의 창의적인 사고와 상상력(imaginative thought)를 신장시키려는 의도를 좌절시키게 되므로 증명과 같은 중요한 프로그램이 크게 제약을 받게 된다.

둘째는 공리론적 기하(또는 준공리론적 기하)를 수정된 유클리드 기하 또는 변환 기하에 바탕을 두어 지도하는 일이다. 이 경우 일부의 학생들만이 수학적 사고의 의미를 경험하게된다.

셋째는 기하를 약화시켜 일부 국소적 연역 체계만 일반 교육과정에 도입한다. 이 경우 기하에 대한 교사의 시각이 약화되어 기하에 관한 단원을 빼고 다른 수학 내용을 강조 할 수 있다.

아직도 현행 교육과정에서는 기하의 교수요목은 실험중에

있다고 보아야 하며, 기하영역은 그만큼 교육과정의 한 부분을 차지하기에 어려움이 있다고 하겠다.

응용수학과 교육과정에서 순수수학을 강조해야 한다는 목소리(60년대 새수학운동)에 못지 않게 학교수학에서 응용을 가르쳐야 한다고 주장하는 사람도 있다. 어떤 사람은 수학 활동에서 소재가 약간 다를 뿐이기 때에 '응용'이라는 말 자체가 의미가 없다고 말한다. 그러나 골키퍼가 슈터와의 각도를 좁히기 위해서 어디에 서야 하는가? 또는 실내에 광고물을 부착할 때 입구에서 가장 잘 보이는 곳에 설치하려면 어디에 놓아야 하는가? 또는 실내에 광고물을 부착할 때 입구에서 가장 잘 보이는 곳에 설치하려면 어디에 놓아야 하는가? 등은 실제 생활에 관련된 수학을 활용하는 문제풀이가 되기 때문에, 수학의 응용은 학교수학에서 강조해야 하는 영역이다. 따라서 수학을 응용하는 방법을 가르친다는 것은 중등수학이 담당해야 할 큰 과제이므로 다음과 같은 몇가지 가능성을 생각해 볼 수 있다

첫째는 수학의 응용을 수학 수업 시간에 소개하는 것이다. 이럴 경우 학습에 대한 동기유발을 잘 되지만 많은 수학 내용을 배워야 한다.

둘째 수학의 응용을 다른 과목에서 하도록 하는 것이다. 결국 물리, 생물 , 화학,… 등의 과목과 수학을 합치는 경우가 되는데, 학생들의 수학적인 지식의 성숙을 고려해야 할 뿐만 아니라, 학습 속도 등 조정해야 할 사항이 많다.

두 가지 방법 이외에도 학교 단위로 각 과목을 연계시키는

프로젝트를 설정하고 수학의 응용을 그 속에서 하도록 하는 것을 생각 할 수 있지만, 이것은 현행 교육과정을 재조직해야 하는 문제점이 생긴다.

어쨌든 수학의 응용은 전통적인 수학의 교수-학습(기능과 테크닉의 획득)에서는 논의되지 않았던 부분이었지만, 수학의 과정을 강조하는 오늘날에는 적극적으로 소재 개발과 지도 방법을 논의해야 할 것이다. 왜냐하면 학생들로 하여금 다양한 수학적 문제에 접하게 하여 많은 수학적 활동을 경험하게 하는 것이 교육과정의 목표로 되어 있기 때문이다.

계산기 응용과 더불어 수학과 교육과정의 관심의 핵으로 나온 과제가 계산기의 활용과 마이크로컴퓨터의 역할 문제이다. 두 도구는 일부에서 반대가 있음에도 불구하고 현실적으로 학교수학에 도입되고 있다. 그만큼 우리의 일상 생활이 두 도구의 도움이 없이는 원만히 진행되기 어렵다는 이유도 있고, 수학의 지도에 있어서도 중요한 역할을 한다는 많은 연구 결과 때문이기도 하다. 그런데 마이크로 컴퓨터는 계산기의 약점을 보완해 주는 역할을 한다. 즉, 정보처리 과정의 힘이 계산기의 약점을 보완해 주는 역할을 한다. 즉, 정보처리 과정의 힘이 계산기와 비교할 수 없을 정도로 크다는 장점 때문에 수학의 개념 지도와 수학의 응용에 막대한 영향을 준다. 각국에서는 이들 도구에 대해 처음에는 계산기의 활용에 관심을 가졌다가 1970년대 후반부터는 곧 마이크로컴퓨터 쪽으로 관심이 집중되었는데, 이것은 계산기가 계산 활동에서 역할을 한 반면 마이크로컴퓨터는 수학적 사고의 구체적 실험이나 그 과정에 관련된 것과 관계가 있기 때문이었다. 하지만 계산기는 아동들로 하여금 수의 패턴을 창출하는데, 수의 성질을 탐구하는 데, 그리고 가설을 세우고 검증하는 데 이용될 수 있으며, 계산쪽에서도 추정(estimating)과 근사 계산(approximaion)의 기능을 익히는데 큰 역할을 한다. 또 통계의 지도, 수열과 급수의 지도, 지수의 성질, 확률과 조합 등에서도 계산기는 유용하게 쓰여질 수 있다.

컴퓨터 수학교육의 역사에서 지금처럼 컴퓨터의 활용이 수학 교육에 막대한 영향을 주는 경우는 없었다. 수학교육에 컴퓨터를 활용해야 하는 이유는 다음과 같이 요약될 수 있다.

1. 컴퓨터는 수학 자체나 수학자들의 작업에 막대한 영향을 주고 있고,
2. 광범위한 수학적 과제에 소프트웨어의 역할이 중대되므로 현행 교육과정을 다시 검증할 필요가 있으며,
2. 수학의 교수-학습에 컴퓨터는 많은 활용 가능성과 기회를 제공하기 때문이다.

구체적으로 컴퓨터의 실생활화는 교육과정의 상당한 부분을 더욱 강조하든지 없애든지 하도록 강요하고 있다. 이것을 요약해 보면,

첫째는 알고리즘 교육을 새로운 차원—서로 다른 알고리즘의 비교 등—으로 끌어올리고 있다.

둘째는 이산수학에 관련된 내용이다. 컴퓨터 자체는 이산

적인 기계이며, 수학에서도 이산적인 소재가 중요한 역할을 하기 때문에, 이들의 결합은 새로운 이산수학의 영역을 강조하고 있다. 예를 들면 부울 대수(Boolean algebra), 그래프 정리, 응용적인 소재, 차분 방정식(difference equation) , … 등은 최근 무척 강조되는 내용이다. 반면 전통적인 방법으로 접근하는 미적분은 많은 도전을 받고 있다.

셋째는 기호적 조작이다. 컴퓨터는 소프트웨어를 통해서 수학에서 다루는 많은 기호나 공식 등을 효과적으로 처리할 수 있다.

이러한 소재 이외에도 컴퓨터는 교실에서 교사의 교수자료 제공자로, 가정교사로, 완전학습의 도구로, 실험과 탐구를 제공해 주는 도구로 학생들에게 가까이 가고 있다.

그러나 주의해야 할 점은 컴퓨터가 교수-학습에 도입된다고 해서 수학의 궁극적인 목적이 변경되지는 않는다는 점이다. 또 하나 컴퓨터의 활용이 생활화되면서 미적분의 지도에 변화가 일어나고 있다는 점이다. 미분에서 그래픽 분야는 이미 많은 소프트웨어에 의하여 효과적으로 학생들에게 지도되고 있으며, 종전에는 학생들의 상상에 의존했던 과제들이 구체적으로 시각화할 수 있게 되었다. 이산수학의 과제들도 미적분과 결합되어 미적분의 내용을 더욱 의미 있게 하고 있기 때문에, 미적분에 대한 교육과정을 재편성하자는 이야기는 실감 있게 들린다.

또 컴퓨터는 수학의 이해를 증진시키는 데 큰 역할을 한다는 견해가 지배적이지만, 전통적으로 권장되어 온 수학 내용이 컴퓨터의 출현으로 삭제되는 경우가 있게 된다는 점이다.

이 부분은 쉬운 문제가 아니다. 또 컴퓨터의 출현으로 발견학습 및 탐구학습과 같은 과정 중심의 학습이 용이해진다는 사실이다. 사실 수학의 지도에서는 실험한다든지, 조사한다든지 하는 구체적 활동이 필요하지만 그동안 적절한 도구가 없어 교육과정에 이것을 도입하지 못했다. CAD, 스프레드시트 등이 실제 수업에 많은 도움을 줄 수 있을 것으로 생각된다.

교육과학기술부 고시 제2011-361호 [별책 8]

수학과 교육과정

교육과학기술부
MINISTRY OF EDUCATION, SCIENCE AND TECHNOLOGY

차 례

수학과 교육과정

[공통 교육과정]
1. 수학
[선택 교육과정]
〈기본 과목〉
1. 기초 수학
〈일반 과목〉
1. 수학 I
2. 수학 II
3. 확률과 통계
4. 미적분 I
5. 미적분 II
6. 기하와 벡터
〈심화 과목〉
1. 고급 수학 I
2. 고급 수학 II

[공통 교육과정]

1. 수학

1. 추구하는 인간상

우리나라의 교육은 홍익인간의 이념 아래 모든 국민으로 하여금 인격을 도야하고, 자주적 생활 능력과 민주 시민으로서 필요한 자질을 갖추게 하여 인간다운 삶을 영위하게 하고, 민주 국가의 발전과 인류 공영의 이상을 실현하는 데 이바지하게 함을 목적으로 하고 있다.

이러한 교육 이념을 바탕으로, 이 교육과정이 추구하는 인간상은 다음과 같다.

가. 전인적 성장의 기반 위에 개성의 발달과 진로를 개척하는 사람
나. 기초 능력의 바탕 위에 새로운 발상과 도전으로 창의성을 발휘하는 사람
다. 문화적 소양과 다원적 가치에 대한 이해를 바탕으로 품격 있는 삶을 영위하는 사람
라. 세계와 소통하는 시민으로서 배려와 나눔의 정신으로 공동체 발전에 참여하는 사람

2. 학교급별 교육목표

가. 초등학교 교육목표

초등학교의 교육은 학생의 학습과 일상생활에 필요한 기초 능력 배양과 기본 생활습관을 형성하는 데 중점을 둔다.

(1) 풍부한 학습 경험을 통해 몸과 마음이 건강하고 균형 있게 자랄 수 있도록 하며, 다양한 일의 세계에 대한 기초적인 이해를 한다.
(2) 학습과 생활에서 문제를 인식하고 해결하는 기초 능력을 기르고, 이를 새롭게 경험할 수 있는 상상력을 키운다.
(3) 우리 문화에 대해 이해하고, 문화를 향유하는 올바른 태도를 기른다.
(4) 자신의 경험과 생각을 다양하게 표현하며 타인과 공감하고 협동하는 태도를 기른다.

나. 중학교 교육목표

중학교의 교육은 초등학교 교육의 성과를 바탕으로, 학생의 학습과 일상생활에 필요한 기본능력을 배양하며, 다원적인 가치를 수용하고 존중하는 민주 시민의 자질 함양에 중점을 둔다.

(1) 심신의 건강하고 조화로운 발달을 추구하며, 다양한 분야의 경험과 지식을 익혀 적극적으로 진로를 탐색한다.
(2) 학습과 생활에 필요한 기초 능력과 문제 해결력을 바탕으로 창의적 사고력을 기른다.
(3) 자신을 둘러싼 세계에 대한 경험을 토대로 다양한 문화와 가치에 대한 이해를 넓힌다.
(4) 다양한 소통능력을 기르고 민주 시민으로서의 자질과 태도를 갖춘다.

3. 목표

수학과는 수학의 개념, 원리, 법칙을 이해하고 기능을 습득하여 주변의 여러 가지 현상을 수학적으로 관찰하고 해석하는 능력을 기르며, 수학적 문제 상황을 수리 · 논리적 사고를 통하여 합리적으로 해결하는 능력과 태도를 기르는 교과이다.

복잡하고 전문화되어가는 미래 사회에서 사회 구성원에게 필요한 핵심 역량은 창의적사고 능력, 문제 해결 능력, 정보처리 능력, 의사소통 능력 등으로, 이는 주로 수학적 추론, 수학적 문제 해결, 수학적 의사소통과 같은 수학적 과정의 교수 · 학습을 통하여 증진된다. 수학적 과정을 통해 길러진 핵심 역량은 타 교과의 성공적인 학습에 기반이 될 뿐 아니라, 나아가 개인의 전문적 능력의 증진과 창의 · 인성 중심의 21세기 지식 기반 사회의 민주 시민에게 필요한 소양과 경쟁력을 갖추는 데에도 토대가 된다.

한편, 학교 수학에서는 인지적 능력의 증진은 물론 수학에 대한 흥미와 호기심, 수학학습에 대한 자신감과 긍정적인 태도 등 정의적 영역의 개선과 더불어 상대방을 이해하고 배려하는 바람직한 인성을 길러야 한다. 수학은 개인차가 크게 나타나는 교과이므로 학생의 인지 발달 단계, 학습 수준, 학습 특성 등을 고려하여 적절한 교수 · 학습 방법을 적용해야 한다.

초등학교 수학은 '수와 연산', '도형', '측정', '규칙성', '확률과 통계'로 구성된다. '수와 연산' 영역에서는 자연수, 분수, 소수의 개념과 사칙계산을, '도형' 영역에서는 평면도형과 입체도형의 구성 요소, 개념, 간단한 성질 및 공간 감각을, '측정' 영역에서는 시간, 길이, 들이, 무게, 각도, 넓이, 부피의 측정 및 이의 활용을, '규칙성' 영역에서는 규칙 찾기, 비와 비례식, 정비례와 반비례를, '확률과 통계' 영역에서는 자료의 정리와 해석, 사건이 일어날 가능성을 다룬다.

중학교 수학은 '수와 연산', '문자와 식', '함수', '확률과 통계', '기하'로 구성된다. '수와 연산' 영역에서는 정수, 유리수, 실수의 개념과 사칙계산을, '문자와 식' 영역에서는 다항 식의 개념과 사칙계산, 일차방정식과 일차부등식, 연립일차방정식과 연립일차부등식, 이차방정식을, '함수' 영역에서는 함수의 개념, 일차함수와 그 그래프, 이차함수와 그 그래프를, '확률과 통계' 영역에서는 도수분포의 개념과 활용, 확률의 기본 성질, 대푯값과 산포도를, '기하' 영역에서는 기본 도형의 성질, 피타고라스 정리, 삼각비, 원의 성질과 활용을 다룬다.

수학 과목의 목표는 다음과 같다. 수학적 개념, 원리, 법칙을 이해하고, 수학적으로 사고하고 의사소통하는 능력을 길러, 여러 가지 현상과 문제를 수학적으로 고찰함으로써 합리적이고 창의적으로 해결하며, 수학 학습자로서 바람직한 인성과 태도를 기른다.

가. 생활 주변이나 사회 및 자연 현상을 수학적으로 관찰, 분석, 조직, 표현하는 경험을 통하여 수학의 기본적인 기능과 개념, 원리, 법칙과 이들 사이의 관계를 이해하는 능력을 기른다.

나. 수학적으로 사고하고 의사소통하는 능력을 길러, 생활 주변이나 사회 및 자연의 수학적 현상에서 파악된 문제를 합리적이고 창의적으로 해결하는 능력을 기른다.

다. 수학에 대하여 관심과 흥미를 가지고, 수학의 가치를 이해하며, 수학 학습자로서 바람직한 인성과 태도를 기른다.

4. 내용의 영역과 기준

가. 내용 체계

학교급 / 학년군 / 영역	초등학교		
	1~2학년군	3~4학년군	5~6학년군
수와 연산	· 네자리 이하의 수 · 두 자리 수의 덧셈과 뺄셈 · 곱셈	· 다섯 자리 이상의 수 · 세 자리 수의 덧셈과 뺄셈 · 곱셈 · 나눗셈 · 자연수의 혼합계산 · 분수 · 소수 · 분수와 소수의 덧셈과 뺄셈	· 약수와 배수 · 분수의 덧셈과 뺄셈 · 분수의 곱셈과 나눗셈 · 소수의 곱셈과 나눗셈 · 분수와 소수
도형	· 입체도형의 모형 · 평면도형의 모양 · 평면도형과 그 구성 요소	· 도형의 기초 · 평면도형의 이동 · 여러 가지 삼각형 · 여러 가지 사각형 · 다각형	· 합동과 대칭 · 직육면체와 정육면체 · 각기둥과 각뿔 · 원기둥과 원뿔 · 입체도형의 공간감각
측정	· 양의 비교 · 시각 읽기 · 시각과 시간 · 길이	· 시간 · 길이 · 들이 · 무게 · 각도 · 어림하기(반올림, 올림, 버림) · 수의 범위(이상, 이하, 초과, 미만)	· 평면도형의 둘레와 넓이 · 무게와 넓이의 여러 가지 단위 · 원주율과 원의 넓이 · 겉넓이와 부피
규칙성	· 규칙찾기	· 규칙찾기 · 규칙과 대응	· 비와 비율 · 비례식과 비례배분 · 정비례와 반비례
확률과 통계	· 분류하기 · 표 만들기 · 그래프 그리기	· 자료의 정리 · 막대그래프와 꺾은선그래프	· 가능성과 평균 · 자료의 표현 · 비율그래프(띠그래프, 원그래프)

학교급 / 학년군 / 영역	중학교		
	1~3학년군		
수와 연산	· 소인수분해 · 최대공약수, 최소공배수 · 정수와 유리수의 개념, 대소 관계, 사칙계산	· 순환소수 · 유리수와 소수의 관계	· 제곱근의 뜻과 성질 · 무리수 · 실수의 대소 관계 · 근호를 포함한 식이 사칙계산
문자와식	· 문자의 사용 · 식이 값 · 일차식의 덧셈과 뺄셈 · 일차방정식	· 지수법칙 · 다항식의 덧셈과 뺄셈 · 다항식의 곱셈과 곱셈공식 · 다항식의 나눗셈 · 등식의 변형 · 연립일차방정식 · 부등식의 성질과 일차부등식 · 연립일차부등식	· 인수분해 · 이차방정식
함수	· 함수의 개념 · 순서쌍과 좌표 · 함수의 그래프	· 일차함수의 의미와 그래프 · 일차함수의 활용 · 일차함수와 일차방정식의 관계	· 이차함수의 의미 · 이차함수의 그래프의 성질
확률과 통계	· 줄기와 잎 그림, 도수분포표, 히스토그램, 도수분포 다각형 · 도수분포표에서의 평균 · 상대도수의 분포	· 경우의 수 · 확률의 뜻과 기본 성질 · 확률의 계산	· 중앙값, 최빈값, 평균 · 분산, 표준편차
기하	· 점, 선, 면, 각 · 점, 직선, 평면 사이의 위치관계 · 평행선의 성질 · 삼각형의 작도 · 삼각형의 합동 조건 · 다각혀의 성질 · 부채꼴에서 중심각과 호의관계 · 부채꼴에서 호의 길이와 넓이 · 다면체, 회전체의 성질 · 입체도형의 겉넓이와 부피	· 이등변삼각형의 성질 · 삼각형의 외심, 내심 · 사각형의 성질 · 닮은 도형의 성질 · 삼각형의 닮음 조건 · 평행선 사이에 있는 선분의 길이 와 비 · 닮은 도형의 성질 활용	· 피타고라스 정리 · 삼각비 · 원의 현, 접선에 대한 성질 · 원주각의 성질

나. 학년군(학교급)별 성취 기준

[초등학교 1~2학년군]

(1) 네 자리 이하의 수의 범위에서 수 개념을 이해하고, 덧셈과 뺄셈의 의미와 계산 원리를 이해하고, 두 자리 수의 범위에서 덧셈과 뺄셈을 할 수 있으며, 곱셈의 의미를 이해하고 한 자리 수의 곱셈을 할 수 있다.

(2) 입체도형과 평면도형의 모양을 알고, 기본적인 평면도형을 직관적으로 이해하며, 그구성 요소를 찾을 수 있다.

(3) 양을 비교할 수 있고, 시각을 읽고 시간 단위 사이의 관계를 이해하며, 1㎝와 1m를 알고 길이를 어림하고 잴 수 있다.

(4) 물체, 무늬, 수의 배열에서 규칙을 찾고, 규칙에 따라 물체, 무늬, 수를 배열할 수 있다.

(5) 사물들을 기준에 따라 분류하고, 분류한 자료를 표와 그래프로 나타낼 수 있다.

(6) 실제로 해보기, 그림 그리기, 식 만들기, 규칙 찾기, 거꾸로 풀기 등의 문제 해결 전략으로 문제를 해결할 수 있다.

[초등학교 3~4학년군]

(1) 10000 이상의 큰 수를 이해하고, 자연수의 사칙계산 원리를 이해하고 그 계산을 할 수 있으며, 분수와 소수의 뜻을 알고 덧셈과 뺄셈을 할 수 있다.

(2) 직선, 선분, 반직선, 각, 수직과 평행을 이해하고, 평면도형의 이동을 이용하여 무늬를 꾸밀 수 있으며, 삼각형, 사각형, 원, 다각형, 정다각형을 이해한다.

(3) 초 단위까지 시각과 시간을 이해하고, 1㎜와 1㎞, 1L와 1mL, 1kg과 1g, 1도(°)를 알고 길이, 들이, 무게, 각도를 잴 수 있으며, 양에 대한 어림과 측정을 통해 양감을 기른다.

(4) 다양한 변화와 대응표에서 규칙을 찾아 설명하고 수나 식으로 표현할 수 있다.

(5) 자료를 수집하여 목적에 맞게 그림그래프, 막대그래프, 꺾은선그래프로 나타내고, 그래프의 특성을 비교할 수 있다.

(6) 표 만들기, 예상과 확인, 단순화하기, 논리적 추론 등의 문제 해결 전략으로 문제를해결하고, 문제 해결 과정을 설명할 수 있다.

[초등학교 5~6학년군]

(1) 약수와 배수를 이해하고, 분수와 소수의 관계 및 사칙계산 원리를 이해하고 그 계산을 할 수 있다.
(2) 도형의 합동과 대칭의 의미를 이해하고, 직육면체와 정육면체, 각기둥과 각뿔, 원기둥과 원뿔의 그 구성 요소와 성질을 이해하며, 쌓기나무 활동을 통해 공간감각을 기른다.
(3) 여러 가지 단위 및 원주율을 이해하고, 평면도형의 둘레와 넓이, 입체도형의 겉넓이와 부피를 이해하고 구할 수 있다.
(4) 비, 비율, 비례식, 비례배분, 정비례와 반비례 관계를 이해하고, 이를 활용할 수 있다.
(5) 사건이 일어날 가능성을 수로 표현하고, 평균의 의미를 알고 주어진 자료의 평균을 구하며, 자료를 비율그래프로 나타내고 활용할 수 있다.
(6) 여러 가지 문제 해결 전략을 비교하여 문제를 해결하고, 주어진 문제에서 필요 없는 정보나 부족한 정보를 찾을 수 있으며, 조건을 바꾸어 새로운 문제를 만들 수 있으며, 문제 해결 과정의 타당성을 검토할 수 있다.

[중학교 1~3학년군]

(1) 자연수, 정수, 유리수, 무리수, 실수를 이해하고 사칙계산을 할 수 있다.
(2) 다항식의 사칙계산을 하고 일차방정식, 일차부등식, 연립일차방정식, 연립일차부등식, 이차방정식을 풀 수 있다.
(3) 함수의 개념을 이해하고, 일차함수와 그 그래프의 성질, 이차함수와 그 그래프의 성질을 이해한다.
(4) 줄기와 잎 그림, 도수분포표, 히스토그램, 도수분포다각형, 상대도수를 이해하고, 확률을 계산하며, 대푯값과 산포도를 구할 수 있다.
(5) 기본도형, 다각형, 다면체, 회전체의 성질을 이해하고, 삼각형과 사각형의 성질을 이해하고 설명하며, 피타고라스 정리, 삼각비, 원의 성질을 이해한다.

다. 영역 성취 기준

[초등학교]

(가) 수와 연산

① 0과 네 자리 이하의 수, 10000 이상의 큰 수를 이해하고, 자연수의 사칙계산원리를 이해하고, 그 계산을 할 수 있다.
② 분수와 소수의 의미를 이해하고, 분수와 소수의 사칙계산 원리를 이해하여 그 계산을 할 수 있다.
③ 약수와 배수의 의미를 이해하고, 이를 활용할 수 있다.

(나) 도형
① 기본적인 입체도형의 모양과 평면도형의 모양을 찾을 수 있다.
② 주어진 도형으로 여러 가지 모양을 만들거나 쌓기나무를 이용하여 입체도형을 만드는 활동, 평면도형을 밀고 뒤집고 돌리는 활동을 통해 공간감각을 기른다.
③ 기본적인 평면도형과 구성 요소를 알고, 그 성질을 이해한다.
④ 기본적인 입체도형과 구성 요소를 알고, 그 성질을 이해한다.
⑤ 도형의 합동과 대칭의 의미를 이해하고, 그 성질을 이해한다.

(다) 측정
① 양의 크기를 비교하고, 시간, 길이, 들이, 무게, 각도를 알고 측정할 수 있다.
② 평면도형의 둘레와 넓이를 이해하고, 직사각형, 정사각형, 평행사변형, 삼각형, 사다리꼴, 마름모의 둘레와 넓이를 구할 수 있다.
③ 입체도형의 겉넓이와 부피를 이해하고, 직육면체와 정육면체의 겉넓이와 부피를 구할 수 있다.
④ 원주율을 알고 원의 넓이, 원기둥의 겉넓이와 부피를 구할 수 있다.
⑤ 양에 대한 어림과 측정을 통해 양감을 기른다.

(라) 규칙성
① 물체, 무늬, 수의 배열에서 규칙을 찾고, 규칙에 따라 물체, 무늬, 수를 배열할 수 있다.
② 다양한 변화 규칙과 대응표에서 대응 규칙을 찾아 설명하고 수나 식으로 표현할 수 있다.
③ 비, 비율, 비례식, 비례배분, 정비례와 반비례 관계를 이해하고, 이를 활용할 수 있다.

(마) 확률과 통계

① 사물들을 기준에 따라 분류할 수 있다.

② 자료를 목적에 맞게 표, 그림그래프, 막대그래프, 꺾은선그래프, 비율그래프로 나타내고, 그 특성을 비교할 수 있다.

③ 사건이 일어날 가능성을 수로 표현할 수 있다.

④ 평균의 의미를 이해하고, 주어진 자료의 평균을 구할 수 있으며, 이를 활용할 수 있다.

[중학교]

(가) 수와 연산

① 자연수를 소인수분해하고, 이를 이용하여 최대공약수와 최소공배수의 성질을 이해하고 활용할 수 있다.

② 정수와 유리수의 개념, 대소 관계, 사칙계산의 원리를 이해하고 그 계산을 할 수 있다.

③ 유리수와 순환소수의 관계를 이해한다.

④ 무리수의 개념, 실수의 대소 관계를 이해하고, 근호를 포함한 식의 사칙계산을 할 수 있다.

(나) 문자와 식

① 다양한 상황을 문자를 사용한 식으로 간단히 나타내고, 다항식의 사칙계산을 할 수 있다.

② 일차방정식, 일차부등식, 연립일차방정식, 연립일차부등식, 이차방정식을 풀고, 이를 활용하여 여러 가지 문제를 해결할 수 있다.

(다) 함수

① 함수의 개념을 이해하고, 함수를 그래프로 나타내며, 여러 가지 문제를 해결할 수 있다.

② 일차함수의 의미와 그 그래프의 성질을 이해하고, 여러 가지 문제를 해결할수 있다.

③ 이차함수의 의미와 그 그래프의 성질을 이해한다.

(라) 확률과 통계

① 줄기와 잎 그림, 도수분포표, 히스토그램, 도수분포다각형, 상대도수를 이해한다.

② 확률의 의미를 이해하고, 그 계산을 할 수 있다.

③ 중앙값, 최빈값, 평균, 분산, 표준편차의 의미를 이해하고, 이를 구할 수 있다.

(마) 기하

① 평면도형과 입체도형의 성질을 이해한다.

② 이등변삼각형의 성질, 삼각형의 외심과 내심의 성질, 사각형의 성질을 이해하고 설명할 수 있다.

③ 도형의 닮음의 성질을 이해하고, 이를 활용하여 여러 가지 문제를 해결할 수 있다.

④ 피타고라스 정리, 삼각비, 원의 성질을 이해하고, 이를 활용하여 여러 가지 문제를 해결할 수 있다.

라. 학습내용 성취 기준

[초등학교 1~2학년군]

㈎ 수와 연산

[1] 네 자리 이하의 수

① 0과 100까지의 수 개념을 이해하고, 수를 세고 읽고 쓸 수 있다.

② 일, 십, 백, 천의 자릿값과 위치적 기수법을 이해하고, 네 자리 이하의 수를 읽고 쓸 수 있다.

③ 네 자리 이하의 수의 범위에서 수의 계열을 이해하고, 수의 크기를 비교할 수 있다.

④ 하나의 수를 두 수로 분해하고 두 수를 하나의 수로 합성하는 활동을 통하여 수 감각을 기른다.

[2] 두 자리 수의 덧셈과 뺄셈

① 덧셈과 뺄셈이 이루어지는 실생활 상황을 통하여 덧셈과 뺄셈의 의미를 이해한다.

② 두 자리 수의 범위에서 덧셈과 뺄셈의 계산 원리를 이해하고 그 계산을 할 수 있다.

③ 덧셈과 뺄셈의 관계를 이해한다.

④ 두 자리 수의 범위에서 세 수의 덧셈과 뺄셈을 할 수 있다.

⑤ □가 사용된 덧셈식과 뺄셈식을 만들고, □의 값을 구할 수 있다.

⑥ 덧셈과 뺄셈에 관련된 실생활 문제를 만들고 해결할 수 있다.

[3] 곱셈

① 곱셈이 이루어지는 실생활 상황을 통하여 곱셈의 의미를 이해한다.

② 곱셈구구를 이해하고, 한 자리 수의 곱셈을 할 수 있다.

〈용어와 기호〉 덧셈, 뺄셈, 곱셈, 짝수, 홀수, +, -, ×, =, >, <

〈교수·학습상의 유의점〉

① 자연수가 개수, 순서, 이름 등을 나타내는 경우가 있음을 알고, 실생활에서 수가 쓰이는 사례를 통하여 수의 필요성을 인식하게 한다.

② 수 세기가 필요한 장면에서 묶어 세기, 뛰어 세기의 방법으로 수를 세어 보고, 실생활 장면에서 짝수와 홀수를 직관적으로 이해하게 한다.

③ 수를 분해하고 합성하는 활동은 20이하의 수의 범위에서 한다.

④ '더한다', '합한다', '~보다 ~ 큰 수', '~보다 ~작은 수', '뺀다', '덜어 낸다', '합', '차' 등의 일상적 용어를 사용하여 덧셈과 뺄셈의 개념에 친숙하게 한다.

⑤ 덧셈은 두 자리 수의 범위에서 다루되, 합이 세 자리가 되는 덧셈도 포함한다.

⑥ 덧셈과 뺄셈을 여러 가지 방법으로 암산하는 활동을 통하여 연산 감각을 기르게 한다.

⑦ 곱셈의 의미는 배의 개념과 같은 수 더하기를 통하여 다루고, 1의 곱과 0의곱은 실생활과 관련지어 다룬다.

⑧ 곱셈표에서 규칙을 찾고 설명해 보게 한다.

⑨ 수와 연산 영역의 문제 상황에 적합한 문제 해결 전략을 지도하여 문제 해결능력을 기르게 한다.

(나) 도형

[1] 입체도형의 모양

① 교실 및 생활 주변에서 여러 가지 물건을 관찰하여 직육면체, 원기둥, 구의 모양을 찾고, 그것들을 이용하여 여러 가지 모양을 만들 수 있다.

② 쌓기나무를 이용하여 여러 가지 입체도형의 모양을 만드는 활동을 통하여 입체도형에 대한 감각을 기른다.

[2] 평면도형의 모양

① 교실 및 생활 주변에서 여러 가지 물건을 관찰하여 사각형, 삼각형, 원의 모양을 찾고, 그것들을 이용하여 여러 가지 모양을 꾸밀 수 있다.

② 칠교판을 이용하여 여러 가지 모양을 자유롭게 꾸미거나 주어진 모양을 채우는 활동을 통하여 평면도형에 대한 감각을 기른다.

[3] 평면도형과 그 구성 요소

① 삼각형, 사각형, 원을 직관적으로 이해하고, 그 모양을 그릴 수 있다.

② 꼭짓점과 변을 알고 찾을 수 있다.

③ 삼각형, 사각형에서 각각의 공통점을 찾아 말하고, 이를 일반화하여 오각형, 육각형을 알고 구별할 수 있다.

〈용어와 기호〉 삼각형, 사각형, 원, 꼭짓점, 변, 오각형, 육각형

〈교수·학습상의 유의점〉

① 입체도형의 모양이나 평면도형의 모양을 다룰 때 모양의 특징을 직관적으로 파악함으로써 모양을 분류할 수 있게 한다. 이때 분류된 모양에 모양의 이름(상자 모양, 둥근기둥 모양, 공 모양, 네모, 세모, 동그라미 등)을 붙여 범주화 하지 않게 한다.

② 입체도형의 모양과 평면도형의 모양을 이용한 모양 만들기와 꾸미기의 주제는 학생들에게 친근한 소재인 동물, 탈 것, 건물 등으로 다양하게 제시한다.

③ 평면도형의 모양을 이용한 모양 꾸미기 활동에서는 스티커, 잡지에서 오려낸 모양 종이 등을 활용할 수 있게 한다.

④ 삼각형, 사각형, 원은 예인 것과 예가 아닌 것을 인식하고 분류하는 활동을 통하여 직관적으로 이해하게 한다.

⑤ 삼각형과 사각형에 대한 직관적 이해를 통해 도형의 이름과 변 또는 꼭짓점의 개수와의 관계를 파악하고, 그 관계를 일반화하여 오각형과 육각형을 구별하여 이름 지을 수 있게 한다.

⑥ 도형 영역의 문제 상황에 적합한 문제 해결 전략을 지도하여 문제 해결 능력을 기르게 한다.

㈐ 측정

1 양의 비교

① 구체물의 길이, 들이, 무게, 넓이를 비교하여 각각 '길다, 짧다', '많다, 적다', '무겁다, 가볍다', '넓다, 좁다' 등을 구별하여 말로 나타낼 수 있다.

2 시각 읽기

① 시계를 보고 시각을 '몇 시 몇 분'까지 읽을 수 있다.

3 시각과 시간

① 1시간은 60분임을 알고, 시간을 '시간', '분'으로 표현할 수 있다.

② 1분, 1시간, 1일, 1주일, 1개월, 1년 사이의 관계를 이해한다.

4 길이

① 여러 가지 임의 단위를 사용하여 구체물의 길이를 재어봄으로써 길이를 나타내는 표준 단위의 필요성을 인식하고, 1cm와 1m의 단위를 알며, 상황에 따라 적절한 단위를 사용하여 길이를 잴 수 있다.

② 1m가 100cm임을 알고, 길이를 단명수와 복명수로 표현할 수 있다.

③ 여러 가지 물건의 길이를 어림하여 보고, 길이에 대한 양감을 기른다.

④ 구체물의 길이를 재는 과정에서 자의 눈금과 일치하지 않는 길이의 측정값을 '약'으로 표현할 수 있다.

⑤ 실생활 문제 상황을 통하여 길이의 덧셈과 뺄셈을 이해한다.

〈용어와 기호〉 시, 분, 약, cm, m

〈교수·학습상의 유의점〉

① 양의 비교는 직관적인 비교, 직접 비교, 간접 비교 등을 상황에 따라 알맞게 다룬다.

② 시각 읽기는 학생의 경험을 소재로 하고, '몇 시', '몇 시 30분', '몇 시 몇 분' 등의 시각을 읽게 한다.

③ 시간의 여러 가지 단위를 지도할 때 단위 사이의 관계를 이해하는 데 중점을 두고, 지나친 단위 환산은 다루지 않는다.

④ 측정 영역의 문제 상황에 적합한 문제 해결 전략을 지도하여 문제 해결 능력을 기르게 한다.

㈑ 규칙성

1 규칙 찾기

① 물체, 무늬, 수의 배열에서 규칙을 찾아 여러 가지 방법으로 나타낼 수 있다.

② 자신이 정한 규칙에 따라 물체, 무늬, 수 등을 배열할 수 있다.

〈교수 · 학습상의 유의점〉

① 물체나 무늬의 배열에서는 그 크기, 위치, 방향, 색깔 등 단순한 규칙만을 다루고, 그 규칙을 말, 수, 그림, 기호, 구체물, 행동 등의 다양한 방법으로 표현 할 수 있게 한다.

② 수의 배열뿐만 아니라 수 배열표를 활용하여 수의 규칙을 찾고, 자신이 정한 규칙에 따라 색칠하거나 ○, / 등으로 나타낼 수 있게 한다.

③ 자신의 규칙을 창의적으로 만들어 보고, 다른 사람의 배열에서 규칙을 찾아보거나 규칙에 대해 서로 이야기할 수 있게 한다.

④ 규칙성 영역의 문제 상황에 적합한 문제 해결 전략을 지도하여 문제 해결 능력을 기르게 한다.

㈒ 확률과 통계

[1] 분류하기

① 교실 및 생활 주변에서 사물들을 정해진 기준 또는 자신이 정한 기준으로 분류하여 개수를 세어보고, 기준에 따른 결과를 이야기할 수 있다.

[2] 표 만들기

① 분류한 자료를 표로 나타내고, 표로 나타내면 편리한 점을 이야기할 수 있다.

[3] 그래프 그리기

① 분류한 자료를 ○, ×, / 등을 이용하여 그래프로 나타내고, 그래프로 나타내면 편리한 점을 이야기할 수 있다.

〈용어와 기호〉 표, 그래프

〈교수·학습상의 유의점〉

① 표 만들기와 그래프 그리기에서는 생활 주변에 있는 자료들을 활용하되, 그 기준이 분명하고 간단한 것을 활용한다.

② 확률과 통계 영역의 문제 상황에 적합한 문제 해결 전략을 지도하여 문제 해결 능력을 기르게 한다.

[초등학교 3~4학년군]

㈎ 수와 연산

1 다섯 자리 이상의 수

① 10000 이상의 큰 수에 대한 자릿값과 위치적 기수법을 이해하고, 수를 읽고 쓸 수 있다.

② 다섯 자리 이상의 수의 범위에서 수의 계열을 이해하고, 수의 크기를 비교할 수 있다.

2 세 자리 수의 덧셈과 뺄셈

① 세 자리 수의 덧셈과 뺄셈의 계산 원리를 이해하고 그 계산을 할 수 있다.

② 세 자리 수의 덧셈과 뺄셈에서 계산 결과를 어림할 수 있다.

③ 덧셈과 뺄셈에 관련된 실생활 문제를 만들고 해결할 수 있다.

3 곱셈

① 곱하는 수가 한 자리 수, 두 자리 수인 곱셈의 계산 원리를 이해하고 그 계산을 할 수 있다.

② 곱하는 수가 한 자리 수, 두 자리 수인 곱셈에서 계산 결과를 어림할 수 있다.

③ 곱셈과 관련된 실생활 문제를 만들고 해결할 수 있다.

4 나눗셈

① 나눗셈이 이루어지는 실생활 상황을 통하여 나눗셈의 의미를 이해한다.

② 한 가지 상황을 곱셈식과 나눗셈식으로 나타내는 활동을 통하여 곱셈과 나눗셈의 관계를 이해한다.

③ 나누는 수가 한 자리 수인 나눗셈의 계산 원리를 이해하고 그 계산을 할 수 있으며, 나눗셈에서 몫과 나머지를 안다.

④ 나누는 수가 두 자리 수인 나눗셈의 계산 원리를 이해하고 그 계산을 할 수 있다.

⑤ 나눗셈과 관련된 실생활 문제를 만들고 해결할 수 있다.

5 자연수의 혼합 계산

① 덧셈, 뺄셈, 곱셈, 나눗셈의 혼합 계산에서 계산하는 순서를 알고, 혼합 계산을 할 수 있다.

6 분수

① 양의 등분할을 통하여 분수를 이해하고 읽고 쓸 수 있다.

② 단위분수와 진분수의 의미를 알고, 그 관계를 이해한다.

③ 진분수, 가분수, 대분수를 알고, 그 관계를 이해한다.

④ 단위분수의 크기를 비교할 수 있다.

⑤ 분모가 같은 분수의 크기를 비교할 수 있다.

7 소수

① 분모가 10인 진분수를 통하여 소수 한 자리 수를 이해하고 읽고 쓸 수 있다.

② 자릿값의 원리를 바탕으로 소수 두 자리 수와 소수 세 자리 수를 이해하고 읽고 쓸 수 있다.

③ 소수의 크기를 비교할 수 있다.

8 분수와 소수의 덧셈과 뺄셈

① 분모가 같은 분수의 덧셈과 뺄셈의 계산 원리를 이해하고 그 계산을 할 수 있다.

② 소수 두 자리 수의 범위에서 소수의 덧셈과 뺄셈의 계산 원리를 이해하고 그 계산을 할 수 있다.

〈용어와 기호〉 자연수, 분수, 분자, 분모, 단위분수, 진분수, 가분 수, 대분수, 소수, 나눗셈, 몫, 나머지, 나누어떨어진다, 소수점(.), ÷

〈교수·학습상의 유의점〉

① 10000 이상의 큰 수가 쓰이는 경우를 찾고 큰 수와 관련하여 이야기하는 활동을 통하여 큰 수의 필요성을 인식하게 한다.

② 10000 이상의 큰 수를 비교하면서 수의 크기를 비교하는 방법을 찾아 설명하게 한다.

③ 덧셈은 세 자리 수의 범위에서 다루되, 합이 네 자리가 되는 덧셈도 포함한다.

④ 곱셈은 '(두 자리 수)×(한 자리 수)', '(세 자리 수)×(한 자리 수)', '(두 자리수)×(두 자리 수)', '(세 자리 수)×(두 자리 수)'를 포함한다.

⑤ 나눗셈에서 '(두 자리 수)÷(한 자리 수)'는 나누어 떨어지는 경우와 나누어 떨어지지 않는 경우를 포함하여 몫과 나머지를 이해하게 하고, '(두 자리수)÷(두 자리 수)', '(세 자리 수)÷(두 자리 수)'를 다룬다.

⑥ 덧셈, 뺄셈, 곱셈, 나눗셈을 하기 전에 계산 결과를 어림해 보고, 어림한 값을계산기를 사용하여 확인할 수 있게 한다.

⑦ 자연수의 혼합 계산은 계산 순서에 중점을 두고, 지나치게 복잡한 혼합 계산은 다루지 않는다.

⑧ 1보다 작은 양을 나타내는 경우를 통하여 분수의 필요성을 인식하게 하고,분수를 도입할 때 '분자', '분모'를 사용한다.

⑨ 소수의 덧셈과 뺄셈은 계산 원리를 이해할 수 있는 수준에서 간단히 다룬다.

- 16 -

⑩ 수와 연산 영역의 문제 상황에 적합한 문제 해결 전략을 지도하고, 문제 해결 과정을 설명하게 하여, 문제 해결 능력을 기르게 한다.

(나) 도형

[1] 도형의 기초

① 직선, 선분, 반직선을 알고 구별할 수 있다.

② 각과 직각을 이해하고, 직각과 비교하는 활동을 통해 예각과 둔각을 구별할 수 있다.

③ 교실 및 생활 주변에서 직각인 곳과 만나지 않는 직선을 찾는 활동을 통해 직선의 수직 관계와 평행 관계를 이해한다.

[2] 평면도형의 이동

① 구체물의 밀기, 뒤집기, 돌리기 활동을 통하여 그 변화를 이해한다.

② 평면도형의 이동을 이용하여 규칙적인 무늬를 꾸밀 수 있다.

[3] 원의 구성 요소

① 원의 중심, 반지름, 지름을 알고, 그 관계를 이해한다.

② 컴퍼스를 이용하여 여러 가지 크기의 원을 그려서 다양한 모양을 꾸밀 수 있다.

[4] 여러 가지 삼각형

① 여러 가지 모양의 삼각형에 대한 분류 활동을 통해 이등변삼각형, 정삼각형을 이름 짓고 이해한다.

② 여러 가지 모양의 삼각형에 대한 분류 활동을 통해 직각삼각형, 예각삼각형, 둔각삼각형을 이름 짓고 이해한다.

[5] 여러 가지 사각형

① 여러 가지 모양의 사각형에 대한 분류 활동을 통해 직사각형, 정사각형, 사다리꼴, 평행사변형, 마름모를 이름 짓고 이해한다.

② 여러 가지 사각형의 성질을 이해한다.

[6] 다각형

① 다각형, 정다각형과 대각선의 뜻을 안다.

② 주어진 도형으로 여러 가지 모양을 만들 수 있다.

③ 주어진 도형을 여러 가지 모양으로 덮을 수 있다.

〈용어와 기호〉 직선, 선분, 반직선, 각, (각의) 꼭짓점, (각의) 변, 직각, 예각, 둔각, 수직, 수선, 평행, 평행선, 원의 중심, 반지름, 지름, 이등변삼각형, 정삼각형, 예각삼각형, 둔각삼각형,

직사각형, 정사각형, 사다리꼴, 평행사변형, 마름모, 다각형, 정다각형, 대각선

〈교수·학습상의 유의점〉

① 구체적인 사례나 활동을 통해 각을 도입하게 하고, 각의 변이 반직선임을 알게 한다.

② 실생활에서 평면도형의 이동을 활용한 사례를 찾아서 이동에 따른 변화를 확인하고 설명하게 한다.

③ 평면도형의 이동을 활용하여 자신만의 규칙적인 무늬를 만들고, 다른 사람이 만든 무늬에서 규칙을 찾아 설명하게 한다.

④ 여러 가지 사각형의 성질은 구체적인 조작 활동을 통해 간단한 것만 다루고, 여러 가지 사각형 사이의 관계는 다루지 않는다.

⑤ 도형 영역의 문제 상황에 적합한 문제 해결 전략을 지도하고, 문제 해결 과정을 설명하게 하여, 문제 해결 능력을 기르게 한다.

(다) 측정

1 시간

① 구체적인 상황에서 시각과 시간의 의미를 이해하고, 이를 구별하여 실생활에 서 사용할 수 있다.

② 1분은 60초임을 알고, 초 단위까지 시각을 읽을 수 있다.

③ 초 단위까지의 시간의 덧셈과 뺄셈을 할 수 있다.

2 길이

① 길이를 나타내는 새로운 단위의 필요성을 인식하여 1㎜와 1㎞의 단위를 알고, 이를 이용하여 길이를 측정할 수 있다.

② 1㎝와 1㎜, 1㎞와 1m의 관계를 이해하고, 길이를 단명수와 복명수로 표현할 수 있다.

③ 물건의 길이나 거리를 어림하고 직접 재어보는 활동을 통해 길이에 대한 양감을 기른다.

3 들이

① 들이를 나타내는 표준 단위의 필요성을 인식하여 1L와 1mL의 단위를 알고, 이를 이용하여 들이를 측정할 수 있다.

② 1L와 1mL의 관계를 이해하고, 들이를 단명수와 복명수로 표현할 수 있다.

③ 여러 가지 그릇의 들이를 어림하고 직접 재어보는 활동을 통해 들이에 대한양감을 기른다.

④ 실생활 문제 상황을 통하여 들이의 덧셈과 뺄셈을 이해한다.

[4] 무게

① 무게를 나타내는 표준 단위의 필요성을 인식하여 1g과 1kg의 단위를 알고, 이를 이용하여 무게를 측정할 수 있다.

② 1kg과 1g의 관계를 이해하고, 무게를 단명수와 복명수로 표현할 수 있다.

③ 여러 가지 물체의 무게를 어림하고 직접 재어보는 활동을 통해 무게에 대한 양감을 기른다.

④ 실생활 문제 상황을 통하여 무게의 덧셈과 뺄셈을 이해한다.

[5] 각도

① 각의 크기의 단위인 1도(°)를 알고, 각도기를 이용하여 각의 크기를 측정할 수 있다.

② 주어진 각도와 크기가 같은 각을 그릴 수 있다.

③ 여러 가지 각도를 어림하고 직접 재어보는 활동을 통해 각도에 대한 양감을 기른다.

④ 여러 가지 방법으로 삼각형과 사각형의 내각의 크기의 합을 추론하고, 자신의 추론 과정을 설명할 수 있다.

[6] 어림하기

① 실생활 장면에서 이상, 이하, 초과, 미만의 쓰임과 의미를 알고, 이를 활용하여 수의 범위를 나타낼 수 있다.

② 어림값을 구하기 위한 방법으로 반올림, 올림, 버림의 의미와 필요성을 알고, 이를 실생활에 활용할 수 있다.

〈용어와 기호〉 초, 이상, 이하, 초과, 미만, 반올림, 올림, 버림, 도(°), ㎜, ㎞, L, mL, g, kg,

〈교수·학습상의 유의점〉

① 시각과 시간의 의미는 구체적인 상황 속에서 구별하게 하고, 시각을 엄밀하게 정의하지 않는다.

② 시간, 길이, 들이, 무게의 단위를 지도할 때 단위 사이의 관계를 이해하는데 중점을 두고, 지나친 단위 환산은 다루지 않는다.

③ 측정 영역의 문제 상황에 적합한 문제 해결 전략을 지도하고, 문제 해결 과정을 설명하게 하여, 문제 해결 능력을 기르게 한다.

㈑ 규칙성

1규칙 찾기

① 다양한 변화 규칙을 찾아 설명하고, 그 규칙을 수나 식으로 나타낼 수 있다.

② 규칙적인 계산식의 배열에서 계산 결과의 규칙을 찾고, 계산 결과를 추측할 수 있다.

2 규칙과 대응

① 규칙 알아맞히기 놀이를 통하여 상대방이 정한 규칙을 추측하고 확인할 수 있다.

② 한 양이 변할 때 다른 양이 그에 종속하여 변하는 대응 관계를 나타낸 표에서 규칙을 찾아 설명하고, □, △를 사용하여 식으로 나타낼 수 있다.

〈교수·학습상의 유의점〉

① 규칙적인 계산식의 배열에서 계산 결과의 규칙을 찾는 활동을 할 때 계산기를 활용할 수 있게 한다.

② 두 양의 종속적인 대응 관계는 덧셈식, 뺄셈식, 곱셈식, 나눗셈식 중 하나로 표현되는 간단한 경우만 다룬다.

③ 규칙성 영역에 적합한 문제 해결 전략을 지도하고, 문제 해결 과정을 설명하게 하여, 문제 해결 능력을 기르게 한다.

㈒ 확률과 통계

1 자료의 정리

① 실생활 자료를 수집, 분류, 정리하여 간단한 그림그래프로 나타내고, 표나 그래프가 자료의 특성을 알아보는 데 편리함을 알 수 있다.

2 막대그래프와 꺾은선그래프

① 실생활 자료를 수집하여 막대그래프로 나타낼 수 있다.

② 연속적인 변량에 대한 자료를 수집하여 꺾은선그래프로 나타낼 수 있다.

③ 여러 가지 자료를 찾아 목적에 맞는 그래프로 나타내고, 막대그래프와 꺾은 선그래프의 특성을 비교할 수 있다.

〈용어와 기호〉 그림그래프, 막대그래프, 꺾은선그래프

〈교수·학습상의 유의점〉

- 20 -

⑪ 확률과 통계 영역의 문제 상황에 적합한 문제 해결 전략을 지도하고, 문제해결 과정을 설명하게 하여, 문제 해결 능력을 기르게 한다.

[초등학교 5～6학년군]

㈎ 수와 연산

[1] 약수와 배수

① 약수, 공약수, 최대공약수의 의미를 알고 구할 수 있다.
② 배수, 공배수, 최소공배수의 의미를 알고 구할 수 있다.
③ 약수와 배수의 관계를 이해한다.
④ 약수와 배수에 관련된 실생활 문제를 해결하고, 그 해결 과정을 설명할 수 있다.

[2] 분수의 덧셈과 뺄셈

① 분수의 성질을 이용하여 크기가 같은 분수를 만들 수 있다.
② 분수를 약분, 통분할 수 있다.
③ 분모가 다른 분수의 크기를 비교할 수 있다.
④ 분모가 다른 분수의 덧셈과 뺄셈의 계산 원리를 이해하고 그 계산을 할 수 있다.

[3] 분수의 곱셈과 나눗셈

① 분수의 곱셈의 계산 원리를 이해하고 그 계산을 할 수 있다.
② '(자연수)÷(자연수)'에서 나눗셈의 몫을 분수로 나타낼 수 있다.
③ 분수의 나눗셈의 계산 원리를 이해하고 그 계산을 할 수 있다.

[4] 소수의 곱셈과 나눗셈

① 소수의 곱셈의 계산 원리를 이해한다.
② '(자연수)÷(자연수)', '(소수)÷(자연수)'에서 나눗셈의 몫을 소수로 나타낼 수 있다.
③ 나누는 수가 소수인 나눗셈의 계산 원리를 이해한다.
④ 소수의 곱셈과 나눗셈의 계산 결과를 어림할 수 있다.

[5] 분수와 소수

① 분수와 소수의 관계를 이해하고, 분수를 소수로, 소수를 분수로 나타낼 수 있다.
② 분수와 소수의 크기를 비교할 수 있다.
③ 간단한 분수와 소수의 혼합 계산을 할 수 있다.

〈**용어와 기호**〉 약수, 배수, 공약수, 최대공약수, 공배수, 최소공배수, 약분, 통분, 기약분수

〈**교수·학습상의 유의점**〉

① 약수와 배수는 실생활에서 활용되는 경우를 찾아 자연수 범위에서 다룬다.

② 최대공약수와 최소공배수는 두 수에 대해서 구하게 한다.

③ 분모가 다른 분수의 크기 비교에서 수 감각을 이용하여 추론하고 토론하는 활동을 하게 한다.

④ 소수의 곱셈과 나눗셈은 계산 원리를 이해할 수 있는 수준에서 간단히 다룬다.

⑤ 소수의 곱셈과 나눗셈에서 복잡한 계산은 계산기를 사용하게 한다.

⑥ 분수의 나눗셈은 '(분수)÷(자연수)', '(분수)÷(분수)', '(자연수)÷(분수)'를 다룬다.

⑦ 분수와 소수의 혼합 계산은 자연수의 혼합 계산 원리를 통하여 이해할 수 있게 하고 지나친 계산 연습이나 복잡한 계산은 다루지 않는다.

⑧ 수와 연산 영역의 문제 상황에서 문제 해결 전략 비교하기, 주어진 문제에서 필요 없는 정보나 부족한 정보 찾기, 조건을 바꾸어 새로운 문제 만들기, 문제 해결 과정의 타당성 검토하기 등을 통해 문제 해결 능력을 기르게 한다.

㈏ 도형

[1] 합동과 대칭

① 구체적인 조작 활동을 통해 도형의 합동의 의미를 알고, 합동인 도형을 찾을 수 있다.

② 합동인 두 도형에서 대응점, 대응변, 대응각을 각각 찾고, 그 성질을 이해한다.

③ 선대칭도형과 점대칭도형의 의미를 알고 그릴 수 있다.

[2] 직육면체와 정육면체

① 직육면체와 정육면체를 알고, 구성 요소와 성질을 이해한다.

② 직육면체와 정육면체의 전개도와 겨냥도를 그릴 수 있다.

[3] 각기둥과 각뿔

① 각기둥과 각뿔을 알고, 구성 요소와 성질을 이해한다.

② 각기둥의 전개도를 그릴 수 있다.

[4] 원기둥과 원뿔

① 원기둥, 원뿔, 구와 그 구성 요소를 알고, 그 성질을 이해한다.

② 원기둥의 전개도를 이해한다.

5 입체도형의 공간감각

① 쌓기나무로 만든 입체도형을 보고 사용된 쌓기나무의 개수를 구할 수 있다.

② 쌓기나무로 만든 입체도형의 위, 앞, 옆에서 본 모양을 표현할 수 있다.

③ 쌓기나무로 만든 입체도형의 위, 앞, 옆에서 본 모양을 표현한 것으로부터 입체도형의 모양을 알 수 있다.

〈용어와 기호〉 합동, 대칭, 대응점, 대응변, 대응각, 선대칭도형, 점대칭도형, 대칭축, 대칭의 중심, 직육면체, 정육면체, 면, 모서리, 밑면, 옆면, 겨냥도, 전개도, 각기둥, 각뿔, 원기둥, 원뿔, 구, 모선

〈교수·학습상의 유의점〉

① 실생활에서 같은 무늬 찾기, 종이 겹쳐 오리기, 도장 찍기, 데칼코마니 등 구체적인 조작 활동을 통하여 도형의 합동의 뜻을 알게 한다.

② 실생활에서 선대칭도형과 점대칭도형의 예를 찾아 설명하게 한다.

③ 선대칭도형과 점대칭도형의 성질을 이용하여 각 도형의 나머지 부분을 그릴 수 있게 한다.

④ 직육면체의 전개도에서 수직인 면과 수평인 면을 찾게 하여 전개도로부터 입체도형을 상상할 수 있게 한다.

⑤ 직육면체의 겨냥도를 그리면서 직선의 평행과 수직 관계를 확인하게 한다.

⑥ 각기둥의 전개도는 간단한 형태만 다루고, 각뿔과 원뿔의 전개도는 다루지 않는다.

⑦ 직사각형, 직각삼각형, 반원을 한 직선을 중심으로 돌리는 활동을 통하여 원기둥, 원뿔, 구를 만들어 보게 한다.

⑧ 도형 영역의 문제 상황에서 문제 해결 전략 비교하기, 주어진 문제에서 필요 없는 정보나 부족한 정보 찾기, 조건을 바꾸어 새로운 문제 만들기, 문제 해결 과정의 타당성 검토하기 등을 통해 문제 해결 능력을 기르게 한다.

㈐ 측정

1 평면도형의 둘레와 넓이

① 간단한 평면도형의 둘레를 재어보는 활동을 바탕으로 둘레를 이해하고, 기본적인 평면도형의 둘레의 길이를 구할 수 있다.

② 넓이를 이해하고, 1㎠와 1㎡의 단위를 알며, 그 관계를 이해한다.

③ 직사각형의 넓이를 구하는 방법을 이해하고, 이를 바탕으로 직사각형과 정사각형의 넓이를 구할 수 있다.

④ 평행사변형, 삼각형, 사다리꼴, 마름모의 넓이를 구하는 방법을 다양하게 추론하고, 이와 관련된 문제를 해결할 수 있다.

2 여러 가지 단위

① 실생활에서 무게를 나타내는 새로운 단위의 필요성을 인식하여 1t을 알고, 무게 단위 사이의 관계를 이해한다.

② 실생활에서 넓이를 나타내는 새로운 단위의 필요성을 인식하여 km^2, 1a, 1ha를 알고, 그 관계를 이해한다.

3 원주율과 원의 넓이

① 여러 가지 둥근 물체의 원주와 지름을 측정하는 활동을 통해 원주율을 이해한다.

② 원주와 원의 넓이를 구하는 방법을 이해하고, 이를 구할 수 있다.

4 겉넓이와 부피

① 직육면체와 정육면체, 원기둥의 겉넓이를 구하는 방법을 이해하고, 이를 구할 수 있다.

② 부피를 이해하고, $1cm^3$, $1m^3$의 단위를 알며, 그 관계를 이해한다.

③ 직육면체와 정육면체, 원기둥의 부피를 구하는 방법을 이해하고, 이를 구할 수 있다.

〈용어와 기호〉 가로, 세로, 밑변, 높이, 원주, 원주율, cm^2, m^2, km^2, t, a, ha, cm^3, m^3

〈교수·학습상의 유의점〉

① 삼각형의 넓이는 높이가 삼각형의 내부, 외부에 있는 것을 모두 다룬다.

② 넓이 단위 지도 시 복잡한 단위의 환산은 다루지 않는다.

③ 겉넓이와 부피를 구하는 방법에 대하여 다양한 추론을 하고, 자신의 추론 과정을 다른 사람에게 설명할 수 있게 한다.

④ 측정에 관련된 활동이나 원의 넓이, 겉넓이, 부피 등을 구할 때 복잡한 계산은 계산기를 사용하게 한다.

⑤ 측정 영역의 문제 상황에서 문제 해결 전략 비교하기, 주어진 문제에서 필요없는 정보나 부족한 정보 찾기, 조건을 바꾸어 새로운 문제 만들기, 문제 해결 과정의 타당성 검토하기 등을 통해 문제 해결 능력을 기르게 한다.

㈑ 규칙성

1 비와 비율

① 두 양의 크기를 비교하는 상황을 통해 비의 개념을 이해하고, 그 관계를 비로 나타낼 수 있다.

② 비율을 이해하고, 비율을 분수, 소수, 백분율로 나타낼 수 있다.

2 비례식과 비례배분

① 비례식의 뜻을 알고, 그 성질을 이해하며, 이를 활용하여 간단한 비례식을 풀 수 있다.

② 비례배분의 뜻을 알고, 주어진 양을 비례배분 할 수 있다.

3 정비례와 반비례

① 두 수 사이의 대응 관계를 x와 y를 사용하여 식으로 나타낼 수 있다.

② 정비례와 반비례 관계를 이해하고, 그 관계를 표나 식으로 나타낼 수 있다.

③ 실생활에서 정비례와 반비례 관계의 예를 찾고, 이와 관련된 간단한 문제를 해결할 수 있다.

〈용어와 기호〉 비, 기준량, 비교하는 양, 비율, 백분율, 비례식, 비례배분, 정비례, 반비례, 비례상수, :, %

〈교수·학습상의 유의점〉

① 두 양을 비교할 때 한 양을 기준으로 다른 양이 몇 배가 되는지를 나타낼 필요성을 인식하게 하면서 비의 개념을 도입한다.

② 속력, 인구밀도, 축척 등과 같이 타 교과 및 실생활에서 비율이 적용되는 예를 찾아보고, 그와 관련된 간단한 문제를 해결하게 한다.

③ 두 수 사이의 대응 관계를 도입할 때에는 y=x+a 와 y = a×x인 경우만 다룬다.

④ 속력과 거리, 속력과 시간과 같은 실생활의 예를 통해 정비례와 반비례 관계를 직관적으로 파악하게 한다.

⑤ 규칙성 영역의 문제 상황에서 문제 해결 전략 비교하기, 주어진 문제에서 필요 없는 정보나 부족한 정보 찾기, 조건을 바꾸어 새로운 문제 만들기, 문제해결 과정의 타당성 검토하기 등을 통해 문제 해결 능력을 기르게 한다.

(마) 확률과 통계

1 가능성과 평균

① 실생활 속에서 가능성을 수치로 나타내는 예를 알아보고, 사건이 일어날 가능성을 수로 표현할 수 있다.

② 평균의 의미를 알고, 주어진 자료의 평균을 구할 수 있으며, 이를 활용할 수 있다.

[2] 자료의 표현

① 실생활 자료를 그림그래프로 나타내고, 이를 활용할 수 있다.

② 실생활 자료를 수집하여 목적에 맞는 그래프로 나타내고, 자료의 특성을 설명할 수 있다.

[3] 비율그래프

① 주어진 자료를 띠그래프와 원그래프로 나타낼 수 있다.

② 비율그래프를 해석하고, 이를 설명할 수 있다.

<용어와 기호> 평균, 가능성, 띠그래프, 원그래프

<교수·학습상의 유의점>

① 사건이 일어날 가능성은 $0, \frac{1}{4}, \frac{1}{2}, \frac{3}{4}, 1$ 정도로 표현할 수 있게 한다.

② 원그래프를 그릴 때에는 눈금이 표시된 원을 사용하게 한다.

③ 비율그래프를 지도할 때에는 신문, 인터넷 등에 있는 표와 그래프를 소재로 활용할 수 있게 한다.

④ 확률과 통계 영역의 문제 상황에서 문제 해결 전략 비교하기, 주어진 문제에서 필요 없는 정보나 부족한 정보 찾기, 조건을 바꾸어 새로운 문제 만들기, 문제 해결 과정의 타당성 검토하기 등을 통해 문제 해결 능력을 기르게 한다.

[중학교 1～3학년군]

㈎ 수와 연산

[1] 소인수분해

① 거듭제곱의 뜻을 안다.

② 소인수분해의 뜻을 알고, 자연수를 소인수분해할 수 있다.

③ 최대공약수와 최소공배수의 성질을 이해하고, 이를 구할 수 있다.

④ 최대공약수와 최소공배수를 활용하여 여러 가지 문제를 해결할 수 있다.

[2] 정수와 유리수

① 정수와 유리수의 개념을 이해한다.

② 정수와 유리수의 대소 관계를 이해한다.

- 26 -

③ 정수와 유리수의 사칙계산의 원리를 이해하고, 그 계산을 할 수 있다.

[3] 유리수와 순환소수

① 순환소수의 의미를 이해한다.

② 유리수와 순환소수의 관계를 이해한다.

[4] 제곱근과 실수

① 제곱근의 뜻을 알고, 그 성질을 이해한다.

② 무리수의 개념을 이해한다.

③ 실수의 대소 관계를 이해한다.

[5] 근호를 포함한 식의 계산

① 근호를 포함한 식의 사칙계산을 할 수 있다.

〈용어와 기호〉 소수, 합성수, 거듭제곱, 지수, 밑, 소인수, 소인수분해, 서로소, 양의정수, 음의 정수, 정수, 수직선, 양의 유리수, 음의 유리수, 유리수, 양수, 음수, 절댓값, 교환법칙, 결합법칙, 분배법칙, 역수, 유한소수, 무한소수, 순환소수, 순환마디, 제곱근, 근호, 무리수, 실수, 분모의 유리화, 양의 부호(+), 음의 부호(−), 절댓값 기호(| |), ≤, ≥, 순환소수 표현(예. $2.4\dot{1}\dot{5}$), $\sqrt{\ }$

〈교수·학습상의 유의점〉

① 약수와 배수는 자연수의 범위에서만 다룬다.

② 유한소수를 순환소수로 나타내는 것은 다루지 않는다.

③ 순환소수를 분수로 고치는 것은 순환소수가 유리수임을 이해할 수 있는 정도로만 다룬다.

④ 다양한 상황을 이용하여 음수와 무리수의 필요성을 인식하게 한다.

⑤ 수의 계산에서 자신의 풀이 방법을 설명하게 한다.

(나) 문자와 식

[1] 문자의 사용과 식의 계산

① 다양한 상황을 문자를 사용한 식으로 간단히 나타낼 수 있다.

② 식의 값을 구할 수 있다.

③ 일차식의 덧셈과 뺄셈의 원리를 이해하고, 그 계산을 할 수 있다.

[2] 일차방정식

① 다양한 상황을 이용하여 일차방정식과 그 해의 의미를 이해한다.

② 등식의 성질을 이해하고 일차방정식을 풀 수 있다.

③ 일차방정식을 활용하여 다양한 실생활 문제를 해결할 수 있다.

3 식의 계산

① 이차식의 덧셈과 뺄셈의 원리를 이해하고, 그 계산을 할 수 있다.
② 지수법칙을 이해한다.
③ 다항식의 곱셈의 원리를 이해하고, 곱셈 공식을 유도할 수 있다.
④ 다항식의 나눗셈의 원리를 이해하고, 그 계산을 할 수 있다.
⑤ 간단한 등식을 변형할 수 있다.

4 미지수가 2개인 연립일차방정식

① 미지수가 2개인 일차방정식과 그 해의 의미를 이해한다.
② 미지수가 2개인 연립일차방정식과 그 해의 의미를 이해하고, 이를 풀 수 있다.
③ 미지수가 2개인 연립일차방정식을 활용하여 다양한 실생활 문제를 해결할 수 있다.

5 일차부등식과 연립일차부등식

① 다양한 상황을 이용하여 일차부등식과 그 해의 의미를 이해한다.
② 부등식의 기본 성질을 이용하여 일차부등식을 풀 수 있다.
③ 연립일차부등식과 그 해의 의미를 이해하고, 이를 풀 수 있다.
④ 일차부등식 또는 연립일차부등식을 활용하여 다양한 실생활 문제를 해결할 수 있다.

6 다항식의 인수분해

① 인수분해의 뜻을 알고, 인수분해를 할 수 있다.

7 이차방정식

① 이차방정식과 그 해의 의미를 이해하고, 이를 풀 수 있다.
② 이차방정식을 활용하여 여러 가지 문제를 해결할 수 있다.

〈용어와 기호〉 대입, 다항식, 항, 단항식, 상수항, 계수, 차수, 일차식, 동류항, 등식, 방정식, 미지수, 해, 근, 항등식, 이항, 일차방정식, 전개, 연립방정식, 연립일차방정식, 부등식, 일차부등식, 연립부등식, 연립일차부등식, 인수, 인수분해, 완전제곱식, 이차방정식, 중근, 근의 공식

〈교수·학습상의 유의점〉

① 다양한 상황을 이용하여 문자의 필요성을 알게 한다.
② 일차방정식으로 나타낼 수 있는 실생활 문제를 찾아 해결하게 한다.
③ 지수법칙은 지수가 자연수인 범위에서 단항식의 곱셈과 나눗셈을 하는 데 필요한 정도로 다룬다.

- 28 -

④ 곱셈공식은 다음의 경우만 다룬다.

$(a+b)^2 = a^2 + 2ab + b^2$
$(a-b)^2 = a^2 - 2ab + b^2$
$(a+b)(a-b) = a^2 - b^2$
$(x+a)(x+b) = x^2 + (a+b)x + ab$
$(ax+b)(cx+d) = acx^2 + (ad+bc)x + bd$

⑤ 다항식의 나눗셈에서는 다항식을 단항식으로 나누어 그 몫이 다항식이 되는 경우만 다룬다.

⑥ 방정식과 부등식의 의미는 다양한 상황을 통해 도입한다.

⑦ 방정식과 부등식의 해가 문제의 의도에 맞는지 확인하게 한다.

⑧ 방정식과 부등식에서 자신의 풀이 방법을 설명할 수 있게 한다.

⑨ 인수분해는 이차방정식의 해를 구하는 데 필요한 정도로 다룬다.

$ma + mb = m(a+b)$
$a^2 + 2ab + b^2 = (a+b)^2$
$a^2 - 2ab + b^2 = (a-b)^2$
$a^2 - b^2 = (a+b)(a-b)$
$x^2 + (a+b)x + ab = (x+a)(x+b)$
$acx^2 + (ad+bc)x + bd = (ax+b)(cx+d)$

⑩ 이차방정식은 해가 실수인 경우만 다룬다.

⑪ 식의 값, 좌변, 우변, 양변, 이차식, 전개식, 소거, 가감법, 대입법 용어는 교수·학습 상황에서 다루어질 수 있다.

㈐ 함수

1 함수와 그래프

① 다양한 상황을 표와 식으로 나타내고, 함수의 개념을 이해한다.

② 순서쌍과 좌표를 이해한다.

③ 함수를 그래프로 나타낼 수 있다.

④ 함수를 활용하여 여러 가지 문제를 해결할 수 있다.

2 일차함수와 그래프

① 일차함수의 의미를 이해하고, 그 그래프를 그릴 수 있다.

② 일차함수의 그래프의 성질을 이해한다.

③ 일차함수를 활용하여 여러 가지 문제를 해결할 수 있다.

3 일차함수와 일차방정식의 관계

① 일차함수와 미지수가 2개인 일차방정식의 관계를 이해한다.

② 두 일차함수의 그래프를 통하여 연립일차방정식의 해를 이해한다.

4 이차함수와 그래프

① 이차함수의 의미를 이해하고, 그 그래프를 그릴 수 있다.

② 이차함수의 그래프의 성질을 이해한다.

〈용어와 기호〉 변수, 함수, 함숫값, 좌표, 순서쌍, x좌표, y좌표, 원점, 좌표축, x축, y축, 좌표평면, 제1사분면, 제2사분면, 제3사분면, 제4사분면, 함수의 그래프, 일차함수, 기울기, x절편, y절편, 평행이동, 직선의 방정식, 이차함수, 포물선, 축, 꼭짓점, 최댓값, 최솟값, $f(x)$, $y=f(x)$

〈교수·학습상의 유의점〉

① 함수를 도입할 때 정비례와 반비례 이외의 상황을 다룰 수 있다.

② 함수의 개념은 다양한 상황에서 한 양이 변함에 따라 다른 양이 하나씩 정해지는 두 양 사이의 대응 관계를 이용하여 도입한다.

③ 다양한 상황을 표, 식, 그래프로 나타내고, 설명하게 한다.

④ 다양한 상황을 이용하여 일차함수와 이차함수의 의미를 다룬다.

⑤ 이차함수에서 최댓값과 최솟값은 정의역의 범위가 실수 전체인 경우만 다룬다.

⑥ 공학적 도구를 활용하여, 함수의 그래프를 그리고 다양한 상황을 해석할 수 있게 한다.

㈑ 확률과 통계

1 도수분포와 그래프

① 줄기와 잎 그림, 도수분포표, 히스토그램, 도수분포다각형을 이해하고 해석할 수 있다.

② 도수분포표로 주어진 자료의 평균을 구할 수 있다.

③ 상대도수를 구하며, 이를 그래프로 나타내고, 상대도수의 분포를 이해한다.

2 확률과 그 기본 성질

① 경우의 수를 구할 수 있다.

② 확률의 의미와 그 기본 성질을 이해한다.

③ 확률의 계산을 할 수 있다.

3 대푯값과 산포도

- 30 -

① 중앙값, 최빈값, 평균의 의미를 이해하고, 이를 구할 수 있다.
② 분산과 표준편차의 의미를 이해하고, 이를 구할 수 있다.

〈용어와 기호〉 변량, 줄기와 잎 그림, 계급, 계급의 크기, 도수, 도수분포표, 계급값, 히스토그램, 도수분포다각형, 상대도수, 사건, 확률, 중앙값, 최빈값, 대푯값, 산포도, 편차, 분산, 표준편차

〈교수·학습상의 유의점〉

① 다양한 상황에서 자료를 수집하게 하고, 수집한 자료가 적절한지 판단하는 활동을 하게 한다.
② 다양한 상황의 자료를 표나 그래프로 나타내고, 그 분포의 특성을 설명할 수 있게 한다.
③ 눈금 등을 잘못 사용하여 자료를 부정확하게 나타낸 표나 그래프에서 오류를 찾는 활동을 하게 한다.
④ 상대도수는 도수의 총합이 다른 두 집단의 분포를 비교하는 상황에서 다룬다.
⑤ 경우의 수는 두 경우의 수를 합하거나 곱하는 경우 정도로만 다룬다.
⑥ 확률은 실험이나 관찰 상황에서 구한 상대도수로서의 의미와 경우의 수의 비율로서의 의미를 연결하여 이해하게 한다.
⑦ 경우의 수의 비율로 확률을 다룰 때, 각 경우가 발생할 가능성이 동등하다는 것을 가정한다는 점에 유의한다.
⑧ 확률의 계산에서는 경우의 수를 활용하는 것을 다룬다.
⑨ 자료의 특성에 따라 적절한 대푯값을 선택하여 구할 수 있게 한다.
⑩ 공학적 도구를 활용하여, 표와 그래프를 그리고 대푯값과 산포도를 구할 수 있게 한다.
⑪ 경우의 수 용어는 교수·학습 상황에서 다루어질 수 있다.

㈒ 기하

[1] 기본 도형

① 점, 선, 면, 각을 이해하고, 점, 직선, 평면의 위치 관계를 설명할 수 있다.
② 평행선에서 동위각과 엇각의 성질을 이해한다.

[2] 작도와 합동

① 삼각형을 작도할 수 있다.
② 삼각형의 합동 조건을 이해하고, 이를 이용하여 두 삼각형이 합동인지 판별할 수 있다.

3 평면도형의 성질

① 다각형의 성질을 이해한다.

② 부채꼴의 중심각과 호의 관계를 이해하고, 이를 이용하여 부채꼴의 넓이와 호의 길이를 구할 수 있다.

4 입체도형의 성질

① 다면체의 뜻을 알고, 그 성질을 이해한다.

② 회전체의 뜻을 알고, 그 성질을 이해한다.

③ 입체도형의 겉넓이와 부피를 구할 수 있다.

5 삼각형과 사각형의 성질

① 이등변삼각형의 성질을 이해하고 설명할 수 있다.

② 삼각형의 외심과 내심의 성질을 이해하고 설명할 수 있다.

③ 사각형의 성질을 이해하고 설명할 수 있다.

6 도형의 닮음

① 도형의 닮음의 뜻을 안다.

② 닮은 도형의 성질을 이해한다.

③ 삼각형의 닮음조건을 이해하고, 이를 이용하여 두 삼각형이 닮음인지 판별할 수 있다.

7 닮음의 활용

① 평행선 사이의 선분의 길이의 비를 구할 수 있다.

② 닮은 도형의 성질을 활용하여 여러 가지 문제를 해결할 수 있다.

8 피타고라스 정리

① 피타고라스 정리를 이해하고 설명할 수 있다.

② 피타고라스 정리를 활용하여 여러 가지 문제를 해결할 수 있다.

9 삼각비

① 삼각비의 뜻을 알고, 간단한 삼각비의 값을 구할 수 있다.

② 삼각비를 활용하여 다양한 실생활 문제를 해결할 수 있다.

원의 성질

① 원의 현에 관한 성질과 접선에 관한 성질을 이해한다.

② 원주각의 성질을 이해하고, 이를 활용하여 여러 가지 문제를 해결할 수 있다.

〈용어와 기호〉 교점, 교선, 두 점 사이의 거리, 중점, 수직이등분선, 꼬인 위치, 교각, 맞꼭지각, 엇각, 동위각, 평각, 직교, 수선의 발, 작도, 대변, 대각, (도형의) 대응, 삼각형의 합동 조건, 내각, 외각, 부채꼴, 중심각, 호, 현, 활꼴, 할선, 다면체, 각뿔대, 정다면체, 원뿔대,

접선, 접점, 접한다, 외심, 외접, 외접원, 내심, 내접, 내접원, 중선, 무게중심, 닮음, 닮음비, 삼각형의 닮음조건, 피타고라스 정리, 삼각비, 사인, 코사인, 탄젠트, 원주각, $\overleftrightarrow{AB}$, $\overrightarrow{AB}$, $\overline{AB}$, $l//m$, $\angle ABC$, $\overline{AB}\perp\overline{CD}$, $\triangle ABC$, $\equiv$, $\overset{\frown}{AB}$, π $\square ABCD$, ∞, $\sin A$, $\cos A$, $\tan A$

〈교수·학습상의 유의점〉

① 점, 선, 면, 각과 관련된 용어의 뜻을 직관적으로 이해하고, 이를 토대로 여러 가지 도형의 성질을 추론할 수 있게 한다.
② 주어진 삼각형과 합동인 삼각형을 작도할 수 있게 한다.
③ 작도를 이용하여 삼각형의 합동 조건을 이해하게 한다.
④ 다각형의 성질에서는 대각선의 개수, 내각과 외각의 크기의 합을 다룬다.
⑤ 다각형과 다면체는 그 모양이 볼록인 경우만 다룬다.
⑥ 사각형의 성질은 대각선에 관한 성질을 위주로 다룬다.
⑦ 닮은 도형의 성질을 추론할 수 있게 한다.
⑧ 피타고라스 정리의 역은 직관적으로 이해하게 한다.
⑨ 삼각비 사이의 관계는 다루지 않는다.
⑩ 삼각비의 값은 0°에서 90°까지의 각도에 대한 것만 다룬다.
⑪ 공학적 도구나 다양한 교구를 활용하여 도형의 성질을 추론할 수 있게 한다.
⑫ 도형의 성질을 이해하고 설명하는 활동은 학생의 수준에 따라 달리할 수 있다.
⑬ 접선의 길이 용어는 교수·학습 상황에서 다루어질 수 있다.

5. 교수·학습 방법

가. 교육과정의 성취 기준은 학생의 특성, 내용의 연계성, 지역성 및 현실성을 고려하여 지도한다.

나. 학년군별 내용의 배열 순서가 반드시 교수 · 학습의 순서를 의미하는 것은 아니므로, 교수 · 학습 계획을 수립하거나 학습 자료를 개발할 때에는 내용의 특성과 난이도, 학교 여건, 학생의 수준 등을 고려하여 내용, 순서 등을 재구성할 수 있다.

다. 교육과정에 제시된 내용을 지도한 후 학습 결손이 있는 학생에게는 보충 학습, 우수한 학생에게는 심화 학습의 기회를 추가로 제공할 수 있다.

라. 수학과 수업에서는 교육 내용과 학생의 특성을 고려하여 발견 학습, 탐구 학습, 협동 학습, 개별 학습, 설명식 교수 등 다양한 교수·학습 방법을 활용할 수 있다.

마. 수학의 개념, 원리, 법칙, 기능의 교수 · 학습에서는 다음 사항에 유의한다.

(1) 생활 주변 현상, 사회 현상, 자연 현상 등의 여러 가지 현상을 학습 소재로 하여 수학의 개념, 원리, 법칙을 도입한다.

(2) 구체적 조작 활동과 탐구 활동을 통하여 학생 스스로 개념, 원리, 법칙을 발견하고 이를 정당화하게 한다.

(3) 문제를 해결할 때 수학의 기본적인 개념, 원리, 법칙, 기능을 이용할 수 있게 한다.

바. 의미 있는 발문을 하기 위하여 교수 · 학습에서 다음 사항에 유의한다.

(1) 발문을 할 때는 학생의 인지 발달과 경험을 고려하며, 발문에 대한 학생들의 반응을 의미 있게 처리한다.

(2) 학생의 사고를 촉진시키기 위해 가능하면 열린 형태의 발문을 통해 하나의 문제를 여러 가지 방법으로 해결하게 하고 다양한 방법을 비교하여 설명해 보게 한다.

사. 수학적 창의력을 신장시키기 위하여 교수 · 학습에서 다음 사항에 유의한다.

(1) 수학적 창의력의 신장이 이루어지도록 수학적 문제 해결력, 추론 능력, 의사소통 능력을 강조한다.

(2) 다양한 아이디어를 산출할 수 있는 수학적 과제를 통해 학생들의 확산적 사고를 촉진시킨다.

(3) 하나의 수학 문제를 여러 가지 방법으로 해결한 후 그 해결 방법을 비교해 보고, 더 높은 차원으로 확장해서 사고할 수 있게 한다.

(4) 수학 개념이나 용어의 정의를 직접적으로 제시하기보다 학생 스스로 개념과용어의 필요성을 인식하고 정의해 보게 한다.

아. 수학적 문제 해결력을 신장시키기 위하여 교수 · 학습에서 다음 사항에 유의한다.

(1) 문제 해결은 전 영역에서 지속적으로 지도한다.

(2) 학생 스스로 문제 상황을 탐색하고 수학적 지식과 사고 방법을 토대로 해결방법을 적절히 활용하여 문제를 해결하게 한다.

- 34 -

(3) 문제 해결의 결과뿐만 아니라 문제 해결 방법과 과정, 문제를 만들어 보는 활동도 중시한다.

(4) 생활 주변 현상, 사회 현상, 자연 현상 등의 여러 가지 현상에서 파악된 문제를 해결하면서 수학적 개념, 원리, 법칙을 탐구하고, 이를 일반화하게 한다.

자. 수학적 추론 능력을 신장시키기 위하여 교수·학습에서 다음 사항에 유의한다.

(1) 귀납, 유추 등을 통해 학생 스스로 수학적 사실을 추측하고, 이를 정당화할 수 있게 한다.

(2) 수학적 사실이나 명제를 분석하고, 수학적 관계를 조직하고 종합하며, 학생 자신의 사고 과정을 반성하게 한다.

(3) 수학적 추론을 통해 합리적으로 사고하는 능력을 키우고, 일상생활에서 자신의 의견을 정당화할 때 적절한 근거에 기초하여 논지를 전개할 수 있게 한다.

차. 수학적 의사소통 능력을 신장시키기 위하여 교수 · 학습에서 다음 사항에 유의한다.

(1) 수학 용어, 기호, 표, 그래프 등의 수학적 표현을 이해하고 정확히 사용하게 한다.

(2) 수학적 아이디어를 말과 글로 설명하거나 시각적으로 표현하여 다른 사람과 효율적으로 의사소통할 수 있게 한다.

(3) 수학적 아이디어를 표현하고 토론하며 다른 사람의 수학적 아이디어와 사고를 이해하는 과정을 통해 의사소통의 중요성을 인식하게 한다.

카. 학생들의 인성을 함양시키기 위하여 교수 · 학습에서 다음 사항에 유의한다.

(1) 다른 학습자의 풀이 방법과 의견을 존중하며, 이를 통해 타인을 배려하는 성품을 기르게 한다.

(2) 자신의 수학적 아이디어를 설득력 있게 논리적으로 표현하여 그 타당성을 입증하고 이에 기초하여 합리적으로 결론을 내리는 과정을 통해 민주 시민의 소양을 기르게 한다.

(3) 수학 문제를 해결함에 있어 결과에 이르는 과정이 중요함을 인식하게 한다.

타. 수학에 대한 긍정적 태도를 신장시키기 위하여 교수 · 학습에서 다음 사항에 유의한다.

(1) 생활 주변 현상, 사회 현상, 자연 현상 등의 여러 가지 현상과 관련지어 수학을 배움으로써, 수학에 대한 가치를 인식하고

수학의 필요성을 알게 한다.

(2) 수학에 대한 흥미, 관심, 자신감을 갖도록 학습 동기와 의욕을 유발한다.

파. 수학 교수 · 학습 과정에서 교육기자재 및 수학 교과 교실의 활용은 다음 사항에 유의한다.

(1) 교수 · 학습의 전 과정을 통하여 적절하고 다양한 교육 기자재를 활용하여 수학 학습의 효과를 높이도록 한다.

(2) 계산 능력 배양을 목표로 하지 않는 경우의 복잡한 계산 수행, 수학의 개념, 원리, 법칙의 이해, 문제 해결력 향상 등을 위하여 계산기, 컴퓨터, 교육용 소프트웨어 등의 공학적 도구와 다양한 교구를 활용한다.

(3) 구체적인 조작과 탐구 활동을 통해 수학의 개념과 원리를 이해하고 수학 주제에 대해 모둠으로 토론함으로써 수학 학습의 효율을 높일 수 있도록 수학 교과 교실을 구축하여 활용한다.

하. 수학 학습 시 학생 스스로 학습 목표를 설정하고 학습을 수행하며 학습 결과를 스스로 평가하는 자기 주도적 학습 능력을 신장시킨다.

갸. 학교에서 수준별 수업을 운영할 때에는 다음 사항에 유의한다.

(1) 수준별 수업을 위해 집단을 편성할 때에는 학생 개인의 학습 능력과 수준, 적성과 희망 등을 감안하고, 교사 수급과 유휴 교실 등 학교 상황을 고려한다.

(2) 수준별 수업은 내용 요소를 차별화하기보다는 내용의 깊이나 접근 방법에 차이를 두어 진행한다.

6. 평가

가. 수학 학습의 평가는 학생의 인지적 영역과 정의적 영역에 대한 유용한 정보를 제공하고, 학생 개개인의 수학 학습과 전인적인 성장을 돕고 교사의 수업 방법을 개선하는 데 활용되어야 한다.

나. 수학 학습의 평가에서는 학생의 인지 발달 단계를 고려하고, 교육과정에 제시된 내용의 수준과 범위를 준수한다.

다. 수업의 전개 국면에 따라 진단평가, 형성평가, 총괄평가 등을 적절히 실시하되, 지속적인 평가를 통하여 다양한 정보를 수집하고 수업에 활용한다.

라. 수학 학습의 평가에서는 선택형 위주의 평가를 지양하고 서술형 평가, 관찰, 면담, 자기평가 등의 다양한 평가 방법을 활용하여 수학 학습에 대한 종합적인 평가가 이루어질 수 있게 한다.

마. 인지적 영역에 대한 평가에서는 학생의 수학적 사고력 신장을 위하여 결과뿐만 아니라 과정도 중시하여 평가하되, 수학의 교수 · 학습에서 전반적으로 요구되는 다음 사항을 강조한다.

(1) 수학의 기본적인 개념, 원리, 법칙을 이해하고 적용하는 능력

(2) 수학의 용어와 기호를 정확하게 사용하고 표현하는 능력

(3) 수학적 지식과 기능을 활용하여 추론하는 능력

(4) 다양한 상황에서 발생하는 여러 가지 문제를 수학적으로 사고하여 해결하는 능력

(5) 생활 주변 현상, 사회 현상, 자연 현상 등의 여러 가지 현상을 수학적으로 관찰, 분석, 조직하는 능력

(6) 수학적 사고 과정과 결과를 합리적으로 의사소통하는 능력

(7) 수학적 지식과 기능을 바탕으로 창의적으로 사고하는 능력

바. 정의적 영역에 대한 평가에서는 학생의 수학에 대한 긍정적 태도를 신장시키기 위하여 수학 및 수학 학습에 대한 관심, 흥미, 자신감, 가치 인식 등의 정도를 파악한다.

사. 수학 학습의 평가에서는 평가하는 학습 내용과 방법에 따라 학생에게 계산기, 컴퓨터, 교육용 소프트웨어 등의 공학적 도구와 다양한 교구를 이용할 수 있는 기회를 제공한다.

[선택 교육과정]

- 기본 과목 -

1. 기초 수학

1. 추구하는 인간상

우리나라의 교육은 홍익인간의 이념 아래 모든 국민으로 하여금 인격을 도야하고, 자주적 생활 능력과 민주 시민으로서 필요한 자질을 갖추게 하여 인간다운 삶을 영위하게 하고, 민주 국가의 발전과 인류 공영의 이상을 실현하는 데 이바지하게 함을 목적으로 하고 있다.

이러한 교육 이념을 바탕으로, 이 교육과정이 추구하는 인간상은 다음과 같다.

가. 전인적 성장의 기반 위에 개성의 발달과 진로를 개척하는 사람
나. 기초 능력의 바탕 위에 새로운 발상과 도전으로 창의성을 발휘하는 사람
다. 문화적 소양과 다원적 가치에 대한 이해를 바탕으로 품격 있는 삶을 영위하는 사람
라. 세계와 소통하는 시민으로서 배려와 나눔의 정신으로 공동체 발전에 참여하는 사람

2. 고등학교 교육목표

고등학교 교육은 중학교 교육의 성과를 바탕으로, 학생의 적성과 소질에 맞는 진로개척 능력과 세계 시민으로서의 자질을 함양하는 데 중점을 둔다.

(1) 성숙한 자아의식을 토대로 다양한 분야의 지식과 기능을 익혀 진로를 개척하며 평생학습의 기본 역량과 태도를 갖춘다.
(2) 학습과 생활에서 새로운 이해와 가치를 창출할 수 있는 비판적, 창의적 사고력과 태도를 익힌다.
(3) 우리의 문화를 향유하고 다양한 문화와 가치를 수용할 수 있는 자질과 태도를 갖춘다.
(4) 국가 공동체의 발전을 위해 노력하며, 세계 시민으로서의 자질과 태도를 기른다.

3. 목표

수학과는 수학의 개념, 원리, 법칙을 이해하고 기능을 습득하여 주변의 여러 가지 현상을 수학적으로 관찰하고 해석하는 능력을 기르며, 수학적 문제 상황을 수리 · 논리적 사고를 통하여 합리적으로 해결하는 능력과 태도를 기르는 교과이다.

복잡하고 전문화되어가는 미래 사회에서 사회 구성원에게 필요한 핵심 역량은 창의적사고 능력, 문제 해결 능력, 정보처리 능력, 의사소통 능력 등으로, 이는 주로 수학적 추론, 수학적 문제 해결, 수학적 의사소통과 같은 수학적 과정의 교수 · 학습을 통하여 증진된다. 수학적 과정을 통해 길러진 핵심 역량은 타 교과의 성공적인 학습에 기반이 될 뿐 아니라, 나아가 개인의 전문적 능력의 증진과 창의 · 인성 중심의 21세기 지식 기반 사회의 민주 시민에게 필요한 소양과 경쟁력을 갖추는 데에도 토대가 된다.

한편, 학교 수학에서는 인지적 능력의 증진은 물론 수학에 대한 흥미와 호기심, 수학학습에 대한 자신감과 긍정적인 태도 등 정의적 영역의 개선과 더불어 상대방을 이해하고 배려하는 바람직한 인성을 길러야 한다. 수학은 개인차가 크게 나타나는 교과이므로 학생의 인지 발달 단계, 학습 수준, 학습 특성 등을 고려하여 적절한 교수 · 학습 방법을 적용해야 한다.

기초 수학은 중학교 수학의 내용을 잘 이해하지 못한 학생이 일반 과목의 수학 교과를 이수하기 위해 필요한 수학적 개념, 원리, 법칙을 체계적으로 이해하기 위하여 선택할 수 있는 기본 과목이다.

기초 수학의 내용은 '수와 식의 계산', '방정식과 함수', '피타고라스 정리와 삼각비'로 구성된다. '수와 식의 계산' 영역에서는 수의 연산, 문자의 사용과 식의 계산, 다항식의 계산을, '방정식과 함수' 영역에서는 일차방정식과 일차함수, 이차방정식과 이차함수를, '피타고라스 정리와 삼각비' 영역에서는 피타고라스 정리, 삼각비를 다룬다. 기초 수학 과목의 목표는 다음과 같다.

수학적 개념, 원리, 법칙을 이해하고, 수학적으로 사고하고 의사소통하는 능력을 길러, 여러 가지 현상과 문제를 수학적으로 고찰함으로써 합리적이고 창의적으로 해결하며, 수학 학습자로서 바람직한 인성과 태도를 기른다.

가. 수와 식의 계산, 방정식과 함수, 피타고라스 정리와 삼각비에 관련된 계산능력을 기르고, 개념, 원리, 법칙과 이들 사이의 관계를 이해하는 능력을 기른다.

나. 수학적으로 사고하고 의사소통하는 능력을 기른다.
다. 사회 및 자연의 수학적 현상에서 파악된 문제를 합리적이고 창의적으로 해결하는 능력을 기른다.
라. 수학에 대하여 관심과 흥미를 가지고, 수학의 가치를 이해하며, 수학 학습자로서 바람직한 인성과 태도를 기른다.

4. 내용의 영역과 기준

가. 내용 체계

영 역	내 용
수와 식의 계산	· 수의 연산
	· 문자의 사용과 식의 계산
	· 다항식의 계산
방정식과 함수	· 일차방성식과 일차함수
	· 이차방정식과 이차함수
피타고라스 정리와 삼각비	· 피타고라스 정리
	· 삼각비

나. 영역 성취 기준

(1) 무리수의 개념을 이해하고, 근호를 포함한 식의 사칙계산을 할 수 있다.
(2) 문자를 사용하여 식으로 나타내고, 다항식의 연산을 할 수 있다.
(3) 일차방정식, 일차부등식, 연립일차방정식, 연립일차부등식, 이차방정식을 풀 수 있고, 일차함수와 이차함수의 그래프를 그리고, 그 성질을 이해한다.
(4) 피타고라스 정리를 이해하고 활용할 수 있다.
(5) 삼각비의 뜻을 알고 활용하여 간단한 실생활 문제를 해결할 수 있다.

다. 학습내용 성취 기준

㈎ 수와 식의 계산

[1] 수의 연산

① 제곱근의 뜻을 알고, 그 성질을 이해한다.
② 무리수의 개념을 이해한다.

- 40 -

③ 근호를 포함한 식의 사칙계산을 할 수 있다.

2 문자의 사용과 식의 계산

① 다양한 상황을 문자를 사용한 식으로 표현하고, 그 식을 간단히 나타낼 수 있다.

② 식의 값을 구할 수 있다.

③ 일차식을 계산할 수 있다.

3 다항식의 계산

① 지수법칙을 이해한다.

② 다항식의 덧셈과 뺄셈을 할 수 있다.

③ (단항식) × (다항식), (다항식) ÷ (단항식)을 할 수 있다.

④ 다항식의 곱셈의 원리를 이해하여 곱셈을 할 수 있다.

① 인수분해의 뜻을 알고, 인수분해를 할 수 있다.

〈용어와 기호〉 제곱근, 근호, 무리수, 실수, 분모의 유리화, 대입, 식의 값, 다항식, 항, 단항식, 상수항, 계수, 차수, 동류항, 전개, 전개식, 인수, 인수분해, $\sqrt{\ }$

〈교수·학습상의 유의점〉

① '근호를 포함한 식의 사칙계산'에서 수의 연산에 대한 복습을 할 수 있다.

② 일차식의 계산에서는 하나의 문자에 대한 일차식만 다룬다.

③ 지수법칙은 지수가 자연수인 범위에서 단항식의 곱셈과 나눗셈을 하는데 필요한 정도로만 다룬다.

④ 다항식을 단항식으로 나눌 때에는 몫이 다항식이 되는 것만 다룬다.

⑤ 곱셈공식은 다음의 경우만 다룬다.

$(a+b)(c+d)=ac+ad+bc+bd$ $\quad$ $(a+b)^2=a^2+2ab+b^2$

$(a-b)^2=a^2-2ab+b^2$ $\quad$ $(a+b)(a-b)=a^2-b^2$

$(x+a)(x+b)=x^2+(a+b)x+ab$ $\quad$ $(ax+b)(cx+d)=acx^2+(ad+bc)x+bd$

⑥ 인수분해공식은 다음의 경우만 다룬다.

$ma+mb=m(a+b)$ $\quad$ $a^2+2ab+b^2=(a+b)^2$

$a^2-2ab+b^2+(a-b)^2$ $\quad$ $a^2-b^2=(a+b)(a-b)$

$x^2+(a+b)x+ab=(x+a)(x+b)$

$acx^2+(ad+bc)x+bd=(ax+b)(cx+d)$

⑦ 복잡한 형태의 인수분해는 다루지 않는다.

⑧ 좌변, 우변, 양변 용어는 교수·학습 상황에서 다루어질 수 있다.

(나) 방정식과 함수

[1] 일차방정식과 일차함수

① 일차방정식과 일차함수의 뜻을 안다.

② 순서쌍과 좌표를 이해하고, 일차함수의 그래프를 그릴 수 있다.

③ 등식의 성질을 이해하고 일차방정식을 풀 수 있다.

④ 부등식의 성질을 이해하고 일차부등식을 풀 수 있다.

⑤ 미지수가 두 개인 연립일차방정식을 풀 수 있다.

⑥ 연립일차부등식을 풀 수 있다.

[2] 이차방정식과 이차함수

① 이차방정식의 뜻을 안다.

② 이차방정식의 근의 공식을 안다.

③ 이차함수의 뜻을 안다.

④ 이차함수의 그래프를 그리고, 그 성질을 이해한다.

⑤ 이차함수의 최댓값, 최솟값을 구할 수 있다.

〈용어와 기호〉 미지수, 해, 근, 항등식, 이항, 일차방정식, 좌표, 순서쌍, x좌표, y좌표, 원점, 좌표축, x축, y축, 좌표평면, 함수의 그래프, 일차함수, 기울기,x절편, y절편, 부등식, 일차부등식, 연립일차방정식, 연립일차부등식, 이차방정식, 완전제곱식, 중근, 근의 공식, 이차함수, 포물선, (포물선의) 축, (포물선의) 꼭짓점, 평행이동, 최댓값, 최솟값, $f(x)$, $y=f(x)$

〈교수·학습상의 유의점〉

① 대입법, 가감법 및 두 일차함수의 그래프를 통하여 연립일차방정식의 해를 구할 수 있게 한다.

② 이차방정식은 실근을 가지는 경우만 다룬다.

③ 이차방정식의 해와 이차함수의 그래프 사이의 관계는 다루지 않는다.

④ 이차함수의 최댓값과 최솟값을 구할 때 변수의 범위가 제한된 경우는 다루지 않는다.

- 42 -

⑤ 공학적 도구를 활용하여, 함수의 그래프를 그리고 다양한 상황을 해석할 수 있게 한다.

⑥ 방정식과 부등식을 활용하여 간단한 실생활 문제를 해결해 보게 한다.

⑦ 대입법, 가감법 용어는 교수·학습 상황에서 다루어질 수 있다.

(다) 피타고라스 정리와 삼각비

[1] 피타고라스 정리

① 피타고라스 정리를 이해한다.

② 평면에서 두 점 사이의 거리를 구할 수 있다.

③ 피타고라스 정리를 활용하여 여러 가지 문제를 해결할 수 있다.

[2] 삼각비

① 삼각비의 뜻을 알고, 간단한 삼각비의 값을 구할 수 있다.

② 삼각비를 활용하여 실생활 문제를 해결할 수 있다.

〈용어와 기호〉 피타고라스 정리, 두 점 사이의 거리, 중점, 삼각비, 사인, 코사인, 탄젠트, $\sin A$, $\cos A$, $\tan A$

〈교수·학습상의 유의점〉

① 삼각비 사이의 관계는 다루지 않는다.

② 삼각비의 값은 0°에서 90°까지의 각도에 대한 것을 다룬다.

5. 교수·학습 방법

가. 교육과정의 성취 기준은 학생의 특성, 내용의 연계성, 지역성 및 현실성을 고려하여 지도한다.

나. 학년군별 내용의 배열 순서가 반드시 교수 · 학습의 순서를 의미하는 것은 아니므로, 교수 · 학습 계획을 수립하거나 학습 자료를 개발할 때에는 내용의 특성과 난이도, 학교 여건, 학생의 수준 등을 고려하여 내용, 순서 등을 재구성할 수 있다.

다. 교육과정에 제시된 내용을 지도한 후 학습 결손이 있는 학생에게는 보충 학습, 우수한 학생에게는 심화 학습의 기회를 추가로 제공할 수 있다.

라. 수학과 수업에서는 교육 내용과 학생의 특성을 고려하여 발견 학습, 탐구 학습, 협동 학습, 개방 학습, 설명식 교수 등

등 다양한 교수학습 방법을 활용할 수 있다.

마. 수학의 개념, 원리, 법칙, 기능의 교수 · 학습에서는 다음 사항에 유의한다.

(1) 생활 주변 현상, 사회 현상, 자연 현상 등의 여러 가지 현상을 학습 소재로 하여 수학의 개념, 원리, 법칙을 도입한다.

(2) 구체적 조작 활동과 탐구 활동을 통하여 학생 스스로 개념, 원리, 법칙을 발견하고 이를 정당화하게 한다.

(3) 문제를 해결할 때 수학의 기본적이 개념, 원래, 법칙, 기능을 이용할 수 있게 한다.

바. 의미 있는 발문을 하기 위하여 교수 · 학습에서 다음 사항에 유의한다.

(1) 발문을 할 때는 학생의 인지 발달과 경험을 고려하며, 발문에 대한 학생들의 반응을 의미 있게 처리한다.

(2) 학생의 사고를 촉진시키기 위해 가능하면 열린 형태의 발문을 통해 하나의 문제를 여러 가지 방법으로 해결하게 하고 다양한 방법을 비교하여 설명해 보게 한다.

사. 수학적 창의력을 신장시키기 위하여 교수 ·학습에서 다음 사항에 유의한다.

(1) 수학적 창의력의 신장이 이루어지도록 수학적 문제 해결력, 추론 능력, 의사소통 능력을 강조한다.

(2) 다양한 아이디어를 신출할 수 있는 수학적 과제를 통해 학생들의 확산적 사고를 촉진시킨다.

(3) 하나의 수학 문제를 여러 가지 방법으로 해결한 후 그 해결 방법을 비교해 보고, 더 높은 차원으로 확장해서 사고할 수 있게 한다.

(4) 수학 개념이나 용어의 정의를 직접적으로 제시하기보다 학생 스스로 개념과 용어의 필요성을 인식하고 정의해 보게 한다.

아. 수학적 문제 해결력을 신장시키기 위하여 교수 · 학습에서 다음 사항에 유의한다.

(1) 문제 해결은 전 영역에서 지속적으로 지도한다.

(2) 학생 스스로 문제 상황을 탐색하고 수학적 지식과 사고 방법을 토대로 해결방법을 적절히 활용하여 문제를 해결하게 한다.

(3) 문제 해결의 결과뿐만 아니라 문제 해결 방법과 과정, 문제를 만들어 보는 활동도 중시한다.

(4) 생활 주변 현상, 사회 현상, 자연 현상 등의 여러 가지 현상에서 파악된 문제를 해결하면서 수학적 개념, 원리, 법칙을 탐구하고, 이를 일반화하게 한다.

자. 수학적 추론 능력을 신장시키기 위하여 교수·학습에서 다음 사항에 유의한다.

(1) 귀납, 유추 등을 통해 학생 스스로 수학적 사실을 추측하고, 이를 정당화할 수 있게 한다.

(2) 수학적 사실이나 명제를 분석하고, 수학적 관계를 조직하고 종합하며, 학생 자신의 사고 과정을 반성하게 한다.

(3) 수학적 추론을 통해 합리적으로 사고하는 능력을 키우고, 일상생활에서 자신의 의견을 정당화할 때 적절한 근거에 기초하여 논지를 전개할 수 있게 한다.

차. 수학적 의사소통 능력을 신장시키기 위하여 교수·학습에서 다음 사항에 유의한다.

(1) 수학 용어, 기호, 표, 그래프 등의 수학적 표현을 이해하고 정확히 사용하게 한다.

(2) 수학적 아이디어를 말과 글로 설명하거나 시각적으로 표현하여 다른 사람과 효율적으로 의사소통할 수 있게 한다.

(3) 수학적 아이디어를 표현하고 토론하며 다른 사람의 수학적 아이디어와 사고를 이해하는 과정을 통해 의사소통의 중요성을 인식하게 한다.

카. 학생들의 인성을 함양시키기 위하여 교수·학습에서 다음 사항에 유의한다.

(1) 다른 학습자의 풀이 방법과 의견을 존중하며, 이를 통해 타인을 배려하는 성품을 기르게 한다.

(2) 자신의 수학적 아이디어를 설득력 있게 논리적으로 표현하여 그 타당성을 입증하고 이에 기초하여 합리적으로 결론을 내리는 과정을 통해 민주 시민의 소양을 기르게 한다.

(3) 수학 문제를 해결함에 있어 결과에 이르는 과정이 중요함을 인식하게 한다.

타. 수학에 대한 긍정적 태도를 신장시키기 위하여 교수·학습에서 다음 사항에 유의한다.

(1) 생활 주변 현상, 사회 현상, 자연 현상 등의 여러 가지 현상과 관련지어 수학을 배움으로써, 수학에 대한 가치를 인식하고 수학의 필요성을 알게 한다.

(2) 수학에 대한 흥미, 관심, 자신감을 갖도록 학습 동기와 의욕을 유발한다.

파. 수학 교수 · 학습 과정에서 교육기자재 및 수학 교과 교실의 활용은 다음 사항에 유의한다.

(1) 교수 · 학습의 전 과정을 통하여 적절하고 다양한 교육 기자재를 활용하여 수학 학습의 효과를 높이도록 한다.

(2) 계산 능력 배양을 목표로 하지 않는 경우의 복잡한 계산 수행, 수학의 개념, 원리, 법칙의 이해, 문제 해결력 향상 등을 위하여 계산기, 컴퓨터, 교육용 소프트웨어 등의 공학적 도구와 다양한 교구를 활용한다.

(3) 구체적인 조작과 탐구 활동을 통해 수학의 개념과 원리를 이해하고 수학 주제에 대해 모둠으로 토론함으로써 수학 학습의 효율을 높일 수 있도록 수학 교과 교실을 구축하여 활용한다.

하. 수학 학습 시 학생 스스로 학습 목표를 설정하고 학습을 수행하며 학습 결과를 스스로 평가하는 자기 주도적 학습 능력을 신장시킨다.

갸. 학교에서 수준별 수업을 운영할 때에는 다음 사항에 유의한다.

(1) 수준별 수업을 위해 집단을 편성할 때에는 학생 개인의 학습 능력과 수준, 적성과 희망 등을 감안하고, 교사 수급과 유휴 교실 등 학교 상황을 고려한다.

(2) 수준별 수업은 내용 요소를 차별화하기보다는 내용의 깊이나 접근 방법에 차이를 두어 진행한다.

6. 평가

가. 수학 학습의 평가는 학생의 인지적 영역과 정의적 영역에 대한 유용한 정보를 제공하고, 학생 개개인의 수학 학습과 전인적인 성장을 돕고 교사의 수업 방법을 개선하는 데 활용되어야 한다.

나. 수학 학습의 평가에서는 학생의 인지 발달 단계를 고려하고, 교육과정에 제시된 내용의 수준과 범위를 준수한다.

- 46 -

다. 수업의 전개 국면에 따라 진단평가, 형성평가, 총괄평가 등을 적절히 실시하되, 지속적인 평가를 통하여 다양한 정보를 수집하고 수업에 활용한다.

라. 수학 학습의 평가에서는 선택형 위주의 평가를 지양하고 서술형 평가, 관찰, 면담, 자기평가 등의 다양한 평가 방법을 활용하여 수학 학습에 대한 종합적인 평가가 이루어질 수 있게 한다.

마. 인지적 영역에 대한 평가에서는 학생의 수학적 사고력 신장을 위하여 결과뿐만 아니라 과정도 중시하여 평가하되, 수학의 교수 · 학습에서 전반적으로 요구되는 다음 사항을 강조한다.

(1) 수학의 기본적인 개념, 원리, 법칙을 이해하고 적용하는 능력

(2) 수학의 용어와 기호를 정확하게 사용하고 표현하는 능력

(3) 수학적 지식과 기능을 활용하여 추론하는 능력

(4) 다양한 상황에서 발생하는 여러 가지 문제를 수학적으로 사고하여 해결하는 능력

(5) 생활 주변 현상, 사회 현상, 자연 현상 등의 여러 가지 현상을 수학적으로 관찰, 분석, 조직하는 능력

(6) 수학적 사고 과정과 결과를 합리적으로 의사소통하는 능력

(7) 수학적 지식과 기능을 바탕으로 창의적으로 사고하는 능력

바. 정의적 영역에 대한 평가에서는 학생의 수학에 대한 긍정적 태도를 신장시키기 위하여 수학 및 수학 학습에 대한 관심, 흥미, 자신감, 가치 인식 등의 정도를 파악한다.

사. 수학 학습의 평가에서는 평가하는 학습 내용과 방법에 따라 학생에게 계산기, 컴퓨터, 교육용 소프트웨어 등의 공학적 도구와 다양한 교구를 이용할 수 있는 기회를 제공한다.

[선택교육과정]

– 일반과목–

1. 수학 I

1. 추구하는 인간상

우리나라의 교육은 홍익인간의 이념 아래 모든 국민으로 하여금인격을 도야하고, 자주적 생활 능력과 민주 시민으로서 필요한 자질을 갖추게 하여 인간다운 삶을 영위하게 하고, 민주 국가의 발전과 인류 공영의 이상을 실현하는 데 이바지하게 함을 목적으로 하고 있다.

이러한 교육 이념을 바탕으로 이 교육과정이 추구하는 인간상은 다음과 같다.

가. 전인적 성장의 기반 위에 개성의 발달과 진로를 개척하는 사람
나. 기초 능력의 바탕위에 새로운 발상과 도전으로 창의성을 발휘하는 사람
다. 문화적 소양과 다원적 가치에 대한 이해를 바탕으로 품격 있는 삶을 영위하는 사람
라. 세계와 소통하는 시민으로서 배려와 나눔의 정신으로 공동체 발전에 참여하는 사람

2. 고등학교교육목표

고등학교 교육은 중학교 교육의 성과를 바탕으로 학생의 적성과 소질에 맞는 진로 개척능력과 세계 시민으로서의 자질을 함양하는 데 중점을 둔다.

(1) 성숙한 자아의식을 토대로 다양한 분야의 지식과 기능을 익혀 진로를 개척하며 평생학습의 기본 역량과 태도를 갖춘다.
(2) 학습과 생활에서 새로운 이해와 가치를 창출할 수 있는 비판적 창의적 사고력과 태도를 익힌다.
(3) 우리의 문화를 향유하고 다양한 문화와 가치를 수용할 수 있는 자질과 태도를 갖춘다.
(4) 국가 공동체의 발전을 위해 노력하며, 세계 시민으로서의 자질과 태도를 기른다.

3. 목표

수학과는 수학의 개념, 원리, 법칙을 이해하고 기능을 습득하여 주변의 여러 가지 현상을 수학적으로 관찰하고 해석하는 능력을 기르며, 수학적 문제 상황을 수리 · 논리적 사고를 통하여 합리적으로 해결하는 능력과 태도를 기르는 교과이다.

복잡하고 전문화되어가는 미래사회에서 사회 구성원에게 필요한 핵심 역량은 창의적 사고능력, 문제 해결 능력, 정보처리 능력, 의사소통 능력 등으로, 이는 주로 수학적 추론, 수학적 문제 해결, 수학적 의사소통과 같은 수학적 과정의 교수 · 학습을 통하여 증진된다. 수학적 과정을 통해 길러진 핵심 역량은 타 교과의 성공적인 학습에 기반이 될 뿐 아니라, 나아가 개인의 전문적 능력의 증진과 창의 · 인성 중심의 21세기 지식 기반 사회의 민주 시민에게 필요한 소양과 경쟁력을 갖추는 데에도 토대가 된다.

한편, 학교 수학에서는 인지적 능력의 증진은 물론 수학에 대한 흥미와 호기심 수학 학습에 대한 자신감과 긍정적인 태도 등 정의적 영역의 개선과 더불어 상대방을 이해하고 배려하는 바람직한 인성을 길러야 한다. 수학은 개인차가 크게 나타나는 교과이므로 학생의 인지 발달 단계, 학습 수준, 학습 특성 등을 고려하여 적절한 교수 · 학습방법을 적용해야 한다.

수학 I 은 공통 교육과정 기간인 중학교 3학년까지의 수학을 이수한 후 보다 높은 수준의 수학을 학습하기 위하여 선택할 수 있는 기본 과목이다.

수학 I 은‘다항식’, ‘방정식과부등식’, ‘도형의방정식’으로 구성된다. ‘다항식’ 영역에서는 다항식의 연산, 나머지정리, 인수분해를, ‘방정식과부등식’ 영역에서는 복소수와 이차방정식, 이차방정식과 이차함수, 여러 가지 방정식과 부등식을, ‘도형의방정식’ 영역에서는 평면좌표, 직선의 방정식, 원의 방정식, 도형의 이동, 부등식의 영역을 다룬다. 수학 I 과목의 목표는 다음과 같다.

수학적 개념, 원리, 법칙을 이해하고 수학적으로 사고하고 의사소통하는 능력을 길러, 여러 가지 현상과 문제를 수학적으로 고찰함으로써 합리적이고 창의적으로 해결하며, 수학 학습자로서 바람직한 인성과 태도를 기른다.

가. 다항식, 방정식과 부등식, 도형의 방정식에 관련된 개념, 원리, 법칙과 이들 사이의 관계를 이해하는 능력을 기른다.

나. 수학적으로 사고하고 의사소통하는 능력을 기른다.

다. 사회 및 자연의 수학적 현상에서 파악된 문제를 합리적이고 창의적으로 해결하는 능력을 기른다.

라. 수학에 대하여 관심과 흥미를 가지고, 수학의 가치를 이해하며, 수학 학습자로서 바람직한 인성과 태도를 기른다.

4. 내용의영역과기준

가 내용체계

영 역	내 용
다항식	· 다항식의 연산
	· 나머지정리
	· 인수분해
방정식과 부등식	· 복소수와 이차방정식
	· 이차방정식과 이차함수
	· 여러 가지 방정식
	· 여러 가지 부등식
도형의 방정식	· 평면좌표
	· 직선의 방정식
	· 원의 방정식
	· 도형의 이동
	· 부등식의 영역

나 영역성취기준

(1) 다항식의 사칙연산을 하고, 나머지 정리를 이해하며, 다항식의 인수분해를 할 수 있다.

(2) 복소수와 이차방정식을 이해하고, 이차방정식과 이차함수의 관계를 이해하며 여러 가지 방정식과 부등식을 풀 수 있다.

(3) 직선과 원의 방정식을 구하고, 부등식의 영역의 의미를 이해한다.

다 학습내용성취기준

(가) 다항식

1 다항식의 연산

① 다항식의 덧셈과 뺄셈을 할 수 있다.

② 다항식의 곱셈과 나눗셈을 할 수 있다.

- 50 -

2 나머지정리

① 항등식의 의미를 이해한다.

② 나머지정리의 의미를 이해하고, 이를 활용하여 문제를 해결할 수 있다.

3 인수분해

① 다항식의 인수분해를 할 수 있다.

〈용어와 기호〉 미정계수법, 나머지정리, 인수정리, 조립제법

<교수·학습상의 유의점>

① 조립제법은 예를 통하여 그 방법을 간단히 다룬다.

(나) 방정식과 부등식

1 복소수와 이차방정식

① 복소수의 뜻을 알고, 그 성질을 이해하고, 사칙계산을 할 수 있다.

② 이차방정식의 실근과 허근의 뜻을 안다.

③ 이차방정식에서 판별식의 의미를 이해하고, 이를 설명할 수 있다.

④ 이차방정식에서 근과 계수의 관계를 이해한다.

2 이차방정식과 이차함수

① 이차함수와 이차방정식의 관계를 이해한다.

② 이차함수의 그래프와 직선의 위치 관계를 이해한다.

③ 이차함수의 최대, 최소를 이해하고, 이를 활용할 수 있다.

3 여러 가지 방정식

① 간단한 삼차방정식과 사차방정식을 풀 수 있다.

② 미지수가 3개인 연립일차방정식과 미지수가 2개인 연립이차방정식을 풀 수 있다.

4 여러 가지 부등식

① 부등식의 성질을 이해하고, 절댓값을 포함한 일차부등식을 풀 수 있다.

② 이차함수와 이차부등식의 관계를 이해하고, 이차부등식과 연립이차부등식을 풀 수 있다.

〈용어와 기호〉 허수단위, 복소수, 실수부분, 허수부분, 허수, 켤레복소수, 실근, 허근, 판별식, $i, a+bi, \overline{a+bi}$

〈교수 · 학습상의 유의점〉

① 방정식은 계수가 실수인 경우만 다룬다.

② 방정식과 부등식의 풀이에서 지나치게 복잡한 계산문제는 다루지 않는다.

③ 삼차방정식, 사차방정식, 연립이차방정식, 이차부등식, 연립이차부등식용어는 교수·학습 상황에서 다루어질 수 있다.

㈐도형의 방정식

1평면좌표

① 두 점 사이의 거리를 구할 수 있다.

② 선분의 내분과 외분을 이해하고, 내분점과 외분점의 좌표를 구할 수 있다.

2직선의 방정식

① 여러 가지 직선의 방정식을 구할 수 있다.

② 두 직선의 평행조건과 수직 조건을 이해한다.

③ 점과 직선 사이의 거리를 구할 수 있다.

3원의 방정식

① 원의 방정식을 구할 수 있다.

② 좌표평면에서 원과 직선의 위치관계를 이해한다.

4도형의 이동

① 평행이동의 의미를 이해한다.

② 원점 x축 y축 직선$y=x$에 대한 대칭이동의 의미를 이해하고, 이를 설명 할 수 있다.

5부등식의 영역

① 부등식의 영역의 의미를 이해한다.

② 부등식의 영역을 활용하여 최대, 최소 문제를 해결할 수 있다.

〈용어와 기호〉 내분, 외분, 대칭이동, $f(x,y)=0$

〈교수 · 학습상의 유의점〉

① 좌표축의 평행이동은 다루지 않는다.

② 부등식의 영역의 활용에서는 간단한 소재를 택하여 다룬다.

③ 내분점, 외분점, 원의 방정식 용어는 교수·학습 상황에서 다루어질 수 있다.

5. 교수 · 학습방법

가. 교육과정의 성취 기준은 학생의 특성, 내용의 연계성, 지역성 및 현실성을 고려하여 지도한다.

나. 학년군별 내용의 배열 순서가 반드시 교수 · 학습의 순서를 의미하는 것은 아니므로, 교수 · 학습 계획을 수립하거나 학습 자료를 개발할 때에는 내용의 특성과 난이도, 학교여건, 학생의 수준 등을 고려하여 내용, 순서 등을 재구성할 수 있다.

다. 교육과정에 제시된 내용을 지도한 후 학습 결손이 있는 학생에게는 보충 학습, 우수한 학생에게는 심화학습의 기회를 추가로 제공할 수 있다.

라. 수학과 수업에서는 교육 내용과 학생의 특성을 고려하여 발견 학습, 탐구 학습, 협동 학습, 개별 학습, 설명식 교수 등 다양한 교수·학습방법을 활용할 수 있다.

마. 수학의 개념, 원리, 법칙, 기능의 교수 · 학습에서는 다음 사항에 유의한다.

(1) 생활 주변 현상, 사회 현상, 자연 현상 등의 여러 가지 현상을 학습 소재로 하여 수학의 개념, 원리, 법칙을 도입한다.

(2) 구체적 조작 활동과 탐구 활동을 통하여 학생 스스로 개념, 원리, 법칙을 발견하고 이를 정당화하게 한다.

(3) 문제를 해결할 때 수학의 기본적인 개념, 원리, 법칙, 기능을 이용할 수 있게 한다.

바. 의미 있는 발문을 하기 위하여 교수 · 학습에서 다음 사항에 유의한다.

(1) 발문을 할 때는 학생의 인지 발달과 경험을 고려하며, 발문에 대한 학생들의 반응을 의미 있게 처리한다.

(2) 학생의 사고를 촉진시키기 위해 가능하면 열린 형태의 발문을 통해 하나의 문제를 여러 가지 방법으로 해결하게 하고 다양한 방법을 비교하여 설명해 보게 한다.

사. 수학적 창의력을 신장시키기 위하여 교수 · 학습에서 다음 사항에 유의한다.

(1) 수학적 창의력의 신장이 이루어지도록 수학적 문제 해결력, 추론 능력, 의사소통 능력을 강조한다.

(2) 다양한 아이디어를 산출할 수 있는 수학적 과제를 통해 학생들의 확산적 사고를 촉진시킨다.

(3) 하나의 수학 문제를 여러 가지 방법으로 해결한 후 그 해결 방법을 비교해 보고 더 높은 차원으로 확장해서 사고할 수 있게 한다.

(4) 수학 개념이나 용어의 정의를 직접적으로 제시하기보다 학생 스스로 개념과 용어의 필요성을 인식하고 정의해 보게 한다.

아. 수학적 문제 해결력을 신장시키기 위하여 교수 · 학습에서 다음 사항에 유의한다.

(1) 문제 해결은 전 영역에서 지속적으로 지도한다.

(2) 학생 스스로 문제 상황을 탐색하고 수학적 지식과 사고 방법을 토대로 해결 방법을 적절히 활용하여 문제를 해결하게 한다.

(3) 문제 해결의 결과뿐만 아니라 문제 해결 방법과 과정, 문제를 만들어 보는 활동도 중시한다.

(4) 생활 주변 현상, 사회 현상, 자연 현상 등의 여러 가지 현상에서 파악된 문제를 해결하면서 수학적 개념, 원리, 법칙을 탐구하고, 이를 일반화하게 한다.

자. 수학적 추론 능력을 신장시키기 위하여 교수·학습에서 다음 사항에 유의한다.

(1) 귀납, 유추 등을 통해 학생 스스로 수학적 사실을 추측하고 이를 정당화할 수 있게 한다.

(2) 수학적 사실이나 명제를 분석하고, 수학적 관계를 조직하고 종합하며, 학생 자신의 사고 과정을 반성하게 한다.

(3) 수학적 추론을 통해 합리적으로 사고하는 능력을 키우고, 일상생활에서 자신의 의견을 정당화할 때 적절한 근거에 기초하여 논지를 전개할 수 있게 한다.

차. 수학적 의사소통 능력을 신장시키기 위하여 교수 · 학습에서 다음 사항에 유의한다.

(1) 수학용어, 기호, 표, 그래프 등의 수학적 표현을 이해하고 정확히 사용하게 한다.

(2) 수학적 아이디어를 말과 글로 설명하거나 시각적으로 표현하여 다른 사람과 효율적으로 의사소통할 수 있게 한다.

(3) 수학적 아이디어를 표현하고 토론하며 다른 사람의 수학적 아이디어와 사고를 이해하는 과정을 통해 의사소통의 중요성을 인식하게 한다.

카. 학생들의 인성을 함양시키기 위하여 교수 · 학습에서 다음 사항에 유의한다.

(1) 다른 학습자의 풀이 방법과 의견을 존중하며, 이를 통해 타인을 배려하는 성품을 기르게 한다.

(2) 자신의 수학적 아이디어를 설득력 있게 논리적으로 표현하여 그 타당성을 입증하고 이에 기초하여 합리적으로 결론을 내리는 과정을 통해 민주 시민의 소양을 기르게 한다.

(3) 수학 문제를 해결함에 있어 결과에 이르는 과정이 중요함을 인식하게 한다.

타. 수학에 대한 긍정적 태도를 신장시키기 위하여 교수 · 학습에서 다음 사항에 유의한다.

(1) 생활 주변 현상, 사회 현상, 자연 현상 등의 여러 가지 현상과 관련지어 수학을 배움으로써, 수학에 대한 가치를 인식하고 수학의 필요성을 알게 한다.

(2) 수학에 대한 흥미, 관심, 자신감을 갖도록 학습 동기와 의욕을 유발한다.

파. 수학 교수 · 학습 과정에서 교육기자재 및 수학 교과 교실의 활용은 다음 사항에 유의한다.

(1) 교수 · 학습의 전 과정을 통하여 적절하고 다양한 교육 기자재를 활용하여 수학 학습의 효과를 높이도록 한다.

(2) 계산 능력 배양을 목표로 하지 않는 경우의 복잡한 계산 수행, 수학의 개념, 원리, 법칙의 이해, 문제 해결력 향상 등을 위하여 계산기, 컴퓨터, 교육용 소프트웨어 등의 공학적 도구와 다양한 교구를 활용한다.

(3) 구체적인 조작과 탐구 활동을 통해 수학의 개념과 원리를 이해하고 수학 주제에 대해 모둠으로 토론함으로써 수학 학습의 효율을 높일 수 있도록 수학 교과 교실을 구축하여 활용한다.

하. 수학 학습 시 학생 스스로 학습 목표를 설정하고 학습을 수행하며 학습 결과를 스스로 평가하는 자기 주도적 학습 능력을 신장시킨다.

갸. 학교에서 수준별 수업을 운영할 때에는 다음 사항에 유의한다.

(1) 수준별 수업을 위해 집단을 편성할 때에는 학생 개인의 학습 능력과 수준, 적성과 희망 등을 감안하고, 교사 수급과 유휴 교실 등 학교 상황을 고려한다.
(2) 수준별 수업은 내용 요소를 차별화하기보다는 내용의 깊이나 접근 방법에 차이를 두어 진행한다.

6. 평가

가. 수학 학습의 평가는 학생의 인지적 영역과 정의적 영역에 대한 유용한 정보를 제공하고, 학생 개개인의 수학 학습과 전인적인 성장을 돕고 교사의 수업 방법을 개선하는 데 활용되어야 한다.
나. 수학 학습의 평가에서는 학생의 인지 발달 단계를 고려하고, 교육과정에 제시된 내용의 수준과 범위를 준수한다.
다. 수업의 전개 국면에 따라 진단평가, 형성평가, 총괄평가 등을 적절히 실시하되, 지속적인 평가를 통하여 다양한 정보를 수집하고 수업에 활용한다.
라. 수학 학습의 평가에서는 선택형 위주의 평가를 지양하고 서술형 평가, 관찰, 면담, 자기평가 등의 다양한 평가 방법을 활용하여 수학 학습에 대한 종합적인 평가가 이루어질 수 있게 한다.
마. 인지적 영역에 대한 평가에서는 학생의 수학적 사고력 신장을 위하여 결과뿐만 아니라 과정도 중시하여 평가하되, 수학의 교수 · 학습에서 전반적으로 요구되는 다음 사항을 강조한다.
(1) 수학의 기본적인 개념, 원리, 법칙을 이해하고 적용하는 능력
(2) 수학의 용어와 기호를 정확하게 사용하고 표현하는 능력
(3) 수학적 지식과 기능을 활용하여 추론하는 능력
(4) 다양한 상황에서 발생하는 여러 가지 문제를 수학적으로 사고하여 해결하는 능력
(5) 생활 주변 현상, 사회 현상, 자연 현상 등의 여러 가지 현상을 수학적으로 관찰, 분석, 조직하는 능력
(6) 수학적 사고 과정과 결과를 합리적으로 의사소통하는 능력

(7) 수학적 지식과 기능을 바탕으로 창의적으로 사고하는 능력

바. 정의적 영역에 대한 평가에서는 학생의 수학에 대한 긍정적 태도를 신장시키기 위하여 수학 및 수학 학습에 대한 관심, 흥미, 자신감, 가치 인식 등의 정도를 파악한다.

사. 수학 학습의 평가에서는 평가하는 학습 내용과 방법에 따라 학생에게 계산기, 컴퓨터, 교육용 소프트웨어 등의 공학적 도구와 다양한 교구를 이용할 수 있는 기회를 제공한다.

2. 수학Ⅱ

1. 추구하는인간상

우리나라의 교육은 홍익인간의 이념 아래 모든 국민으로 하여금 인격을 도야하고, 자주적 생활 능력과 민주 시민으로서 필요한 자질을 갖추게 하여 인간다운 삶을 영위하게하고, 민주 국가의 발전과 인류 공영의 이상을 실현하는 데 이바지하게 함을 목적으로 하고 있다.

이러한 교육 이념을 바탕으로, 이 교육과정이 추구하는 인간상은 다음과 같다.

가. 전인적 성장의 기반 위에 개성의 발달과 진로를 개척하는 사람
나. 기초 능력의 바탕위에 새로운 발상과 도전으로 창의성을 발휘하는 사람
다. 문화적 소양과 다원적 가치에 대한 이해를 바탕으로 품격 있는 삶을 영위하는 사람
라. 세계와 소통하는 시민으로서 배려와 나눔의 정신으로 공동체 발전에 참여하는 사람

2. 고등학교교육목표

고등학교 교육은 중학교 교육의 성과를 바탕으로, 학생의 적성과 소질에 맞는 진로 개척 능력과 세계 시민으로서의 자질을 함양하는데 중점을 둔다.

(1) 성숙한 자아의식을 토대로 다양한 분야의 지식과 기능을 익혀 진로를 개척하며 평생 학습의 기본 역량과 태도를 갖춘다.
(2) 학습과 생활에서 새로운 이해와 가치를 창출 할 수 있는 비판적, 창의적 사고력과 태도를 익힌다.
(3) 우리의 문화를 향유하고 다양한 문화와 가치를 수용할 수 있는 자질과 태도를 갖춘다.
(4) 국가 공동체의 발전을 위해 노력하며, 세계 시민으로서의 자질과 태도를 기른다.

3. 목표

수학과는 수학의 개념, 원리, 법칙을 이해하고 기능을 습득하여 주변의 여러 가지 현상을 수학적으로 관찰하고 해석하는 능력을 기르며, 수학적 문제 상황을 수리 · 논리적 사고를 통하여 합리적으로 해결하는 능력과 태도를 기르는 교과이다.

복잡하고 전문화되어가는 미래 사회에서 사회 구성원에게 필요한 핵심 역량은 창의적 사고 능력, 문제 해결 능력, 정보 처리 능력, 의사소통 능력 등으로, 이는 주로 수학적 추론, 수학적 문제 해결, 수학적 의사소통과 같은 수학적 과정의 교수 · 학습을 통하여 증진된다. 수학적 과정을 통해 길러진 핵심 역량은 타 교과의 성공적인 학습에 기반이 될 뿐아니라 나아가 개인의 전문적 능력의 증진과 창의 · 인성 중심의 21세기 지식 기반 사회의 민주 시민에게 필요한 소양과 경쟁력을 갖추는 데에도 토대가 된다.

한편, 학교 수학에서는 인지적 능력의 증진은 물론 수학에 대한 흥미와 호기심, 수학 학습에 대한 자신감과 긍정적인 태도 등 정의적 영역의 개선과 더불어 상대방을 이해하고 배려하는 바람직한 인성을 길러야 한다. 수학은 개인차가 크게 나타나는 교과이므로 학생의 인지 발달 단계, 학습 수준, 학습 특성 등을 고려하여 적절한 교수 · 학습 방법을 적용해야 한다.

수학Ⅱ는 공통 교육과정 기간인 중학교 3학년까지의 수학과 수학Ⅰ의 내용을 이해한 학생이 보다 높은 수준의 수학을 학습하기 위하여 선택할 수 있는 과목 이다.

수학Ⅱ는 '집합과명제', '함수', '수열', '지수와 로그'로 구성 된다. '집합과명제' 영역에서는 집합의 개념과 연산법칙, 명제의 개념과 증명을, '함수' 영역에서는 함수와 역함수, 유리함수, 무리함수를, '수열' 영역에서는 등차수열과 등비수열, 수열의합, 수학적 귀납법을, '지수와 로그' 영역에서는 지수의 확장과 지수법칙, 로그의 개념과 상용로그를 다룬다. 수학Ⅱ 과목의 목표는 다음과 같다.

수학적 개념, 원리, 법칙을 이해하고 수학적으로 사고하고 의사소통하는 능력을 길러, 여러 가지 현상과 문제를 수학적으로 고찰함으로써 합리적이고 창의적으로 해결하며, 수학 학습자로서 바람직한 인성과 태도를 기른다.

가. 집합과 명제, 함수, 수열, 지수와 로그에 관련된 개념, 원리, 법칙과 이들 사이의 관계를 이해하는 능력을 기른다.

나. 수학적으로 사고하고 의사소통하는 능력을 기른다.

다. 사회 및 자연의 수학적 현상에서 파악된 문제를 합리적이고 창의적으로 해결하는 능력을 기른다.

라. 수학에 대하여 관심과 흥미를 가지고, 수학의 가치를 이해하며, 수학 학습자로서 바람직한 인성과 태도를 기른다.

4. 내용의 영역과 기준

가. 내용 체계

영 역	내 용
집합과 명제	· 집합
	· 명제
함수	· 함수
	· 유리함수와 무리함수
수열	· 등차수열과 등비수열
	· 수열의 합
	· 수학적 귀납법
지수와 로그	· 지수
	· 로그

나. 영역 성취 기준

(1) 집합의 개념을 이해하고 연산을 하며, 명제를 이해하고 증명할 수 있다.

(2) 함수의 합성과 역함수를 이해하며, 유리함수와 무리함수의 그래프를 그리고, 그 그래프의 성질을 이해한다.

(3) 등차수열과 등비수열의 뜻을 알고, 수열의 합을 구할 수 있으며 수학적 귀납법의 원리를 이해한다.

(4) 지수와 로그의 뜻을 알고 그 성질을 이해한다.

다. 학습내용 성취 기준

(가) 집합과 명제

[1] 집합

① 집합의 개념을 이해하고, 집합을 표현할 수 있다.
② 두 집합 사이의 포함 관계를 이해한다.
③ 집합의 연산을 할 수 있다.

[2] 명제

① 명제와 조건의 뜻을 알고, '모든', '어떤'을 포함한 명제를 이해한다.
② 명제의 역과 대우를 이해한다.
③ 필요조건과 충분조건을 이해한다.
④ 절대부등식의 의미를 이해하고, 간단한 절대부등식을 증명할 수 있다.
⑤ 대우를 이용한 증명법과 귀류법을 이해한다.

〈용어와 기호〉 집합, 원소, 공집합, 부분집합, 진부분집합, 벤 다이어그램, 합집합, 교집합, 전체집합, 여집합, 차집합, (집합의) 서로소, (집합의) 교환법칙,(집합의) 결합법칙, (집합의) 분배법칙, 드 모르간의 법칙, 명제, 가정, 결론, 정의, 정리, 증명, 조건, 진리집합, 부정, 역, 대우, 필요조건, 충분조건, 필요충분조건, 절대부등식, 귀류법, $a \in A$, $b \notin B$, $\varnothing$, $A \subset B$, $A \not\subset B$, $A = B$, $A \neq B$, $A \cup B$, $A \cap B$, U, A^C, $A - B$, $n(A)$, $\sim p$, $p \rightarrow q$, $p \Rightarrow q$, $p \Leftrightarrow q$

〈교수·학습상의 유의점〉

① 집합의 연산법칙은 벤 다이어그램으로 확인하는 정도로 간단히 다룬다.
② 명제와 조건의 뜻은 수학적인 문장을 이해하는 수준에서 간단히 다룬다.
③ 명제의 증명은 간단한 것만 다룬다.
④ 대우를 이용한 증명법과 귀류법은 구체적인 예를 통해 이해하게 한다.
⑤ 원소나열법, 조건제시법, 유한집합, 무한집합, 서로 같다 용어는 교수·학습 상황에서 다루어질 수 있다.

(나) 함수

[1] 함수

① 함수의 뜻을 알고, 그 그래프를 이해한다.
② 함수의 합성을 이해하고, 합성함수를 구할 수 있다.
③ 역함수의 뜻을 알고, 주어진 함수의 역함수를 구할 수 있다.

[2] 유리함수와 무리함수

① 유리함수 $y = \dfrac{ax+b}{cx+d}$ 의 그래프를 그릴 수 있고, 그 그래프의 성질을 이해한다.
② 무리함수 $y = \sqrt{ax+b+c}$ 의 그래프를 그릴 수 있고, 그 그래프의 성질을 이해한다.

〈**용어와 기호**〉 정의역, 치역, 공역, 대응, 일대일대응, 항등함수, 상수함수, 일대일함수, 합성함수, 역함수, 다항함수, 유리식, 무리식, 유리함수, 점근선, 무리함수, $f: X \to Y, g \circ f$, $(g \circ f)(x), y = g(f(x)), f^{-1}, y = f^{-1}(x)$

〈**교수·학습상의 유의점**〉

① 함수의 그래프는 공학적 도구를 활용하여 이해하게 할 수 있다.

② 유리식, 무리식은 유리함수, 무리함수의 의미를 이해할 수 있는 정도로 간단히 다룬다.

㈐ 수열

[1] 등차수열과 등비수열

① 수열의 뜻을 안다.

② 등차수열의 뜻을 알고, 일반항, 첫째항부터 제n항까지의 합을 구할 수 있다.

③ 등비수열의 뜻을 알고, 일반항, 첫째항부터 제n항까지의 합을 구할 수 있다.

[2] 수열의 합

① $\sum$의 뜻을 알고, 그 성질을 이해하고, 이를 활용할 수 있다.

② 여러 가지 수열의 첫째항부터 n제항까지의 합을 구할 수 있다.

[3] 수학적 귀납법

① 수열의 귀납적 정의를 이해한다.

② 수학적 귀납법의 원리를 이해한다.

③ 수학적 귀납법을 이용하여 명제를 증명할 수 있다.

〈**용어와 기호**〉 수열, 항, 일반항, 공차, 등차수열, 등차중항, 공비, 등비수열, 등 비중항, 귀납적 정의, 수학적 귀납법, a_n, $\{a_n\}$, $\sum_{k=1}^{n} a_k$

〈**교수·학습상의 유의점**〉

① 여러 가지 수열의 합에서는 자연수의 거듭제곱의 합 $\sum_{k=1}^{n} k$, $\sum_{k=1}^{n} k^2$, $\sum_{k=1}^{n} k^3$과 수열의 합이 간단한 것만 다룬다.

② 수열과 관련된 실생활 문제를 귀납적으로 표현할 수 있게 하고, 귀납적으로 정의된 수열의 일반항을 구하는 문제는 다루지 않는다.

③ 수학적 귀납법에 의한 증명은 원리를 이해할 수 있는 정도로 간단히 다룬다.

④ 기호 S_n은 교수·학습 상황에서 다루어질 수 있다.

- 62 -

㈑ 지수와 로그

[1] 지수

① 거듭제곱과 거듭제곱근의 뜻을 알고, 그 성질을 이해한다.
② 지수가 유리수, 실수까지 확장될 수 있음을 이해한다.
③ 지수법칙을 이해하고, 이를 이용하여 식을 간단히 나타낼 수 있다.

[2] 로그

① 로그의 뜻을 알고, 그 성질을 이해한다.
② 상용로그를 이해하고, 이를 활용할 수 있다.

〈용어와 기호〉 거듭제곱근, 로그, (로그의) 밑, 진수, 상용로그, $\sqrt[n]{a}$, $\log_a N$, $\log N$

〈교수 · 학습상의 유의점〉

① 지수가 실수인 경우는 직관적으로 다룬다.
② 로그의 성질은 지수의 성질과 관련지어 이해하게 한다.
③ 지수나 로그에 관련된 문제를 다룰 때 공학적 도구를 활용할 수 있게 한다.

5. 교수·학습 방법

가. 교육과정의 성취 기준은 학생의 특성, 내용의 연계성, 지역성 및 현실성을 고려하여 지도한다.

나. 학년군별 내용의 배열 순서가 반드시 교수 · 학습의 순서를 의미하는 것은 아니므로, 교수 · 학습 계획을 수립하거나 학습 자료를 개발할 때에는 내용의 특성과 난이도, 학교 여건, 학생의 수준 등을 고려하여 내용, 순서 등을 재구성할 수 있다.

다. 교육과정에 제시된 내용을 지도한 후 학습 결손이 있는 학생에게는 보충 학습, 우수한 학생에게는 심화 학습의 기회를 추가로 제공할 수 있다.

라. 수학과 수업에서는 교육 내용과 학생의 특성을 고려하여 발견 학습, 탐구 학습, 협동 학습, 개별 학습, 설명식 교수 등 다양한 교수·학습 방법을 활용할 수 있다.

마. 수학의 개념, 원리, 법칙, 기능의 교수 · 학습에서는 다음 사항에 유의한다.

(1) 생활 주변 현상, 사회 현상, 자연 현상 등의 여러 가지 현상을 학습 소재로 하여 수학의 개념, 원리, 법칙을 도입한다.

(2) 구체적 조작 활동과 탐구 활동을 통하여 학생 스스로 개념, 원리, 법칙을 발견하고 이를 정당화하게 한다.

(3) 문제를 해결할 때 수학의 기본적인 개념, 원리, 법칙, 기능을 이용할 수 있게 한다.

바. 의미 있는 발문을 하기 위하여 교수 · 학습에서 다음 사항에 유의한다.

(1) 발문을 할 때는 학생의 인지 발달과 경험을 고려하며, 발문에 대한 학생들의 반응을 의미 있게 처리한다.

(2) 학생의 사고를 촉진시키기 위해 가능하면 열린 형태의 발문을 통해 하나의 문제를 여러 가지 방법으로 해결하게 하고 다양한 방법을 비교하여 설명해 보게 한다.

사. 수학적 창의력을 신장시키기 위하여 교수 · 학습에서 다음 사항에 유의한다.

(1) 수학적 창의력의 신장이 이루어지도록 수학적 문제 해결력, 추론 능력, 의사소통 능력을 강조한다.

(2) 다양한 아이디어를 산출할 수 있는 수학적 과제를 통해 학생들의 확산적 사고를 촉진시킨다.

(3) 하나의 수학 문제를 여러 가지 방법으로 해결한 후 그 해결 방법을 비교해 보고, 더 높은 차원으로 확장해서 사고할 수 있게 한다.

(4) 수학 개념이나 용어의 정의를 직접적으로 제시하기보다 학생 스스로 개념과 용어의 필요성을 인식하고 정의해 보게 한다.

아. 수학적 문제 해결력을 신장시키기 위하여 교수 · 학습에서 다음 사항에 유의한다.

(1) 문제 해결은 전 영역에서 지속적으로 지도한다.

(2) 학생 스스로 문제 상황을 탐색하고 수학적 지식과 사고 방법을 토대로 해결방법을 적절히 활용하여 문제를 해결하게 한다.

(3) 문제 해결의 결과뿐만 아니라 문제 해결 방법과 과정, 문제를 만들어 보는 활동도 중시한다.

(4) 생활 주변 현상, 사회 현상, 자연 현상 등의 여러 가지 현상에서 파악된 문제를 해결하면서 수학적 개념, 원리, 법칙을 탐구하고, 이를 일반화하게 한다.

자. 수학적 추론 능력을 신장시키기 위하여 교수·학습에서 다음 사항에 유의한다.

(1) 귀납, 유추 등을 통해 학생 스스로 수학적 사실을 추측하고, 이를 정당화할 수 있게 한다.

(2) 수학적 사실이나 명제를 분석하고, 수학적 관계를 조직하고 종합하며, 학생 자신의 사고 과정을 반성하게 한다.

(3) 수학적 추론을 통해 합리적으로 사고하는 능력을 키우고, 일상생활에서 자신의 의견을 정당화할 때 적절한 근거에 기초하여 논지를 전개할 수 있게 한다.

차. 수학적 의사소통 능력을 신장시키기 위하여 교수 · 학습에서 다음 사항에 유의한다.

(1) 수학 용어, 기호, 표, 그래프 등의 수학적 표현을 이해하고 정확히 사용하게 한다.

(2) 수학적 아이디어를 말과 글로 설명하거나 시각적으로 표현하여 다른 사람과 효율적으로 의사소통할 수 있게 한다.

(3) 수학적 아이디어를 표현하고 토론하며 다른 사람의 수학적 아이디어와 사고를 이해하는 과정을 통해 의사소통의 중요성을 인식하게 한다.

카. 학생들의 인성을 함양시키기 위하여 교수 · 학습에서 다음 사항에 유의한다.

(1) 다른 학습자의 풀이 방법과 의견을 존중하며, 이를 통해 타인을 배려하는 성품을 기르게 한다.

(2) 자신의 수학적 아이디어를 설득력 있게 논리적으로 표현하여 그 타당성을 입증하고 이에 기초하여 합리적으로 결론을 내리는 과정을 통해 민주 시민의 소양을 기르게 한다.

(3) 수학 문제를 해결함에 있어 결과에 이르는 과정이 중요함을 인식하게 한다.

타. 수학에 대한 긍정적 태도를 신장시키기 위하여 교수 · 학습에서 다음 사항에 유의한다.

(1) 생활 주변 현상, 사회 현상, 자연 현상 등의 여러 가지 현상과 관련지어 수학을 배움으로써, 수학에 대한 가치를 인식하고 수학의 필요성을 알게 한다.

(2) 수학에 대한 흥미, 관심, 자신감을 갖도록 학습 동기와 의욕을 유발한다.

파. 수학 교수 · 학습 과정에서 교육기자재 및 수학 교과 교실의 활용은 다음 사항에 유의한다.

(1) 교수 · 학습의 전 과정을 통하여 적절하고 다양한 교육 기자재를 활용하여 수학 학습의 효과를 높이도록 한다.

(2) 계산 능력 배양을 목표로 하지 않는 경우의 복잡한 계산 수행, 수학의 개념, 원리, 법칙의 이해, 문제 해결력 향상 등을 위하여 계산기, 컴퓨터, 교육용 소프트웨어 등의 공학적 도구와 다양한 교구를 활용한다.

(3) 구체적인 조작과 탐구 활동을 통해 수학의 개념과 원리를 이해하고 수학 주제에 대해 모둠으로 토론함으로써 수학 학습의 효율을 높일 수 있도록 수학 교과 교실을 구축하여 활용한다.

하. 수학 학습 시 학생 스스로 학습 목표를 설정하고 학습을 수행하며 학습 결과를 스스로 평가하는 자기 주도적 학습 능력을 신장시킨다.

갸. 학교에서 수준별 수업을 운영할 때에는 다음 사항에 유의한다.

(1) 수준별 수업을 위해 집단을 편성할 때에는 학생 개인의 학습 능력과 수준, 적성과 희망 등을 감안하고, 교사 수급과 유휴 교실 등 학교 상황을 고려한다.

(2) 수준별 수업은 내용 요소를 차별화하기보다는 내용의 깊이나 접근 방법에 차이를 두어 진행한다.

6. 평가

가. 수학 학습의 평가는 학생의 인지적 영역과 정의적 영역에 대한 유용한 정보를 제공하고, 학생 개개인의 수학 학습과 전인적인 성장을 돕고 교사의 수업 방법을 개선하는 데 활용되어야 한다.

나. 수학 학습의 평가에서는 학생의 인지 발달 단계를 고려하고, 교육과정에 제시된 내용의 수준과 범위를 준수한다.

다. 수업의 전개 국면에 따라 진단평가, 형성평가, 총괄평가 등을 적절히 실시하되, 지속적인 평가를 통하여 다양한 정보를 수집하고 수업에 활용한다.

라. 수학 학습의 평가에서는 선택형 위주의 평가를 지양하고 서술형 평가, 관찰, 면담, 자기평가 등의 다양한 평가 방법을 활용하여 수학 학습에 대한 종합적이 평가가 이루어질 수 있게 한다.

마. 인지적 영역에 대한 평가에서는 학생의 수학적 사고력 신장을 위하여 결과뿐만 아니라 과정도 중시하여 평가하되, 수학의 교수 · 학습에서 전반적으로 요구되는 다음 사항을 강조한다.

(1) 수학의 기본적인 개념, 원리, 법칙을 이해하고 적용하는 능력

(2) 수학의 용어와 기호를 정확하게 사용하고 표현하는 능력

(3) 수학적 지식과 기능을 활용하여 추론하는 능력

(4) 다양한 상황에서 발생하는 여러 가지 문제를 수학적으로 사고하여 해결하는 능력

(5) 생활 주변 현상, 사회 현상, 자연 현상 등의 여러 가지 현상을 수학적으로 관찰, 분석, 조직하는 능력

(6) 수학적 사고 과정과 결과를 합리적으로 의사소통하는 능력

(7) 수학적 지식과 기능을 바탕으로 창의적으로 사고하는 능력

바. 정의적 영역에 대한 평가에서는 학생의 수학에 대한 긍정적 태도를 신장시키기 위하여 수학 및 수학 학습에 대한 관심, 흥미, 자신감, 가치 인식 등의 정도를 파악한다.

사. 수학 학습의 평가에서는 평가하는 학습 내용과 방법에 따라 학생에게 계산기, 컴퓨터, 교육용 소프트웨어 등의 공학적 도구와 다양한 교구를 이용할 수 있는 기회를 제공한다.

3. 확률과 통계

1. 추구하는 인간상

우리나라의 교육은 홍익인간의 이념 아래 모든 국민으로 하여금 인격을 도야하고, 자주적 생활 능력과 민주 시민으로서 필요한 자질을 갖추게 하여 인간다운 삶을 영위하게 하고, 민주 국가의 발전과 인류 공영의 이상을 실현하는 데 이바지하게 함을 목적으로 하고 있다.

이러한 교육 이념을 바탕으로, 이 교육과정이 추구하는 인간상은 다음과 같다.

가. 전인적 성장의 기반 위에 개성의 발달과 진로를 개척하는 사람

나. 기초 능력의 바탕 위에 새로운 발상과 도전으로 창의성을 발휘하는 사람

다. 문화적 소양과 다원적 가치에 대한 이해를 바탕으로 품격 있는 삶을 영위하는 사람

라. 세계와 소통하는 시민으로서 배려와 나눔의 정신으로 공동체 발전에 참여하는 사람

2. 고등학교 교육목표

고등학교 교육은 중학교 교육의 성과를 바탕으로, 학생의 적성과 소질에 맞는 진로

개척 능력과 세계 시민으로서의 자질을 함양하는데 중점을 둔다.

(1) 성숙한 자아의식을 토대로 다양한 분야의 지식과 기능을 익혀 진로를 개척하며 평생학습의 기본 역량과 태도를 갖춘다.

(2) 학습과 생활에서 새로운 이해와 가치를 창출할 수 있는 비판적, 창의적 사고력과 태도를 익힌다.

(3) 우리의 문화를 향유하고 다양한 문화와 가치를 수용할 수 있는 자질과 태도를 갖춘다.

(4) 국가 공동체의 발전을 위해 노력하며, 세계 시민으로서의 자질과 태도를 기른다.

- 68 -

3. 목표

수학과는 수학의 개념, 원리, 법칙을 이해하고 기능을 습득하여 주변의 여러 가지 현상을 수학적으로 관찰하고 해석하는 능력을 기르며, 수학적 문제 상황을 수리 · 논리적 사고를 통하여 합리적으로 해결하는 능력과 태도를 기르는 교과이다.

복잡하고 전문화되어가는 미래 사회에서 사회 구성원에게 필요한 핵심 역량은 창의적 사고 능력, 문제 해결 능력, 정보처리 능력, 의사소통 능력 등으로, 이는 주로 수학적 추론, 수학적 문제 해결, 수학적 의사소통과 같은 수학적 과정의 교수 · 학습을 통하여 증진된다. 수학적 과정을 통해 길러진 핵심 역량은 타 교과의 성공적인 학습에 기반이 될 뿐 아니라, 나아가 개인의 전문적 능력의 증진과 창의 · 인성 중심의 21세기 지식 기반 사회의 민주 시민에게 필요한 소양과 경쟁력을 갖추는 데에도 토대가 된다.

한편, 학교 수학에서는 인지적 능력의 증진은 물론 수학에 대한 흥미와 호기심, 수학 학습에 대한 자신감과 긍정적인 태도 등 정의적 영역의 개선과 더불어 상대방을 이해하고 배려하는 바람직한 인성을 길러야 한다. 수학은 개인차가 크게 나타나는 교과이므로

학생의 인지 발달 단계, 학습 수준, 학습 특성 등을 고려하여 적절한 교수 · 학습 방법을 적용해야 한다.

확률과 통계는 미적분 I이나 미적분 II의 내용을 이해한 학생이 선택하는 것이 바람직하지만, 미적분 I이나 미적분 II를 이수하지 않은 학생도 선택할 수 있는 과목이다.

확률과 통계는 '순열과 조합', '확률', '통계'로 구성된다. '순열과 조합' 영역에서는 경우의 수, 순열과 조합, 분할, 이항정리를, '확률' 영역에서는 확률의 뜻과 활용, 조건부확률을, '통계' 영역에서는 확률분포, 통계적 추정을 다룬다. 확률과 통계 과목의 목표는 다음과 같다.

수학적 개념, 원리, 법칙을 이해하고, 수학적 및 통계적으로 사고하고 의사소통하는 능력을 길러, 여러 가지 현상과 문제를 수학적으로 고찰함으로써 합리적이고 창의적으로 해결하며, 수학 학습자로서 바람직한 인성과 태도를 기른다.

가. 순열과 조합, 확률, 통계에 관련된 개념, 원리, 법칙과 이들 사이의 관계를 이해하는 능력을 기른다.

나. 수학적 및 통계적으로 사고하고 의사소통하는 능력을 기른다.

다. 사회 및 자연의 수학적 현상에서 파악된 문제를 합리적이고 창의적으로 해결하는 능력을 기른다.

라. 수학에 대하여 관심과 흥미를 가지고, 수학의 가치를 이해하며, 수학 학습자로서 바람직한 인성과 태도를 기른다.

4. 내용의 영역과 기준

가. 내용 체계

영 역	내 용
순영과 조합	· 경우의 수
	· 순열과 조합
	· 분할
	· 이항정리
확률	· 확률의 뜻과 활용
	· 조건부확률
통계	· 확률분포
	· 통계적 추정

나. 영역 성취 기준

(1) 순열과 조합의 수, 분할의 수를 구하고, 이항정리를 이해한다.

(2) 확률의 기본 성질을 이해하고, 조건부확률을 구할 수 있다.

(3) 확률분포의 성질을 이해하고, 모평균과 모비율을 추정하여 그 결과를 해석할 수 있다.

다. 학습내용 성취 기준

(가) 순열과 조합

[1] 경우의 수

① 합의 법칙과 곱의 법칙을 이해하고, 이를 이용하여 경우의 수를 구할 수 있다.

[2] 순열과 조합

① 순열의 뜻을 알고, 순열의 수를 구할 수 있다.

② 조합의 뜻을 알고, 조합의 수를 구할 수 있다.

③ 원순열, 중복순열, 같은 것이 있는 순열을 이해하고, 그 순열

의 수를 구할 수 있다.

④ 중복조합을 이해하고, 그 조합의 수를 구할 수 있다.

3 분할

① 유한집합을 서로소인 몇 개의 집합의 합집합으로 나타낼 수 있는 방법의 수를 구할 수 있다.

② 자연수를 몇 개의 자연수의 합으로 나타낼 수 있는 방법의 수를 구할 수 있다.

4 이항정리

① 이항정리를 이해한다.

② 이항정리를 이용하여 여러 가지 문제를 해결할 수 있다.

〈용어와 기호〉 합의 법칙, 곱의 법칙, 순열, 계승, 조합, 원순열, 중복순열, 중복조합, 자연수의 분할, 집합의 분할, 이항정리, 이항계수, 파스칼의 삼각형, ${}_{n}p_{r}$, $n!$, ${}_{n}C_{r}$, ${}_{n}\Pi_{r}$, ${}_{n}H_{r}$, $S(n,k)$, $P(n,k)$

〈교수·학습상의 유의점〉

① 합의 법칙과 곱의 법칙은 구체적인 예를 통해 직접 나열해 보거나 수형도를 그려 보는 등의 활동을 통해 그 의미를 이해하고 설명해 보게 한다.

② 경우의 수, 순열, 조합, 분할을 이용하여 실생활 문제를 해결해 봄으로써 그 유용성을 인식하게 한다.

③ 염주순열, 같은 것이 있는 원순열은 다루지 않는다.

④ 분할의 수를 구하는 식은 예를 통하여 이해하고 설명해 보게 한다.

(나) 확률

1 확률의 뜻과 활용

① 통계적 확률과 수학적 확률의 의미를 이해한다.

② 확률의 기본 성질을 이해한다.

③ 확률의 덧셈정리를 이해하고, 이를 활용할 수 있다.

④ 여사건의 확률의 뜻을 알고, 이를 활용할 수 있다.

2 조건부확률

① 조건부확률의 뜻을 알고, 이를 구할 수 있다.

② 사건의 독립과 종속의 의미를 이해하고, 이를 설명할 수 있다.

③ 확률의 곱셈정리를 이해하고, 이를 활용할 수 있다.

〈용어와 기호〉 시행, 통계적 확률, 수학적 확률, 여사건, 배반사건,

조건부확률, 종속, 독립, 독립시행, $P(A), P(B|A)$

〈교수·학습상의 유의점〉

① 통계적 확률과 수학적 확률의 관계를 이해하게 한다.

② 독립시행의 확률은 통계 영역의 이항분포와 함께 도입하여 다룰 수도 있다.

(다) 통계

[1] 확률분포

① 확률변수와 확률분포의 뜻을 안다.

② 이산확률변수의 기댓값(평균)과 표준편차를 구할 수 있다.

③ 이항분포의 뜻을 알고, 평균과 표준편차를 구할 수 있다.

④ 정규분포의 뜻을 알고, 그 성질을 이해한다.

[2] 통계적 추정

① 모집단과 표본의 뜻을 알고, 표본평균과 모평균의 관계를 이해한다.

② 모평균을 추정하고, 그 결과를 해석할 수 있다.

③ 표본비율과 모비율의 관계를 이해하여 모비율을 추정하고, 그 결과를 해석 할 수 있다.

〈용어와 기호〉 확률변수, 이산확률변수, 확률질량함수, 확률분포, 연속확률변수, 확률밀도함수, 기댓값, 이항분포, 큰 수의 법칙, 정규분포, 표준화, 표준정규분포, 모집단, 표본, 전수조사, 표본조사, 임의추출, 모평균, 모분산, 모표준편차, 표본평균, 표본분산, 표본표준편차, 모비율, 표본비율, 추정, 신뢰도, 신뢰구간, $P(X=x), E(X), V(X), \sigma(X), b(n,p), N(m,\sigma^2), N(0,1),$ $\overline{X}, S^2, S, \hat{p}$

〈교수·학습상의 유의점〉

① 모집단과 표본은 실제적인 예를 통하여 이해하게 한다.

② 모평균 추정은 모집단의 분포가 정규분포인 경우만 다루고, 모비율 추정은 표본의 크기가 큰 경우만 다룬다.

③ 확률분포와 통계적 추정을 다룰 때에는 공학적 도구를 활용하여 실생활 자료를 처리해 보게 할 수 있다.

④ 미적분 I 을 이수한 학생들에게는 연속확률변수와 관련된 내용을 적분을 이용하여 설명할 수도 있다.

- 72 -

5. 교수·학습 방법

가. 교육과정의 성취 기준은 학생의 특성, 내용의 연계성, 지역성 및 현실성을 고려하여 지도한다.

나. 학년군별 내용의 배열 순서가 반드시 교수 · 학습의 순서를 의미하는 것은 아니므로, 교수 · 학습 계획을 수립하거나 학습 자료를 개발할 때에는 내용의 특성과 난이도, 학교 여건, 학생의 수준 등을 고려하여 내용, 순서 등을 재구성할 수 있다.

다. 교육과정에 제시된 내용을 지도한 후 학습 결손이 있는 학생에게는 보충 학습, 우수한 학생에게는 심화 학습의 기회를 추가로 제공할 수 있다.

라. 수학과 수업에서는 교육 내용과 학생의 특성을 고려하여 발견 학습, 탐구 학습, 협동 학습, 개별 학습, 설명식 교수 등 다양한 교수·학습 방법을 활용할 수 있다.

마. 수학의 개념, 원리, 법칙, 기능의 교수 · 학습에서는 다음 사항에 유의한다.

(1) 생활 주변 현상, 사회 현상, 자연 현상 등의 여러 가지 현상을 학습 소재로 하여 수학의 개념, 원리, 법칙을 도입한다.

(2) 구체적 조작 활동과 탐구 활동을 통하여 학생 스스로 개념, 원리, 법칙을 발견하고 이를 정당화하게 한다.

(3) 문제를 해결할 때 수학의 기본적인 개념, 원리, 법칙, 기능을 이용할 수 있게 한다.

바. 의미 있는 발문을 하기 위하여 교수 · 학습에서 다음 사항에 유의한다.

(1) 발문을 할 때는 학생의 인지 발달과 경험을 고려하며, 발문에 대한 학생들의 반응을 의미 있게 처리한다.

(2) 학생의 사고를 촉진시키기 위해 가능하면 열린 형태의 발문을 통해 하나의 문제를 여러 가지 방법으로 해결하게 하고 다양한 방법을 비교하여 설명해 보게 한다.

사. 수학적 창의력을 신장시키기 위하여 교수 · 학습에서 다음 사항에 유의한다.

(1) 수학적 창의력의 신장이 이루어지도록 수학적 문제 해결력, 추론 능력, 의사소통 능력을 강조한다.

(2) 다양한 아이디어를 산출할 수 있는 수학적 과제를 통해 학생들의 확산적 사고를 촉진시킨다.

(3) 하나의 수학 문제를 여러 가지 방법으로 해결한 후 그 해결 방법을 비교해 보고, 더 높은 차원으로 확장해서 사고할 수 있게 한다.

(4) 수학 개념이나 용어의 정의를 직접적으로 제시하기보다 학생 스스로 개념과 용어의 필요성을 인식하고 정의해 보게 한다.

아. 수학적 문제 해결력을 신장시키기 위하여 교수 · 학습에서 다음 사항에 유의한다.

(1) 문제 해결은 전 영역에서 지속적으로 지도한다.

(2) 학생 스스로 문제 상황을 탐색하고 수학적 지식과 사고 방법을 토대로 해결 방법을 적절히 활용하여 문제를 해결하게 한다.

(3) 문제 해결의 결과뿐만 아니라 문제 해결 방법과 과정, 문제를 만들어 보는 활동도 중시한다.

(4) 생활 주변 현상, 사회 현상, 자연 현상 등의 여러 가지 현상에서 파악된 문제를 해결하면서 수학적 개념, 원리, 법칙을 탐구하고, 이를 일반화하게 한다.

자. 수학적 추론 능력을 신장시키기 위하여 교수·학습에서 다음 사항에 유의한다.

(1) 귀납, 유추 등을 통해 학생 스스로 수학적 사실을 추측하고, 이를 정당화할 수 있게 한다.

(2) 수학적 사실이나 명제를 분석하고, 수학적 관계를 조직하고 종합하며, 학생 자신의 사고 과정을 반성하게 한다.

(3) 수학적 추론을 통해 합리적으로 사고하는 능력을 키우고, 일상생활에서 자신의 의견을 정당화할 때 적절한 근거에 기초하여 논지를 전개할 수 있게 한다.

차. 수학적 의사소통 능력을 신장시키기 위하여 교수 · 학습에서 다음 사항에 유의한다.

(1) 수학 용어, 기호, 표, 그래프 등의 수학적 표현을 이해하고 정확히 사용하게 한다.

(2) 수학적 아이디어를 말과 글로 설명하거나 시각적으로 표현하여 다른 사람과 효율적으로 의사소통할 수 있게 한다.

- 74 -

(3) 수학적 아이디어를 표현하고 토론하며 다른 사람의 수학적 아이디어와 사고를 이해하는 과정을 통해 의사소통의 중요성을 인식하게 한다.

카. 학생들의 인성을 함양시키기 위하여 교수 · 학습에서 다음 사항에 유의한다.

(1) 다른 학습자의 풀이 방법과 의견을 존중하며, 이를 통해 타인을 배려하는 성품을 기르게 한다.

(2) 자신의 수학적 아이디어를 설득력 있게 논리적으로 표현하여 그 타당성을 입증하고 이에 기초하여 합리적으로 결론을 내리는 과정을 통해 민주 시민의 소양을 기르게 한다.

(3) 수학 문제를 해결함에 있어 결과에 이르는 과정이 중요함을 인식하게 한다.

타. 수학에 대한 긍정적 태도를 신장시키기 위하여 교수 · 학습에서 다음 사항에 유의한다.

(1) 생활 주변 현상, 사회 현상, 자연 현상 등의 여러 가지 현상과 관련지어 수학을 배움으로써, 수학에 대한 가치를 인식하고 수학의 필요성을 알게 한다.

(2) 수학에 대한 흥미, 관심, 자신감을 갖도록 학습 동기와 의욕을 유발한다.

파. 수학 교수 · 학습 과정에서 교육기자재 및 수학 교과 교실의 활용은 다음 사항에 유의한다.

(1) 교수 · 학습의 전 과정을 통하여 적절하고 다양한 교육 기자재를 활용하여 수학 학습의 효과를 높이도록 한다.

(2) 계산 능력 배양을 목표로 하지 않는 경우의 복잡한 계산 수행, 수학의 개념, 원리, 법칙의 이해, 문제 해결력 향상 등을 위하여 계산기, 컴퓨터, 교육용 소프트웨어 등의 공학적 도구와 다양한 교구를 활용한다.

(3) 구체적인 조작과 탐구 활동을 통해 수학의 개념과 원리를 이해하고 수학 주제에 대해 모둠으로 토론함으로써 수학 학습의 효율을 높일 수 있도록 수학 교과 교실을 구축하여 활용한다.

하. 수학 학습 시 학생 스스로 학습 목표를 설정하고 학습을 수행하며 학습 결과를 스스로 평가하는 자기 주도적 학습 능력을 신장시킨다.

갸. 학교에서 수준별 수업을 운영할 때에는 다음 사항에 유의한다.

(1) 수준별 수업을 위해 집단을 편성할 때에는 학생 개인의 학습 능력과 수준, 적성과 희망 등을 감안하고, 교사 수급과 유휴 교실 등 학교 상황을 고려한다.
(2) 수준별 수업은 내용 요소를 차별화하기보다는 내용의 깊이나 접근 방법에 차이를 두어 진행한다.

6. 평가

가. 수학 학습의 평가는 학생의 인지적 영역과 정의적 영역에 대한 유용한 정보를 제공하고, 학생 개개인의 수학 학습과 전인적인 성장을 돕고 교사의 수업 방법을 개선하는 데 활용되어야 한다.
나. 수학 학습의 평가에서는 학생의 인지 발달 단계를 고려하고, 교육과정에 제시된 내용의 수준과 범위를 준수한다.
다. 수업의 전개 국면에 따라 진단평가, 형성평가, 총괄평가 등을 적절히 실시하되, 지속적인 평가를 통하여 다양한 정보를 수집하고 수업에 활용한다.
라. 수학 학습의 평가에서는 선택형 위주의 평가를 지양하고 서술형 평가, 관찰, 면담, 자기평가 등의 다양한 평가 방법을 활용하여 수학 학습에 대한 종합적인 평가가 이루어질 수 있게 한다.
마. 인지적 영역에 대한 평가에서는 학생의 수학적 사고력 신장을 위하여 결과뿐만 아니라 과정도 중시하여 평가하되, 수학의 교수 · 학습에서 전반적으로 요구되는 다음 사항을 강조한다.
(1) 수학의 기본적인 개념, 원리, 법칙을 이해하고 적용하는 능력
(2) 수학의 용어와 기호를 정확하게 사용하고 표현하는 능력
(3) 수학적 지식과 기능을 활용하여 추론하는 능력
(4) 다양한 상황에서 발생하는 여러 가지 문제를 수학적으로 사고하여 해결하는 능력
(5) 생활 주변 현상, 사회 현상, 자연 현상 등의 여러 가지 현상을 수학적으로 관찰, 분석, 조직하는 능력
(6) 수학적 사고 과정과 결과를 합리적으로 의사소통하는 능력
(7) 수학적 지식과 기능을 바탕으로 창의적으로 사고하는 능력
바. 정의적 영역에 대한 평가에서는 학생의 수학에 대한 긍정적 태도를 신장시키기 위하여 수학 및 수학 학습에 대한 관심, 흥미,

자신감, 가치 인식 등의 정도를 파악한다.

사. 수학 학습의 평가에서는 평가하는 학습 내용과 방법에 따라 학생에게 계산기, 컴퓨터, 교육용 소프트웨어 등의 공학적 도구와 다양한 교구를 이용할 수 있는 기회를 제공한다.

4. 미적분 I

1. 추구하는 인간상

우리나라의 교육은 홍익인간의 이념 아래 모든 국민으로 하여금 인격을 도야하고, 자주적 생활 능력과 민주 시민으로서 필요한 자질을 갖추게 하여 인간다운 삶을 영위하게 하고, 민주 국가의 발전과 인류 공영의 이상을 실현하는 데 이바지하게 함을 목적으로 하고 있다.

이러한 교육 이념을 바탕으로, 이 교육과정이 추구하는 인간상은 다음과 같다.

가. 전인적 성장의 기반 위에 개성의 발달과 진로를 개척하는 사람
나. 기초 능력의 바탕 위에 새로운 발상과 도전으로 창의성을 발휘하는 사람
다. 문화적 소양과 다원적 가치에 대한 이해를 바탕으로 품격 있는 삶을 영위하는 사람
라. 세계와 소통하는 시민으로서 배려와 나눔의 정신으로 공동체 발전에 참여하는 사람

2. 고등학교 교육목표

고등학교 교육은 중학교 교육의 성과를 바탕으로, 학생의 적성과 소질에 맞는 진로개척 능력과 세계 시민으로서의 자질을 함양하는데 중점을 둔다.

(1) 성숙한 자아의식을 토대로 다양한 분야의 지식과 기능을 익혀 진로를 개척하며 평생학습의 기본 역량과 태도를 갖춘다.
(2) 학습과 생활에서 새로운 이해와 가치를 창출할 수 있는 비판적, 창의적 사고력과 태도를 익힌다.
(3) 우리의 문화를 향유하고 다양한 문화와 가치를 수용할 수 있는 자질과 태도를 갖춘다.
(4) 국가 공동체의 발전을 위해 노력하며, 세계 시민으로서의 자질과 태도를 기른다.

- 78 -

3. 목표

수학과는 수학의 개념, 원리, 법칙을 이해하고 기능을 습득하여 주변의 여러 가지 현상을 수학적으로 관찰하고 해석하는 능력을 기르며, 수학적 문제 상황을 수리 · 논리적 사고를 통하여 합리적으로 해결하는 능력과 태도를 기르는 교과이다.

복잡하고 전문화되어가는 미래 사회에서 사회 구성원에게 필요한 핵심 역량은 창의적 사고 능력, 문제 해결 능력, 정보처리 능력, 의사소통 능력 등으로, 이는 주로 수학적 추론, 수학적 문제 해결, 수학적 의사소통과 같은 수학적 과정의 교수 · 학습을 통하여 증진된다. 수학적 과정을 통해 길러진 핵심 역량은 타 교과의 성공적인 학습에 기반이 될 뿐 아니라, 나아가 개인의 전문적 능력의 증진과 창의 · 인성 중심의 21세기 지식 기반 사회의 민주 시민에게 필요한 소양과 경쟁력을 갖추는 데에도 토대가 된다.

한편, 학교 수학에서는 인지적 능력의 증진은 물론 수학에 대한 흥미와 호기심, 수학 학습에 대한 자신감과 긍정적인 태도 등 정의적 영역의 개선과 더불어 상대방을 이해하고 배려하는 바람직한 인성을 길러야 한다. 수학은 개인차가 크게 나타나는 교과이므로 학생의 인지 발달 단계, 학습 수준, 학습 특성 등을 고려하여 적절한 교수 · 학습 방법을 적용해야 한다.

미적분 I 은 수학 I 과 수학 II 의 내용을 이해한 학생이 선택할 수 있는 과목이다.

미적분 I 은 '수열의 극한', '함수의 극한과 연속', '다항함수의 미분법', '다항함수의 적분법'으로 구성된다. '수열의 극한' 영역에서는 수열의 극한, 급수를, '함수의 극한과 연속'영역에서는 함수의 극한, 함수의 연속을, '다항함수의 미분법' 영역에서는 미분계수, 도함수, 도함수의 활용을, '다항함수의 적분법' 영역에서는 부정적분, 정적분, 정적분의 활용을 다룬다. 미적분 I 과목의 목표는 다음과 같다.

수학적 개념, 원리, 법칙을 이해하고, 수학적으로 사고하고 의사소통하는 능력을 길러, 여러 가지 현상과 문제를 수학적으로 고찰함으로써 합리적이고 창의적으로 해결하며, 수학 학습자로서 바람직한 인성과 태도를 기른다.

가. 수열의 극한, 함수의 극한과 연속, 다항함수의 미분법, 다항함수의 적분법에 관련된 개념, 원리, 법칙과 이들 사이의 관계를 이해하는 능력을 기른다.

나. 수학적으로 사고하고 의사소통하는 능력을 기른다.

다. 사회 및 자연의 수학적 현상에서 파악된 문제를 합리적이고 창의적으로 해결하는 능력을 기른다.

라. 수학에 대하여 관심과 흥미를 가지고, 수학의 가치를 이해하며, 수학 학습자로서 바람직한 인성과 태도를 기른다.

4. 내용의 영역과 기준

가. 내용 체계

영 역	내 용
수열의 극한	· 수열의 극한
	· 급수
함수의 극한과 연속	· 함수의 극한
	· 함수의 연속
다항함수의 미분법	· 미분계수
	· 도함수
	· 도함수의 활용
다항함수의 적분법	· 부정적분
	· 정적분
	· 정적분의 활용

나. 영역 성취 기준

(1) 수열의 극한값을 구할 수 있으며, 등비급수를 이해하고, 그 합을 구할 수 있다.

(2) 함수의 극한과 연속을 이해하고, 이를 활용할 수 있다.

(3) 미분계수의 뜻을 알고, 다항함수의 도함수를 구하고 이를 활용할 수 있다.

(4) 부정적분과 정적분의 뜻을 알고, 그 관계를 이해하며, 이를 활용하여 문제를 해결할 수 있다.

다. 학습내용 성취 기준

(가) 수열의 극한

[1] 수열의 극한

- 80 -

① 수열의 수렴, 발산의 뜻을 알고, 이를 판별할 수 있다.
② 수열의 극한에 대한 기본 성질을 이해하고, 이를 이용하여 극한값을 구할 수 있다.
③ 등비수열의 극한값을 구할 수 있다.

[2] 급수

① 급수의 수렴, 발산의 뜻을 알고, 이를 판별할 수 있다.
② 등비급수의 뜻을 알고, 그 합을 구할 수 있다.
③ 등비급수를 활용하여 여러 가지 문제를 해결할 수 있다.

〈용어와 기호〉 극한(값), 수렴, 발산, 무한대, 급수, 부분합, 급수의 합, 등비급수, ∞, $\lim\limits_{n\to\infty} a_n$, $\sum\limits_{n=1}^{\infty} a_n$

〈교수·학습상의 유의점〉

① 수열의 극한에 대한 정의와 성질은 직관적으로 이해하는 수준에서 다룬다.
② 수열의 수렴, 발산은 수렴의 정의와 성질을 바탕으로 예측하고 설명해 보게 한다.
③ 수열이나 급수의 수렴, 발산은 공학적 도구를 활용하여 이해하게 할 수 있다.
④ 기호 $\lim\limits_{n\to\infty} S_n$은 교수·학습 상황에서 다루어질 수 있다.

(나) 함수의 극한과 연속

[1] 함수의 극한

① 함수의 극한의 뜻을 안다.
② 함수의 극한에 대한 성질을 이해하고, 여러 가지 함수의 극한값을 구할 수 있다.

[2] 함수의 연속

① 함수의 연속의 뜻을 안다.
② 연속함수의 성질을 이해하고, 이를 활용할 수 있다.

〈용어와 기호〉 구간, 닫힌 구간, 열린 구간, 반닫힌(반열린) 구간, 좌 극한, 우극한, 연속, 불연속, 연속함수, 최대 · 최소 정리, 사이값 정리, $(a,b]$, $\lim\limits_{x\to a^-} f(x)$, $\lim\limits_{x\to a^+} f(x)$, $\lim\limits_{x\to a} f(x)$

〈교수·학습상의 유의점〉

① 함수의 극한에 대한 정의와 성질은 직관적으로 이해하게 하고, 이때 공학적 도구를 활용할 수 있다.

㈐ 다항함수의 미분법

[1] 미분계수

① 미분계수의 뜻을 알고, 그 값을 구할 수 있다.
② 미분계수의 기하학적 의미를 안다.
③ 미분가능성과 연속성의 관계를 이해한다.

[2] 도함수

① 함수 $y=x^n$ (n은 양의 정수)의 도함수를 구할 수 있다.
② 함수의 실수배, 합, 차, 곱의 미분법을 알고, 다항함수의 도함수를 구할 수 있다.

[3] 도함수의 활용

① 접선의 방정식을 구할 수 있다.
② 함수에 대한 평균값 정리를 이해한다.
③ 함수의 증가와 감소, 극대와 극소를 판정하고 설명할 수 있다.
④ 함수의 그래프의 개형을 그릴 수 있다.
⑤ 방정식과 부등식에 활용할 수 있다.
⑥ 속도와 가속도에 대한 문제에 활용할 수 있다.

〈용어와 기호〉 증분, 평균변화율, 순간변화율, 미분계수, 미분가능, 도함수, 롤의 정리, 평균값 정리, 증가, 감소, 극대, 극소, 극값, 극댓값, 극솟값, Δx, Δy, $f'(x)$, y', $\frac{dy}{dx}$, $\frac{d}{dx}f(x)$

〈교수·학습상의 유의점〉

① 롤의 정리, 평균값 정리를 함수의 그래프를 이용하여 나타내고, 그 정리가 성립함을 이해하게 한다.
② 속도와 가속도에 대한 문제는 직선 운동에 한하여 다룬다.

㈑ 다항함수의 적분법

[1] 부정적분

① 부정적분의 뜻을 안다.
② 함수의 실수배, 합, 차의 부정적분을 알고, 다항함수의 부정적분을 구할 수 있다.

[2] 정적분

① 구분구적법을 이해하고, 이를 이용하여 간단한 도형의 넓이

와 부피를 구할 수 있다.

② 정적분의 뜻을 안다.

③ 부정적분과 정적분의 관계를 이해하고, 이를 이용하여 정적분을 구할 수 있다.

[3] 정적분의 활용

① 곡선으로 둘러싸인 도형의 넓이를 구할 수 있다.

② 정적분을 활용하여 속도와 거리에 대한 문제를 해결할 수 있다.

〈용어와 기호〉 부정적분, 적분상수, 구분구적법, 정적분, 미적분의 기본 정리, $\int f(x)dx$, $\int_a^b f(x)dx$, $[F(x)]_a^b$

〈교수·학습상의 유의점〉

① 적분에 필요한 공식은 미분법의 공식에서 유도할 수 있음을 보인다.

② 속도와 거리에 대한 문제는 직선 운동에 한하여 다룬다.

③ 피적분함수, 원시함수, 위끝, 아래끝 용어는 교수·학습 상황에서 다루어질 수 있다.

5. 교수·학습 방법

가. 교육과정의 성취 기준은 학생의 특성, 내용의 연계성, 지역성 및 현실성을 고려하여 지도한다.

나. 학년군별 내용의 배열 순서가 반드시 교수 · 학습의 순서를 의미하는 것은 아니므로, 교수 · 학습 계획을 수립하거나 학습 자료를 개발할 때에는 내용의 특성과 난이도, 학교 여건, 학생의 수준 등을 고려하여 내용, 순서 등을 재구성할 수 있다.

다. 교육과정에 제시된 내용을 지도한 후 학습 결손이 있는 학생에게는 보충 학습, 우수한 학생에게는 심화 학습의 기회를 추가로 제공할 수 있다.

라. 수학과 수업에서는 교육 내용과 학생의 특성을 고려하여 발견 학습, 탐구 학습, 협동 학습, 개별 학습, 설명식 교수 등 다양한 교수·학습 방법을 활용할 수 있다.

마. 수학의 개념, 원리, 법칙, 기능의 교수 · 학습에서는 다음 사항에 유의한다.

(1) 생활 주변 현상, 사회 현상, 자연 현상 등의 여러 가지 현상을

학습 소재로 하여 수학의 개념, 원리, 법칙을 도입한다.

(2) 구체적 조작 활동과 탐구 활동을 통하여 학생 스스로 개념, 원리, 법칙을 발견하고 이를 정당화하게 한다.

(3) 문제를 해결할 때 수학의 기본적인 개념, 원리, 법칙, 기능을 이용할 수 있게 한다.

바. 의미 있는 발문을 하기 위하여 교수 · 학습에서 다음 사항에 유의한다.

(1) 발문을 할 때는 학생의 인지 발달과 경험을 고려하며, 발문에 대한 학생들의 반응을 의미 있게 처리한다.

(2) 학생의 사고를 촉진시키기 위해 가능하면 열린 형태의 발문을 통해 하나의 문제를 여러 가지 방법으로 해결하게 하고 다양한 방법을 비교하여 설명해 보게 한다.

사. 수학적 창의력을 신장시키기 위하여 교수 · 학습에서 다음 사항에 유의한다.

(1) 수학적 창의력의 신장이 이루어지도록 수학적 문제 해결력, 추론 능력, 의사소통 능력을 강조한다.

(2) 다양한 아이디어를 산출할 수 있는 수학적 과제를 통해 학생들의 확산적 사고를 촉진시킨다.

(3) 하나의 수학 문제를 여러 가지 방법으로 해결한 후 그 해결 방법을 비교해 보고, 더 높은 차원으로 확장해서 사고할 수 있게 한다.

(4) 수학 개념이나 용어의 정의를 직접적으로 제시하기보다 학생 스스로 개념과 용어의 필요성을 인식하고 정의해 보게 한다.

아. 수학적 문제 해결력을 신장시키기 위하여 교수 · 학습에서 다음 사항에 유의한다.

(1) 문제 해결은 전 영역에서 지속적으로 지도한다.

(2) 학생 스스로 문제 상황을 탐색하고 수학적 지식과 사고 방법을 토대로 해결 방법을 적절히 활용하여 문제를 해결하게 한다.

(3) 문제 해결의 결과뿐만 아니라 문제 해결 방법과 과정, 문제를 만들어 보는 활동도 중시한다.

(4) 생활 주변 현상, 사회 현상, 자연 현상 등의 여러 가지 현상에서 파악된 문제를 해결하면서 수학적 개념, 원리, 법칙을 탐

- 84 -

구하고, 이를 일반화하게 한다.

자. 수학적 추론 능력을 신장시키기 위하여 교수·학습에서 다음 사항에 유의한다.

(1) 귀납, 유추 등을 통해 학생 스스로 수학적 사실을 추측하고, 이를 정당화할 수 있게 한다.

(2) 수학적 사실이나 명제를 분석하고, 수학적 관계를 조직하고 종합하며, 학생 자신의 사고 과정을 반성하게 한다.

(3) 수학적 추론을 통해 합리적으로 사고하는 능력을 키우고, 일상생활에서 자신의 의견을 정당화할 때 적절한 근거에 기초하여 논지를 전개할 수 있게 한다.

차. 수학적 의사소통 능력을 신장시키기 위하여 교수 · 학습에서 다음 사항에 유의한다.

(1) 수학 용어, 기호, 표, 그래프 등의 수학적 표현을 이해하고 정확히 사용하게 한다.

(2) 수학적 아이디어를 말과 글로 설명하거나 시각적으로 표현하여 다른 사람과 효율적으로 의사소통할 수 있게 한다.

(3) 수학적 아이디어를 표현하고 토론하며 다른 사람의 수학적 아이디어와 사고를 이해하는 과정을 통해 의사소통의 중요성을 인식하게 한다.

카. 학생들의 인성을 함양시키기 위하여 교수 · 학습에서 다음 사항에 유의한다.

(1) 다른 학습자의 풀이 방법과 의견을 존중하며, 이를 통해 타인을 배려하는 성품을 기르게 한다.

(2) 자신의 수학적 아이디어를 설득력 있게 논리적으로 표현하여 그 타당성을 입증하고 이에 기초하여 합리적으로 결론을 내리는 과정을 통해 민주 시민의 소양을 기르게 한다.

(3) 수학 문제를 해결함에 있어 결과에 이르는 과정이 중요함을 인식하게 한다.

타. 수학에 대한 긍정적 태도를 신장시키기 위하여 교수 · 학습에서 다음 사항에 유의한다.

(1) 생활 주변 현상, 사회 현상, 자연 현상 등의 여러 가지 현상과 관련지어 수학을 배움으로써, 수학에 대한 가치를 인식하고 수학의 필요성을 알게 한다.

(2) 수학에 대한 흥미, 관심, 자신감을 갖도록 학습 동기와 의욕을 유발한다.

파. 수학 교수 · 학습 과정에서 교육기자재 및 수학 교과 교실의 활용은 다음 사항에 유의한다.

(1) 교수 · 학습의 전 과정을 통하여 적절하고 다양한 교육 기자재를 활용하여 수학 학습의 효과를 높이도록 한다.

(2) 계산 능력 배양을 목표로 하지 않는 경우의 복잡한 계산 수행, 수학의 개념, 원리, 법칙의 이해, 문제 해결력 향상 등을 위하여 계산기, 컴퓨터, 교육용 소프트웨어 등의 공학적 도구와 다양한 교구를 활용한다.

(3) 구체적인 조작과 탐구 활동을 통해 수학의 개념과 원리를 이해하고 수학 주제에 대해 모둠으로 토론함으로써 수학 학습의 효율을 높일 수 있도록 수학 교과 교실을 구축하여 활용한다.

하. 수학 학습 시 학생 스스로 학습 목표를 설정하고 학습을 수행하며 학습 결과를 스스로 평가하는 자기 주도적 학습 능력을 신장시킨다.

갸. 학교에서 수준별 수업을 운영할 때에는 다음 사항에 유의한다.

(1) 수준별 수업을 위해 집단을 편성할 때에는 학생 개인의 학습 능력과 수준, 적성과 희망 등을 감안하고, 교사 수급과 유휴 교실 등 학교 상황을 고려한다.

(2) 수준별 수업은 내용 요소를 차별화하기보다는 내용의 깊이나 접근 방법에 차이를 두어 진행한다.

6. 평가

가. 수학 학습의 평가는 학생의 인지적 영역과 정의적 영역에 대한 유용한 정보를 제공하고, 학생 개개인의 수학 학습과 전인적인 성장을 돕고 교사의 수업 방법을 개선하는 데 활용되어야 한다.

나. 수학 학습의 평가에서는 학생의 인지 발달 단계를 고려하고, 교육과정에 제시된 내용의 수준과 범위를 준수한다.

다. 수업의 전개 국면에 따라 진단평가, 형성평가, 총괄평가 등을 적절히 실시하되, 지속적인 평가를 통하여 다양한 정보를 수집하고 수업에 활용한다.

라. 수학 학습의 평가에서는 선택형 위주의 평가를 지양하고 서술형 평가, 관찰, 면담, 자기평가 등의 다양한 평가 방법을 활용하여 수학 학습에 대한 종합적인 평가가 이루어질 수 있게 한다.

마. 인지적 영역에 대한 평가에서는 학생의 수학적 사고력 신장을 위하여 결과뿐만 아니라 과정도 중시하여 평가하되, 수학의 교수 · 학습에서 전반적으로 요구되는 다음 사항을 강조한다.

(1) 수학의 기본적인 개념, 원리, 법칙을 이해하고 적용하는 능력

(2) 수학의 용어와 기호를 정확하게 사용하고 표현하는 능력

(3) 수학적 지식과 기능을 활용하여 추론하는 능력

(4) 다양한 상황에서 발생하는 여러 가지 문제를 수학적으로 사고하여 해결하는 능력

(5) 생활 주변 현상, 사회 현상, 자연 현상 등의 여러 가지 현상을 수학적으로 관찰, 분석, 조직하는 능력

(6) 수학적 사고 과정과 결과를 합리적으로 의사소통하는 능력

(7) 수학적 지식과 기능을 바탕으로 창의적으로 사고하는 능력

바. 정의적 영역에 대한 평가에서는 학생의 수학에 대한 긍정적 태도를 신장시키기 위하여 수학 및 수학 학습에 대한 관심, 흥미, 자신감, 가치 인식 등의 정도를 파악한다.

사. 수학 학습의 평가에서는 평가하는 학습 내용과 방법에 따라 학생에게 계산기, 컴퓨터, 교육용 소프트웨어 등의 공학적 도구와 다양한 교구를 이용할 수 있는 기회를 제공한다.

5. 미적분Ⅱ

1. 추구하는 인간상

우리나라의 교육은 홍익인간의 이념 아래 모든 국민으로 하여금 인격을 도야하고, 자주적 생활 능력과 민주 시민으로서 필요한 자질을 갖추게 하여 인간다운 삶을 영위하게 하고, 민주 국가의 발전과 인류공영의 이상을 실현하는 데 이바지하게 함을 목적으로 하고 있다.

이러한 교육 이념을 바탕으로, 이 교육과정이 추구하는 인간상은 다음과 같다.

가. 전인적 성장의 기반 위에 개성의 발달과 진로를 개척하는 사람
나. 기초 능력의 바탕 위에 새로운 발상과 도전으로 창의성을 발휘하는 사람
다. 문화적 소양과 다원적 가치에 대한 이해를 바탕으로 품격 있는 삶을 영위하는 사람
라. 세계와 소통하는 시민으로서 배려와 나눔의 정신으로 공동체 발전에 참여하는 사람

2. 고등학교 교육목표

고등학교 교육은 중학교 교육의 성과를 바탕으로, 학생의 적성과 소질에 맞는 진로개척 능력과 세계 시민으로서의 자질을 함양하는데 중점을 둔다.

(1) 성숙한 자아의식을 토대로 다양한 분야의 지식과 기능을 익혀 진로를 개척하며 평생학습의 기본 역량과 태도를 갖춘다.
(2) 학습과 생활에서 새로운 이해와 가치를 창출할 수 있는 비판적, 창의적 사고력과 태도를 익힌다.
(3) 우리의 문화를 향유하고 다양한 문화와 가치를 수용할 수 있는 자질과 태도를 갖춘다.
(4) 국가 공동체의 발전을 위해 노력하며, 세계 시민으로서의 자질과 태도를 기른다.

3. 목표

수학과는 수학의 개념, 원리, 법칙을 이해하고 기능을 습득하여 주변의 여러 가지 현상을 수학적으로 관찰하고 해석하는 능력을 기르며, 수학적 문제 상황을 수리 · 논리적 사고를 통하여 합리적으로 해결하는 능력과 태도를 기르는 교과이다.

복잡하고 전문화되어가는 미래 사회에서 사회 구성원에게 필요한 핵심 역량은 창의적 사고 능력, 문제 해결 능력, 정보처리 능력, 의사소통 능력 등으로, 이는 주로 수학적 추론, 수학적 문제 해결, 수학적 의사소통과 같은 수학적 과정의 교수 · 학습을 통하여 증진된다. 수학적 과정을 통해 길러진 핵심 역량은 타 교과의 성공적인 학습에 기반이 될 뿐 아니라, 나아가 개인의 전문적 능력의 증진과 창의 · 인성 중심의 21세기 지식 기반 사회의 민주 시민에게 필요한 소양과 경쟁력을 갖추는 데에도 토대가 된다.

한편, 학교 수학에서는 인지적 능력의 증진은 물론 수학에 대한 흥미와 호기심, 수학학습에 대한 자신감과 긍정적인 태도 등 정의적 영역의 개선과 더불어 상대방을 이해하고 배려하는 바람직한 인성을 길러야 한다. 수학은 개인차가 크게 나타나는 교과이므로 학생의 인지 발달 단계, 학습 수준, 학습 특성 등을 고려하여 적절한 교수 · 학습 방법을 적용해야 한다.

미적분Ⅱ는 미적분Ⅰ의 내용을 이해한 학생이 선택할 수 있는 과목으로, 대학의 자연계열 또는 공학 계열 등 미적분의 내용을 필요로 하는 분야로 진학하려는 학생이 이수하기에 알맞은 과목이다.

미적분Ⅱ는 '지수함수와 로그함수', '삼각함수', '미분법', '적분법'으로 구성된다. '지수함수와 로그함수' 영역에서는 지수함수와 로그함수의 뜻과 그래프, 지수함수와 로그함수의 미분을, '삼각함수' 영역에서는 삼각함수의 뜻과 그래프, 삼각함수의 미분을, '미분법' 영역에서는 여러 가지 미분법, 도함수의 활용을, '적분법' 영역에서는 여러 가지 적분법, 정적분의 활용을 다룬다. 미적분Ⅱ 과목의 목표는 다음과 같다.

수학적 개념, 원리, 법칙을 이해하고, 수학적으로 사고하고 의사소통하는 능력을 길러, 여러 가지 현상과 문제를 수학적으로 고찰함으로써 합리적이고 창의적으로 해결하며, 수학 학습자로서 바람직한 인성과 태도를 기른다.

가. 지수함수와 로그함수, 삼각함수, 미분법, 적분법에 관련된 개념, 원리, 법칙과 이들 사이의 관계를 이해하는 능력을 기른다.

나. 수학적으로 사고하고 의사소통하는 능력을 기른다.

다. 사회 및 자연의 수학적 현상에서 파악된 문제를 합리적이고 창의적으로 해결하는 능력을 기른다.

라. 수학에 대하여 관심과 흥미를 가지고, 수학의 가치를 이해하며, 수학 학습자로서바람직한 인성과 태도를 기른다.

4. 내용의 영역과 기준

가. 내용 체계

영 역	내 용
지수함수와 로그함수	· 지수함수와 로그함수의 뜻과 그래프
	· 지수함수와 로그함수의 미분
삼각함수	· 삼각함수의 뜻과 그래프
	· 삼각함수의 미분
미분법	· 여러 가지 미분법
	· 도함수의 활용
적분법	· 여러 가지 적분법
	· 정적분의 활용

나. 영역 성취 기준

(1) 지수함수와 로그함수를 이해하고, 이들 함수의 극한을 이용하여 미분할 수 있다.

(2) 삼각함수를 이해하고, 삼각함수의 덧셈정리와 삼각함수의 극한을 이용하여 사인함수와 코사인함수를 미분할 수 있다.

(3) 함수의 몫, 합성함수, 역함수를 미분하고, 이계도함수를 구하며, 도함수를 활용할 수 있다.

(4) 치환적분법과 부분적분법을 이해하고 여러 가지 함수의 부정적분과 정적분을 구하며, 정적분을 활용할 수 있다.

다. 학습내용 성취 기준

㈎ 지수함수와 로그함수

[1] 지수함수와 로그함수의 뜻과 그래프

① 지수함수와 로그함수의 뜻을 안다.

② 지수함수와 로그함수의 그래프를 그려 보고, 그 성질을 이해한다.

③ 지수함수와 로그함수를 활용하여 문제를 해결할 수 있다.

[2] 지수함수와 로그함수의 미분

① 지수함수와 로그함수의 극한값을 구할 수 있다.

② 지수함수와 로그함수를 미분할 수 있다.

〈용어와 기호〉 지수함수, 로그함수, 자연로그, $e, e^x, \ln x$

〈교수·학습상의 유의점〉

① 지수함수와 로그함수의 활용에서는 구체적인 자연 현상이나 사회 현상에서나타나는 간단한 방정식과 부등식을 다룬다.

② 지수함수와 로그함수의 극한은 지수함수 e^x와 로그함수 $\ln x$의 도함수를 구하는 데 필요한 정도로 간단히 다룬다.

(나) 삼각함수

[1] 삼각함수의 뜻과 그래프

① 일반각과 호도법의 뜻을 안다.

② 삼각함수의 뜻을 알고, 사인함수, 코사인함수, 탄젠트함수의 그래프를 그릴 수 있다.

③ 삼각함수를 활용하여 간단한 문제를 해결할 수 있다.

[2] 삼각함수의 미분

① 삼각함수의 덧셈정리를 이해한다.

② 삼각함수의 극한을 구할 수 있다.

③ 사인함수와 코사인함수를 미분할 수 있다.

〈용어와 기호〉 시초선, 동경, 일반각, 호도법, 라디안, 사인함수, 코사인함수, 탄젠트함수, 삼각함수, 주기, 주기함수, 덧셈정리, $\sin x, \cos x, \tan x, \sec x, \csc x, \cot x$

〈교수·학습상의 유의점〉

① 삼각함수의 성질은 삼각함수의 그래프의 성질을 이해하는 데 필요한 정도로 간단히 다룬다.

② 삼각함수의 덧셈정리와 관련하여 복잡한 문제는 다루지 않는다.

③ 삼각함수의 활용에서는 주어진 구간 안에서 해를 구하는 간단한 방정식과 부등식을 다룬다.

④ 삼각함수의 그래프를 그리거나 삼각함수와 관련된 문제를 해

결할 때 공학적 도구를 활용할 수 있게 한다.

⑤ 삼각함수의 극한은 삼각함수 sin젏, cos젏 의 도함수를 구하는 데 필요한 정도로 간단히 다룬다.

㈐ 미분법

[1] 여러 가지 미분법

① 함수의 몫을 미분할 수 있다.

② 합성함수를 미분할 수 있다.

③ 역함수를 미분할 수 있다.

④ 이계도함수를 구할 수 있다.

[2] 도함수의 활용

① 접선의 방정식을 구할 수 있다.

② 함수의 그래프의 개형을 그릴 수 있다.

③ 방정식과 부등식에 활용할 수 있다.

〈용어와 기호〉 이계도함수, 변곡점, $f''(x), y'', \dfrac{d^2y}{dx^2}, \dfrac{d^2}{dx^2}f(x)$

〈교수·학습상의 유의점〉

① 유리함수와 탄젠트함수의 미분은 함수의 몫의 미분에서 다룬다.

② $y=x^n$ (n은 실수)의 도함수를 구할 수 있도록 한다.

③ 삼계도함수 이상은 다루지 않는다.

④ 도함수의 다양한 활용을 통해 미분 개념이 실생활에 유용함을 인식하게 한다.

㈑ 적분법

[1] 여러 가지 적분법

① 치환적분법을 이해하고, 이를 활용할 수 있다.

② 부분적분법을 이해하고, 이를 활용할 수 있다.

③ 여러 가지 함수의 부정적분과 정적분을 구할 수 있다.

[2] 정적분의 활용

① 곡선으로 둘러싸인 도형의 넓이를 구할 수 있다.

② 입체도형의 부피를 구할 수 있다.

〈용어와 기호〉 치환적분법, 부분적분법

〈교수·학습상의 유의점〉

① 적분에 필요한 공식은 미분법의 공식에서 유도하도록 한다.

② 정적분의 다양한 활용을 통해 적분 개념이 실생활에 유용함을 인식하게 한다.

5. 교수·학습 방법

가. 교육과정의 성취 기준은 학생의 특성, 내용의 연계성, 지역성 및 현실성을 고려하여 지도한다.

나. 학년군별 내용의 배열 순서가 반드시 교수 · 학습의 순서를 의미하는 것은 아니므로, 교수 · 학습 계획을 수립하거나 학습 자료를 개발할 때에는 내용의 특성과 난이도, 학교 여건, 학생의 수준 등을 고려하여 내용, 순서 등을 재구성할 수 있다.

다. 교육과정에 제시된 내용을 지도한 후 학습 결손이 있는 학생에게는 보충 학습, 우수한 학생에게는 심화 학습의 기회를 추가로 제공할 수 있다.

라. 수학과 수업에서는 교육 내용과 학생의 특성을 고려하여 발견 학습, 탐구 학습, 협동 학습, 개별 학습, 설명식 교수 등 다양한 교수·학습 방법을 활용할 수 있다.

마. 수학의 개념, 원리, 법칙, 기능의 교수 · 학습에서는 다음 사항에 유의한다.

(1) 생활 주변 현상, 사회 현상, 자연 현상 등의 여러 가지 현상을 학습 소재로 하여 수학의 개념, 원리, 법칙을 도입한다.

(2) 구체적 조작 활동과 탐구 활동을 통하여 학생 스스로 개념, 원리, 법칙을 발견하고 이를 정당화하게 한다.

(3) 문제를 해결할 때 수학의 기본적인 개념, 원리, 법칙, 기능을 이용할 수 있게 한다.

바. 의미 있는 발문을 하기 위하여 교수 · 학습에서 다음 사항에 유의한다.

(1) 발문을 할 때는 학생의 인지 발달과 경험을 고려하며, 발문에 대한 학생들의 반응을 의미 있게 처리한다.

(2) 학생의 사고를 촉진시키기 위해 가능하면 열린 형태의 발문

을 통해 하나의 문제를 여러 가지 방법으로 해결하게 하고 다양한 방법을 비교하여 설명해 보게 한다.

사. 수학적 창의력을 신장시키기 위하여 교수 · 학습에서 다음 사항에 유의한다.

(1) 수학적 창의력의 신장이 이루어지도록 수학적 문제 해결력, 추론 능력, 의사소통 능력을 강조한다.

(2) 다양한 아이디어를 산출할 수 있는 수학적 과제를 통해 학생들의 확산적 사고를 촉진시킨다.

(3) 하나의 수학 문제를 여러 가지 방법으로 해결한 후 그 해결 방법을 비교해 보고, 더 높은 차원으로 확장해서 사고할 수 있게 한다.

(4) 수학 개념이나 용어의 정의를 직접적으로 제시하기보다 학생 스스로 개념과 용어의 필요성을 인식하고 정의해 보게 한다.

아. 수학적 문제 해결력을 신장시키기 위하여 교수 · 학습에서 다음 사항에 유의한다.

(1) 문제 해결은 전 영역에서 지속적으로 지도한다.

(2) 학생 스스로 문제 상황을 탐색하고 수학적 지식과 사고 방법을 토대로 해결 방법을 적절히 활용하여 문제를 해결하게 한다.

(3) 문제 해결의 결과뿐만 아니라 문제 해결 방법과 과정, 문제를 만들어 보는 활동도 중시한다.

(4) 생활 주변 현상, 사회 현상, 자연 현상 등의 여러 가지 현상에서 파악된 문제를 해결하면서 수학적 개념, 원리, 법칙을 탐구하고, 이를 일반화하게 한다.

자. 수학적 추론 능력을 신장시키기 위하여 교수·학습에서 다음 사항에 유의한다.

(1) 귀납, 유추 등을 통해 학생 스스로 수학적 사실을 추측하고, 이를 정당화할 수 있게 한다.

(2) 수학적 사실이나 명제를 분석하고, 수학적 관계를 조직하고 종합하며, 학생 자신의 사고 과정을 반성하게 한다.

(3) 수학적 추론을 통해 합리적으로 사고하는 능력을 키우고, 일상생활에서 자신의 의견을 정당화할 때 적절한 근거에 기초하여 논지를 전개할 수 있게 한다.

차. 수학적 의사소통 능력을 신장시키기 위하여 교수 · 학습에서 다음 사항에 유의한다.

(1) 수학 용어, 기호, 표, 그래프 등의 수학적 표현을 이해하고 정확히 사용하게 한다.

(2) 수학적 아이디어를 말과 글로 설명하거나 시각적으로 표현하여 다른 사람과 효율적으로 의사소통할 수 있게 한다.

(3) 수학적 아이디어를 표현하고 토론하며 다른 사람의 수학적 아이디어와 사고를 이해하는 과정을 통해 의사소통의 중요성을 인식하게 한다.

카. 학생들의 인성을 함양시키기 위하여 교수 · 학습에서 다음 사항에 유의한다.

(1) 다른 학습자의 풀이 방법과 의견을 존중하며, 이를 통해 타인을 배려하는 성품을 기르게 한다.

(2) 자신의 수학적 아이디어를 설득력 있게 논리적으로 표현하여 그 타당성을 입증하고 이에 기초하여 합리적으로 결론을 내리는 과정을 통해 민주 시민의 소양을 기르게 한다.

(3) 수학 문제를 해결함에 있어 결과에 이르는 과정이 중요함을 인식하게 한다.

타. 수학에 대한 긍정적 태도를 신장시키기 위하여 교수 · 학습에서 다음 사항에 유의한다.

(1) 생활 주변 현상, 사회 현상, 자연 현상 등의 여러 가지 현상과 관련지어 수학을 배움으로써, 수학에 대한 가치를 인식하고 수학의 필요성을 알게 한다.

(2) 수학에 대한 흥미, 관심, 자신감을 갖도록 학습 동기와 의욕을 유발한다.

파. 수학 교수 · 학습 과정에서 교육기자재 및 수학 교과 교실의 활용은 다음 사항에 유의한다.

(1) 교수 · 학습의 전 과정을 통하여 적절하고 다양한 교육 기자재를 활용하여 수학 학습의 효과를 높이도록 한다.

(2) 계산 능력 배양을 목표로 하지 않는 경우의 복잡한 계산 수행, 수학의 개념, 원리, 법칙의 이해, 문제 해결력 향상 등을 위하여 계산기, 컴퓨터, 교육용 소프트웨어 등의 공학적 도구와 다양한 교구를 활용한다.

(3) 구체적인 조작과 탐구 활동을 통해 수학의 개념과 원리를 이

해하고 수학 주제에 대해 모둠으로 토론함으로써 수학 학습의 효율을 높일 수 있도록 수학 교과 교실을 구축하여 활용한다.

하. 수학 학습 시 학생 스스로 학습 목표를 설정하고 학습을 수행하며 학습 결과를 스스로 평가하는 자기 주도적 학습 능력을 신장시킨다.

갸. 학교에서 수준별 수업을 운영할 때에는 다음 사항에 유의한다.

(1) 수준별 수업을 위해 집단을 편성할 때에는 학생 개인의 학습 능력과 수준, 적성과 희망 등을 감안하고, 교사 수급과 유휴 교실 등 학교 상황을 고려한다.

(2) 수준별 수업은 내용 요소를 차별화하기보다는 내용의 깊이나 접근 방법에 차이를 두어 진행한다.

6. 평가

가. 수학 학습의 평가는 학생의 인지적 영역과 정의적 영역에 대한 유용한 정보를 제공하고, 학생 개개인의 수학 학습과 전인적인 성장을 돕고 교사의 수업 방법을 개선하는 데 활용되어야 한다.

나. 수학 학습의 평가에서는 학생의 인지 발달 단계를 고려하고, 교육과정에 제시된 내용의 수준과 범위를 준수한다.

다. 수업의 전개 국면에 따라 진단평가, 형성평가, 총괄평가 등을 적절히 실시하되, 지속적인 평가를 통하여 다양한 정보를 수집하고 수업에 활용한다.

라. 수학 학습의 평가에서는 선택형 위주의 평가를 지양하고 서술형 평가, 관찰, 면담, 자기평가 등의 다양한 평가 방법을 활용하여 수학 학습에 대한 종합적인 평가가 이루어질 수 있게 한다.

마. 인지적 영역에 대한 평가에서는 학생의 수학적 사고력 신장을 위하여 결과뿐만 아니라 과정도 중시하여 평가하되, 수학의 교수 · 학습에서 전반적으로 요구되는 다음 사항을 강조한다.

(1) 수학의 기본적인 개념, 원리, 법칙을 이해하고 적용하는 능력

(2) 수학의 용어와 기호를 정확하게 사용하고 표현하는 능력

(3) 수학적 지식과 기능을 활용하여 추론하는 능력

(4) 다양한 상황에서 발생하는 여러 가지 문제를 수학적으로 사

고하여 해결하는 능력

(5) 생활 주변 현상, 사회 현상, 자연 현상 등의 여러 가지 현상을 수학적으로 관찰, 분석, 조직하는 능력

(6) 수학적 사고 과정과 결과를 합리적으로 의사소통하는 능력

(7) 수학적 지식과 기능을 바탕으로 창의적으로 사고하는 능력

바. 정의적 영역에 대한 평가에서는 학생의 수학에 대한 긍정적 태도를 신장시키기 위하여 수학 및 수학 학습에 대한 관심, 흥미, 자신감, 가치 인식 등의 정도를 파악한다.

사. 수학 학습의 평가에서는 평가하는 학습 내용과 방법에 따라 학생에게 계산기, 컴퓨터, 교육용 소프트웨어 등의 공학적 도구와 다양한 교구를 이용할 수 있는 기회를 제공한다.

6. 기하와 벡터

1. 추구하는 인간상

우리나라의 교육은 홍익인간의 이념 아래 모든 국민으로 하여금 인격을 도야하고, 자주적 생활 능력과 민주 시민으로서 필요한 자질을 갖추게 하여 인간다운 삶을 영위하게 하고, 민주 국가의 발전과 인류 공영의 이상을 실현하는 데 이바지하게 함을 목적으로 하고 있다.

이러한 교육 이념을 바탕으로, 이 교육과정이 추구하는 인간상은 다음과 같다.

가. 전인적 성장의 기반 위에 개성의 발달과 진로를 개척하는 사람
나. 기초 능력의 바탕 위에 새로운 발상과 도전으로 창의성을 발휘하는 사람
다. 문화적 소양과 다원적 가치에 대한 이해를 바탕으로 품격 있는 삶을 영위하는 사람
라. 세계와 소통하는 시민으로서 배려와 나눔의 정신으로 공동체 발전에 참여하는 사람

2. 고등학교 교육목표

고등학교 교육은 중학교 교육의 성과를 바탕으로, 학생의 적성과 소질에 맞는 진로개척 능력과 세계 시민으로서의 자질을 함양하는 데 중점을 둔다.

(1) 성숙한 자아의식을 토대로 다양한 분야의 지식과 기능을 익혀 진로를 개척하며 평생학습의 기본 역량과 태도를 갖춘다.
(2) 학습과 생활에서 새로운 이해와 가치를 창출할 수 있는 비판적, 창의적 사고력과 태도를 익힌다.
(3) 우리의 문화를 향유하고 다양한 문화와 가치를 수용할 수 있는 자질과 태도를 갖춘다.
(4) 국가 공동체의 발전을 위해 노력하며, 세계 시민으로서의 자질과 태도를 기른다.

3. 목표

수학과는 수학의 개념, 원리, 법칙을 이해하고 기능을 습득하여 주변의 여러 가지 현상을 수학적으로 관찰하고 해석하는 능력을 기르며, 수학적 문제 상황을 수리 · 논리적 사고를 통하여 합리적으로 해결하는 능력과 태도를 기르는 교과이다.

복잡하고 전문화되어가는 미래 사회에서 사회 구성원에게 필요한 핵심 역량은 창의적 사고 능력, 문제 해결 능력, 정보처리 능력, 의사소통 능력 등으로, 이는 주로 수학적 추론, 수학적 문제 해결, 수학적 의사소통과 같은 수학적 과정의 교수 · 학습을 통하여 증진된다. 수학적 과정을 통해 길러진 핵심 역량은 타 교과의 성공적인 학습에 기반이 될 뿐 아니라, 나아가 개인의 전문적 능력의 증진과 창의 · 인성 중심의 21세기 지식 기반 사회의 민주 시민에게 필요한 소양과 경쟁력을 갖추는 데에도 토대가 된다.

한편, 학교 수학에서는 인지적 능력의 증진은 물론 수학에 대한 흥미와 호기심, 수학 학습에 대한 자신감과 긍정적인 태도 등 정의적 영역의 개선과 더불어 상대방을 이해하고 배려하는 바람직한 인성을 길러야 한다. 수학은 개인차가 크게 나타나는 교과이므로 학생의 인지 발달 단계, 학습 수준, 학습 특성 등을 고려하여 적절한 교수 · 학습 방법을 적용해야 한다.

기하와 벡터는 미적분 I 과 미적분 II 의 내용을 이해한 학생이 보다 높은 수준의 수학을 학습하기 위하여 선택할 수 있는 과목이다.

기하와 벡터는 '평면 곡선', '평면벡터', '공간도형과 공간벡터'로 구성된다. '평면 곡선' 영역에서는 이차곡선, 평면 곡선의 접선을, '평면벡터' 영역에서는 벡터의 연산, 평면벡터의 성분과 내적, 평면 운동을, '공간도형과 공간벡터' 영역에서는 공간도형, 공간좌표, 공간벡터를 다룬다. 기하와 벡터 과목의 목표는 다음과 같다.

수학적 개념, 원리, 법칙을 이해하고, 수학적으로 사고하고 의사소통하는 능력을 길러, 여러 가지 현상과 문제를 수학적으로 고찰함으로써 합리적이고 창의적으로 해결하며, 수학 학습자로서 바람직한 인성과 태도를 기른다.

가. 평면 곡선, 평면벡터, 공간도형과 공간벡터에 관련된 개념, 원리, 법칙과 이들 사이의 관계를 이해하는 능력을 기른다.

나. 수학적으로 사고하고 의사소통하는 능력을 기른다.

다. 사회 및 자연의 수학적 현상에서 파악된 문제를 합리적이고 창의적으로 해결하는 능력을 기른다.

라. 수학에 대하여 관심과 흥미를 가지고, 수학의 가치를 이해하며, 수학 학습자로서 바람직한 인성과 태도를 기른다.

4. 내용의 영역과 기준

가. 내용 체계

영 역	내 용
평면 곡선	· 이차곡선
	· 평면 곡선의 접선
평면벡터	· 벡터의 연산
	· 평면벡터의 성분과 내적
	· 평면 운동
공간도형과 공간벡터	· 공간도형
	· 공간좌표
	· 공간벡터

나. 영역 성취 기준

(1) 포물선, 타원, 쌍곡선을 이해하고, 음함수와 매개변수로 나타낸 함수를 미분하여 평면 곡선의 접선의 방정식을 구할 수 있다.

(2) 벡터의 연산을 할 수 있고, 평면벡터의 성분과 내적을 이해하고, 미분법과 정적분을 이용하여 평면 운동 문제를 해결할 수 있다.

(3) 공간도형의 위치 관계, 삼수선의 정리, 정사영을 이해하고, 좌표공간에서 두 점 사이의 거리, 선분의 내분점과 외분점의 좌표, 구의 방정식을 구하며, 공간벡터의 연산을 이용하여 직선, 평면, 구의 방정식을 구할 수 있다.

다. 학습내용 성취 기준

㈎ 평면 곡선

[1] 이차곡선

① 포물선의 뜻을 알고, 포물선의 방정식을 구할 수 있다.

② 타원의 뜻을 알고, 타원의 방정식을 구할 수 있다.

③ 쌍곡선의 뜻을 알고, 쌍곡선의 방정식을 구할 수 있다.

[2] 평면 곡선의 접선

① 음함수를 미분하여 곡선 위의 한 점에서의 접선의 방정식을 구할 수 있다.

② 매개변수로 나타낸 함수를 미분하여 곡선 위의 한 점에서의 접선의 방정식을 구할 수 있다.

〈용어와 기호〉 이차곡선, 포물선(축, 꼭짓점, 초점, 준선), 타원(초점, 꼭짓점, 중심, 장축, 단축), 쌍곡선(초점, 꼭짓점, 중심, 주축, 점근선), 음함수, 매개변수

〈교수·학습상의 유의점〉

① 이심률을 이용한 정의는 다루지 않는다.

② 이차곡선은 축이 x축, y축에 평행한 것만 다룬다.

③ 간단한 곡선을 음함수나 매개변수를 이용하여 나타내 봄으로써 음함수와 매개변수로 나타낸 함수는 곡선을 표현하는 방법 중 하나임을 이해하게 한다.

④ 음함수와 매개변수로 나타낸 함수는 간단한 것만 다룬다.

(나) 평면벡터

[1] 벡터의 연산

① 벡터의 뜻을 안다.

② 벡터의 덧셈, 뺄셈, 실수배를 할 수 있다.

[2] 평면벡터의 성분과 내적

① 위치벡터의 뜻을 알고, 평면벡터와 좌표의 대응을 이해한다.

② 두 평면벡터의 내적의 뜻을 알고, 이를 구할 수 있다.

③ 좌표평면에서 벡터를 이용하여 직선과 원의 방정식을 구할 수 있다.

[3] 평면 운동

① 미분법을 이용하여 속도와 가속도에 대한 문제를 해결할 수 있다.

② 정적분을 이용하여 속도와 거리에 대한 문제를 해결할 수 있다.

〈용어와 기호〉 벡터, 시점, 종점, 벡터의 크기, 단위벡터, 영벡터, 실수배, 평면벡터, 위치벡터, 벡터의 성분, 내적, 방향벡터, 법선벡터, $\overrightarrow{AB}$, $\vec{a}$, $|\overrightarrow{a}|$, $\vec{a} \cdot \vec{b}$

〈교수·학습상의 유의점〉

① 평면 운동을 벡터로 나타내어 속도, 가속도, 이동거리를 구할 수 있게 한다.

② 평면에서 직선의 법선벡터를 이용하여 구한 직선의 방정식이 직선의 음함수 표현임을 이해하게 한다.

③ 평면에서 직선의 방향벡터를 이용하여 구한 직선의 방정식이 직선의 매개변수 표현임을 이해하게 한다.

④ 벡터방정식 용어는 교수·학습 상황에서 다루어질 수 있다.

㈐ 공간도형과 공간벡터

[1] 공간도형

① 직선과 직선, 직선과 평면, 평면과 평면의 위치 관계에 대한 간단한 증명을 할 수 있다.

② 삼수선의 정리를 이해하고, 이를 활용할 수 있다.

③ 정사영의 뜻을 알고, 이를 구할 수 있다.

[2] 공간좌표

① 좌표공간에서 점의 좌표를 구할 수 있다.

② 좌표공간에서 두 점 사이의 거리를 구할 수 있다.

③ 좌표공간에서 선분의 내분점과 외분점의 좌표를 구할 수 있다.

④ 구의 방정식을 구할 수 있다.

[3] 공간벡터

② 공간벡터의 뜻을 알고, 벡터의 덧셈, 뺄셈, 실수배를 할 수 있다.

③ 두 공간벡터의 내적의 뜻을 알고, 이를 구할 수 있다.

④ 좌표공간에서 벡터를 이용하여 직선의 방정식을 구할 수 있다.

⑤ 좌표공간에서 벡터를 이용하여 평면과 구의 방정식을 구할 수 있다.

〈용어와 기호〉 교선, 삼수선의 정리, 이면각(변, 면, 크기), 정사영, 좌표공간, 공간좌표, 공간벡터, $P(x,y,z)$

〈교수·학습상의 유의점〉

① 공간도형의 성질은 관찰과 직관에 의해 이해한 후 증명을 하게 한다.

② 공간좌표는 평면좌표를 확장하는 수준에서 간단히 다룬다.

③ 공간좌표의 개념과 성질을 이용하여, 공간도형에 대한 문제를 해결할 수 있게 한다.

④ 공간에서 평면의 법선벡터를 이용하여 구한 평면의 방정식이 평면의 음함수 표현임을 이해하게 한다.

⑤ 공간에서 직선의 방향벡터를 이용하여 구한 직선의 방정식이 직선의 매개변수 표현임을 이해하게 한다.

⑥ 공간에서 직선을 음함수로 표현하려면 평면의 방정식이 두 개 필요함을 이해하게 한다.

⑦ 공간벡터의 뜻과 성질은 평면벡터와 관련지어 이해하게 한다.

5. 교수·학습 방법

가. 교육과정의 성취 기준은 학생의 특성, 내용의 연계성, 지역성 및 현실성을 고려하여 지도한다.

나. 학년군별 내용의 배열 순서가 반드시 교수 · 학습의 순서를 의미하는 것은 아니므로, 교수 · 학습 계획을 수립하거나 학습 자료를 개발할 때에는 내용의 특성과 난이도, 학교 여건, 학생의 수준 등을 고려하여 내용, 순서 등을 재구성할 수 있다.

다. 교육과정에 제시된 내용을 지도한 후 학습 결손이 있는 학생에게는 보충 학습, 우수한 학생에게는 심화 학습의 기회를 추가로 제공할 수 있다.

라. 수학과 수업에서는 교육 내용과 학생의 특성을 고려하여 발견 학습, 탐구 학습, 협동 학습, 개별 학습, 설명식 교수 등 다양한 교수·학습 방법을 활용할 수 있다.

마. 수학의 개념, 원리, 법칙, 기능의 교수 · 학습에서는 다음 사항에 유의한다.

(1) 생활 주변 현상, 사회 현상, 자연 현상 등의 여러 가지 현상을 학습 소재로 하여 수학의 개념, 원리, 법칙을 도입한다.

(2) 구체적 조작 활동과 탐구 활동을 통하여 학생 스스로 개념, 원리, 법칙을 발견하고 이를 정당화하게 한다.

(3) 문제를 해결할 때 수학의 기본적인 개념, 원리, 법칙, 기능을 이용할 수 있게 한다.

바. 의미 있는 발문을 하기 위하여 교수 · 학습에서 다음 사항에 유의한다.

(1) 발문을 할 때는 학생의 인지 발달과 경험을 고려하며, 발문에 대한 학생들의 반응을 의미 있게 처리한다.

(2) 학생의 사고를 촉진시키기 위해 가능하면 열린 형태의 발문을 통해 하나의 문제를 여러 가지 방법으로 해결하게 하고 다양한 방법을 비교하여 설명해 보게 한다.

사. 수학적 창의력을 신장시키기 위하여 교수 · 학습에서 다음 사항에 유의한다.

(1) 수학적 창의력의 신장이 이루어지도록 수학적 문제 해결력, 추론 능력, 의사소통 능력을 강조한다.

(2) 다양한 아이디어를 산출할 수 있는 수학적 과제를 통해 학생들의 확산적 사고를 촉진시킨다.

(3) 하나의 수학 문제를 여러 가지 방법으로 해결한 후 그 해결 방법을 비교해 보고, 더 높은 차원으로 확장해서 사고할 수 있게 한다.

(4) 수학 개념이나 용어의 정의를 직접적으로 제시하기보다 학생 스스로 개념과 용어의 필요성을 인식하고 정의해 보게 한다.

아. 수학적 문제 해결력을 신장시키기 위하여 교수 · 학습에서 다음 사항에 유의한다.

(1) 문제 해결은 전 영역에서 지속적으로 지도한다.

(2) 학생 스스로 문제 상황을 탐색하고 수학적 지식과 사고 방법을 토대로 해결 방법을 적절히 활용하여 문제를 해결하게 한다.

(3) 문제 해결의 결과뿐만 아니라 문제 해결 방법과 과정, 문제를 만들어 보는 활동도 중시한다.

(4) 생활 주변 현상, 사회 현상, 자연 현상 등의 여러 가지 현상에서 파악된 문제를 해결하면서 수학적 개념, 원리, 법칙을 탐구하고, 이를 일반화하게 한다.

자. 수학적 추론 능력을 신장시키기 위하여 교수·학습에서 다음 사항에 유의한다.

(1) 귀납, 유추 등을 통해 학생 스스로 수학적 사실을 추측하고, 이를 정당화할 수 있게 한다.

(2) 수학적 사실이나 명제를 분석하고, 수학적 관계를 조직하고 종합하며, 학생 자신의 사고 과정을 반성하게 한다.

(3) 수학적 추론을 통해 합리적으로 사고하는 능력을 키우고, 일상생활에서 자신의 의견을 정당화할 때 적절한 근거에 기초하여 논지를 전개할 수 있게 한다.

차. 수학적 의사소통 능력을 신장시키기 위하여 교수 · 학습에서 다음 사항에 유의한다.

- 104 -

(1) 수학 용어, 기호, 표, 그래프 등의 수학적 표현을 이해하고 정확히 사용하게 한다.
(2) 수학적 아이디어를 말과 글로 설명하거나 시각적으로 표현하여 다른 사람과 효율적으로 의사소통할 수 있게 한다.
(3) 수학적 아이디어를 표현하고 토론하며 다른 사람의 수학적 아이디어와 사고를 이해하는 과정을 통해 의사소통의 중요성을 인식하게 한다.

카. 학생들의 인성을 함양시키기 위하여 교수 · 학습에서 다음 사항에 유의한다.
(1) 다른 학습자의 풀이 방법과 의견을 존중하며, 이를 통해 타인을 배려하는 성품을 기르게 한다.
(2) 자신의 수학적 아이디어를 설득력 있게 논리적으로 표현하여 그 타당성을 입증하고 이에 기초하여 합리적으로 결론을 내리는 과정을 통해 민주 시민의 소양을 기르게 한다.
(3) 수학 문제를 해결함에 있어 결과에 이르는 과정이 중요함을 인식하게 한다.

타. 수학에 대한 긍정적 태도를 신장시키기 위하여 교수 · 학습에서 다음 사항에 유의한다.
(1) 생활 주변 현상, 사회 현상, 자연 현상 등의 여러 가지 현상과 관련지어 수학을 배움으로써, 수학에 대한 가치를 인식하고 수학의 필요성을 알게 한다.
(2) 수학에 대한 흥미, 관심, 자신감을 갖도록 학습 동기와 의욕을 유발한다.

파. 수학 교수 · 학습 과정에서 교육기자재 및 수학 교과 교실의 활용은 다음 사항에 유의한다.
(1) 교수 · 학습의 전 과정을 통하여 적절하고 다양한 교육 기자재를 활용하여 수학 학습의 효과를 높이도록 한다.
(2) 계산 능력 배양을 목표로 하지 않는 경우의 복잡한 계산 수행, 수학의 개념, 원리, 법칙의 이해, 문제 해결력 향상 등을 위하여 계산기, 컴퓨터, 교육용 소프트웨어 등의 공학적 도구와 다양한 교구를 활용한다.
(3) 구체적인 조작과 탐구 활동을 통해 수학의 개념과 원리를 이해하고 수학 주제에 대해 모둠으로 토론함으로써 수학 학습의 효율을 높일 수 있도록 수학 교과 교실을 구축하여 활용한다.

하. 수학 학습 시 학생 스스로 학습 목표를 설정하고 학습을 수행하며 학습 결과를 스스로 평가하는 자기 주도적 학습 능력을 신장시킨다.

갸. 학교에서 수준별 수업을 운영할 때에는 다음 사항에 유의한다.
(1) 수준별 수업을 위해 집단을 편성할 때에는 학생 개인의 학습 능력과 수준, 적성과 희망 등을 감안하고, 교사 수급과 유휴 교실 등 학교 상황을 고려한다.
(2) 수준별 수업은 내용 요소를 차별화하기보다는 내용의 깊이나 접근 방법에 차이를 두어 진행한다.

6. 평가

가. 수학 학습의 평가는 학생의 인지적 영역과 정의적 영역에 대한 유용한 정보를 제공하고, 학생 개개인의 수학 학습과 전인적인 성장을 돕고 교사의 수업 방법을 개선하는 데 활용되어야 한다.
나. 수학 학습의 평가에서는 학생의 인지 발달 단계를 고려하고, 교육과정에 제시된 내용의 수준과 범위를 준수한다.
다. 수업의 전개 국면에 따라 진단평가, 형성평가, 총괄평가 등을 적절히 실시하되, 지속적인 평가를 통하여 다양한 정보를 수집하고 수업에 활용한다.
라. 수학 학습의 평가에서는 선택형 위주의 평가를 지양하고 서술형 평가, 관찰, 면담, 자기평가 등의 다양한 평가 방법을 활용하여 수학 학습에 대한 종합적인 평가가 이루어질 수 있게 한다.
마. 인지적 영역에 대한 평가에서는 학생의 수학적 사고력 신장을 위하여 결과뿐만 아니라 과정도 중시하여 평가하되, 수학의 교수 · 학습에서 전반적으로 요구되는 다음 사항을 강조한다.

(1) 수학의 기본적인 개념, 원리, 법칙을 이해하고 적용하는 능력
(2) 수학의 용어와 기호를 정확하게 사용하고 표현하는 능력
(3) 수학적 지식과 기능을 활용하여 추론하는 능력
(4) 다양한 상황에서 발생하는 여러 가지 문제를 수학적으로 사고하여 해결하는 능력

(5) 생활 주변 현상, 사회 현상, 자연 현상 등의 여러 가지 현상을 수학적으로 관찰, 분석, 조직하는 능력

(6) 수학적 사고 과정과 결과를 합리적으로 의사소통하는 능력

(7) 수학적 지식과 기능을 바탕으로 창의적으로 사고하는 능력

바. 정의적 영역에 대한 평가에서는 학생의 수학에 대한 긍정적 태도를 신장시키기 위하여 수학 및 수학 학습에 대한 관심, 흥미, 자신감, 가치 인식 등의 정도를 파악한다.

사. 수학 학습의 평가에서는 평가하는 학습 내용과 방법에 따라 학생에게 계산기, 컴퓨터, 교육용 소프트웨어 등의 공학적 도구와 다양한 교구를 이용할 수 있는 기회를 제공한다.

[선택 교육과정]

- 심화 과목 -

1. 고급 수학 I

1. 추구하는 인간상

우리나라의 교육은 홍익인간의 이념 아래 모든 국민으로 하여금 인격을 도야하고, 자주적 생활 능력과 민주 시민으로서 필요한 자질을 갖추게 하여 인간다운 삶을 영위하게 하고, 민주 국가의 발전과 인류 공영의 이상을 실현하는 데 이바지하게 함을 목적으로 하고 있다.

이러한 교육 이념을 바탕으로, 이 교육과정이 추구하는 인간상은 다음과 같다.

가. 전인적 성장의 기반 위에 개성의 발달과 진로를 개척하는 사람
나. 기초 능력의 바탕 위에 새로운 발상과 도전으로 창의성을 발휘하는 사람
다. 문화적 소양과 다원적 가치에 대한 이해를 바탕으로 품격 있는 삶을 영위하는 사람
라. 세계와 소통하는 시민으로서 배려와 나눔의 정신으로 공동체 발전에 참여하는 사람

2. 고등학교 교육목표

고등학교 교육은 중학교 교육의 성과를 바탕으로, 학생의 적성과 소질에 맞는 진로개척 능력과 세계 시민으로서의 자질을 함양하는 데 중점을 둔다.

(1) 성숙한 자아의식을 토대로 다양한 분야의 지식과 기능을 익혀 진로를 개척하며 평생학습의 기본 역량과 태도를 갖춘다.
(2) 학습과 생활에서 새로운 이해와 가치를 창출할 수 있는 비판적, 창의적 사고력과 태도를 익힌다.
(3) 우리의 문화를 향유하고 다양한 문화와 가치를 수용할 수 있는 자질과 태도를 갖춘다.

(4) 국가 공동체의 발전을 위해 노력하며, 세계 시민으로서의 자질과 태도를 기른다.

3. 목표

수학과는 수학의 개념, 원리, 법칙을 이해하고 기능을 습득하여 주변의 여러 가지 현상을 수학적으로 관찰하고 해석하는 능력을 기르며, 수학적 문제 상황을 수리 · 논리적 사고를 통하여 합리적으로 해결하는 능력과 태도를 기르는 교과이다.

복잡하고 전문화되어가는 미래 사회에서 사회 구성원에게 필요한 핵심 역량은 창의적 사고 능력, 문제 해결 능력, 정보처리 능력, 의사소통 능력 등으로, 이는 주로 수학적 추론, 수학적 문제 해결, 수학적 의사소통과 같은 수학적 과정의 교수 · 학습을 통하여 증진된다. 수학적 과정을 통해 길러진 핵심 역량은 타 교과의 성공적인 학습에 기반이 될 뿐 아니라, 나아가 개인의 전문적 능력의 증진과 창의 · 인성 중심의 21세기 지식 기반 사회의 민주 시민에게 필요한 소양과 경쟁력을 갖추는 데에도 토대가 된다.

한편, 학교 수학에서는 인지적 능력의 증진은 물론 수학에 대한 흥미와 호기심, 수학 학습에 대한 자신감과 긍정적인 태도 등 정의적 영역의 개선과 더불어 상대방을 이해하고 배려하는 바람직한 인성을 길러야 한다. 수학은 개인차가 크게 나타나는 교과이므로 학생의 인지 발달 단계, 학습 수준, 학습 특성 등을 고려하여 적절한 교수 · 학습 방법을 적용해야 한다.

고급 수학 I 은 심화 과목으로 일반 과목에서 학습한 수학의 기본 지식과 기능을 바탕으로 심화된 수준의 수학적 개념, 원리, 법칙을 체계적으로 이해하고, 수학적 사고력, 창의적 사고력, 문제 해결력 등을 신장시킬 수 있도록 하는 과목이다.

고급 수학 I 은 심화된 수학적 지식과 사고 방법을 습득하고, 논리적 추론 능력을 키워 문제를 합리적으로 해결하는 능력과 태도를 기르게 함으로써 자연과학 및 공학 분야뿐만 아니라 사회과학의 학습에 기초를 제공한다.

고급 수학 I 의 내용은 '벡터와 행렬', '일차변환', '그래프'로 구성된다. '벡터와 행렬' 영역에서는 벡터, 행렬과 연립일차방정식을, '일차변환' 영역에서는 일차변환과 행렬, 고윳값과 행렬의 거듭제곱을, '그래프' 영역에서는 그래프의 뜻, 여러 가지 그래프, 그래프의 활용을 다룬다. 고급 수학 I 과목의 목표는 다음과 같다.

수학적 개념, 원리, 법칙을 이해하고, 수학적으로 사고하고 의사소통하는 능력을 길러, 여러 가지 현상과 문제를 수학적으로 고찰함으로써 합리적이고 창의적으로 해결하며, 수학 학습자로서 바람직한 인성과 태도를 기른다.

가. 벡터와 행렬, 일차변환, 그래프에 관련된 개념, 원리, 법칙과 이들 사이의 관계를 이해하고, 이를 활용하는 능력을 기른다.

나. 수학적으로 사고하고 의사소통하는 능력을 기른다.

다. 사회 및 자연의 수학적 현상에서 파악된 문제를 합리적이고 창의적으로 해결하는 능력을 기른다.

라. 수학에 대하여 관심과 흥미를 가지고, 수학의 가치를 이해하며, 수학 학습자로서 바람직한 인성과 태도를 기른다.

4. 내용의 영역과 기준

가. 내용 체계

영 역	내 용
벡터와 행렬	· 벡터
	· 행렬과 연립일차방정식
일차변환	· 일차변환과 행렬
	· 고윳값과 행렬의 거듭제곱
그래프	· 그래프의 뜻
	· 여러 가지 그래프
	· 그래프의 활용

나. 영역 성취 기준

(1) 벡터와 벡터 공간을 이해하고, 행렬과 행렬식의 성질을 이해하며, 이를 이용하여 연립일차방정식을 풀 수 있다.

(2) 일차변환과 행렬 사이의 관계를 이해하고, 일차변환의 합성과 역변환을 나타내는 행렬을 구하고, 고윳값과 고유벡터를 구할 수 있다.

(3) 그래프의 뜻과 여러 가지 그래프의 성질을 이해하고, 이를 활용하여 문제를 해결할 수 있다.

다. 학습내용 성취 기준

(가) 벡터와 행렬

[1] 벡터

① n차원 벡터와 벡터공간 R^n의 뜻을 안다.
② 일차독립과 일차종속의 의미를 이해한다.
③ 기저의 의미를 이해한다.
④ 두 3차원 벡터의 외적의 뜻을 알고, 이를 활용할 수 있다.

[2] 행렬과 연립일차방정식

① 행렬의 뜻을 알고, 행렬의 연산을 할 수 있다.
② 미지수가 3개 이하인 연립일차방정식을 행렬을 이용하여 나타내고 가우스소거법으로 풀 수 있다.
③ 행렬의 기본행연산을 이용하여 역행렬을 구할 수 있다.
④ 행렬식의 뜻을 알고 그 성질을 이해한다.
⑤ 크래머의 공식을 이용하여 연립일차방정식을 풀 수 있다.

〈용어와 기호〉 n차원 벡터, 벡터공간, 일차독립, 일차종속, 외적, 기저, 행렬, 행,열, 성분, $m \times n$행렬, 정사각행렬, 대각행렬, 영행렬, 단위행렬, 역행렬, 가우스 소거법, 기본행렬, 기본행연산, 행렬식, 크래머의 공식, R^n

〈교수·학습상의 유의점〉

① 벡터공간 R^n은 덧셈과 실수배가 정의된 n차원 벡터의 집합으로 정의한다.
② 좌표평면과 좌표공간을 각각 2차원, 3차원 벡터공간으로 이해하게 한다.
③ 벡터의 일차독립, 일차종속, 기저, 차원은 평면벡터와 공간벡터만 다룬다.
④ 행렬의 곱셈과 수의 곱셈의 차이점을 알게 한다.
⑤ 구체적 예를 통해 행렬에 대한 여러 가지 성질을 이해하게 한다.
⑥ 역행렬과 행렬식은 2×2행렬과 3×3행렬에 대해서만 다룬다.

(나) 일차변환

[1] 일차변환과 행렬

① 일차변환의 뜻을 알고, 일차변환과 행렬 사이의 관계를 이해한다.
② 대칭변환, 닮음변환, 회전변환과 행렬 사이의 관계를 이해한다.
③ 일차변환의 합성의 뜻을 알고 나타내는 행렬을 구할 수 있다.
④ 일차변환의 역변환의 뜻을 알고 나타내는 행렬을 구할 수 있다.

[2] 고윳값과 행렬의 거듭제곱

① 고윳값과 고유벡터의 뜻을 안다.

② 특성다항식을 이용하여 고윳값과 고유벡터를 구할 수 있다.

③ 행렬의 대각화를 이해하고, 이를 활용할 수 있다.

④ 케일리-해밀턴의 공식을 알고 이를 이용하여 행렬의 거듭제곱을 구할 수 있다.

〈용어와 기호〉 변환, 일차변환, 대칭변환, 닮음변환, 회전변환, 역변환, 고윳값, 고유벡터, 특성다항식, 대각화, 케일리-해밀턴의 공식, $f:(x,y)\to(x',y')$, $f:(x,y,z)\to(x',y',z')$

〈교수·학습상의 유의점〉

① 대칭변환, 닮음변환, 회전변환은 $R^2\to R^2$인 경우만 다룬다.

② 변환의 합성에서는 복잡한 경우는 다루지 않는다.

③ 고윳값과 고유벡터는 2×2행렬과 3×3행렬에 대해서만 다룬다.

㈐ 그래프

[1] 그래프의 뜻

① 그래프의 뜻을 안다.

② 꼭짓점의 차수의 합과 변의 수 사이의 관계를 안다.

③ 그래프를 인접행렬로 나타내고 그 성질을 이해한다.

[2] 여러 가지 그래프

① 수형도의 뜻을 알고 그 성질을 이해한다.

② 생성수형도의 뜻을 알고, 최소생성수형도를 구할 수 있다.

③ 오일러그래프와 해밀턴그래프의 뜻을 안다.

④ 평면그래프의 뜻을 알고 그 성질을 이해한다.

[3] 그래프의 활용

① 채색수의 뜻을 알고, 여러 가지 그래프의 채색수를 구할 수 있다.

② 채색수를 활용하여 여러 가지 문제를 해결할 수 있다.

③ 최단경로의 뜻을 알고, 이를 찾을 수 있다.

〈용어와 기호〉 그래프, 꼭짓점, 변, 꼭짓점의 차수, 경로, 인접행렬, 수형도, 생성 수형도, 오일러그래프, 해밀턴그래프, 채색수, 채색다항식

〈교수·학습상의 유의점〉

① 그래프는 단순그래프를 주로 다루되, 간단한 방향그래프도 다룰 수 있다.

- 112 -

② 그래프에 대한 여러 가지 성질은 구체적 예를 통해 이해하게 한다.

③ 경로는 'walk', 'trail', 'path' 중에서 'trail'의 의미로 정의한다.

5. 교수·학습 방법

가. 교육과정의 성취 기준은 학생의 특성, 내용의 연계성, 지역성 및 현실성을 고려하여 지도한다.

나. 학년군별 내용의 배열 순서가 반드시 교수 · 학습의 순서를 의미하는 것은 아니므로, 교수 · 학습 계획을 수립하거나 학습 자료를 개발할 때에는 내용의 특성과 난이도, 학교 여건, 학생의 수준 등을 고려하여 내용, 순서 등을 재구성할 수 있다.

다. 교육과정에 제시된 내용을 지도한 후 학습 결손이 있는 학생에게는 보충 학습, 우수한 학생에게는 심화 학습의 기회를 추가로 제공할 수 있다.

라. 수학과 수업에서는 교육 내용과 학생의 특성을 고려하여 발견 학습, 탐구 학습, 협동 학습, 개별 학습, 설명식 교수 등 다양한 교수·학습 방법을 활용할 수 있다.

마. 수학의 개념, 원리, 법칙, 기능의 교수 · 학습에서는 다음 사항에 유의한다.

(1) 생활 주변 현상, 사회 현상, 자연 현상 등의 여러 가지 현상을 학습 소재로 하여 수학의 개념, 원리, 법칙을 도입한다.

(2) 구체적 조작 활동과 탐구 활동을 통하여 학생 스스로 개념, 원리, 법칙을 발견하고 이를 정당화하게 한다.

(3) 문제를 해결할 때 수학의 기본적인 개념, 원리, 법칙, 기능을 이용할 수 있게 한다.

바. 의미 있는 발문을 하기 위하여 교수 · 학습에서 다음 사항에 유의한다.

(1) 발문을 할 때는 학생의 인지 발달과 경험을 고려하며, 발문에 대한 학생들의 반응을 의미 있게 처리한다.

(2) 학생의 사고를 촉진시키기 위해 가능하면 열린 형태의 발문을 통해 하나의 문제를 여러 가지 방법으로 해결하게 하고 다양한 방법을 비교하여 설명해 보게 한다.

사. 수학적 창의력을 신장시키기 위하여 교수 · 학습에서 다음 사항에 유의한다.

(1) 수학적 창의력의 신장이 이루어지도록 수학적 문제 해결력, 추론 능력, 의사소통 능력을 강조한다.

(2) 다양한 아이디어를 산출할 수 있는 수학적 과제를 통해 학생들의 확산적 사고를 촉진시킨다.

(3) 하나의 수학 문제를 여러 가지 방법으로 해결한 후 그 해결 방법을 비교해 보고, 더 높은 차원으로 확장해서 사고할 수 있게 한다.

(4) 수학 개념이나 용어의 정의를 직접적으로 제시하기보다 학생 스스로 개념과 용어의 필요성을 인식하고 정의해 보게 한다.

아. 수학적 문제 해결력을 신장시키기 위하여 교수 · 학습에서 다음 사항에 유의한다.

(1) 문제 해결은 전 영역에서 지속적으로 지도한다.

(2) 학생 스스로 문제 상황을 탐색하고 수학적 지식과 사고 방법을 토대로 해결 방법을 적절히 활용하여 문제를 해결하게 한다.

(3) 문제 해결의 결과뿐만 아니라 문제 해결 방법과 과정, 문제를 만들어 보는 활동도 중시한다.

(4) 생활 주변 현상, 사회 현상, 자연 현상 등의 여러 가지 현상에서 파악된 문제를 해결하면서 수학적 개념, 원리, 법칙을 탐구하고, 이를 일반화하게 한다.

자. 수학적 추론 능력을 신장시키기 위하여 교수·학습에서 다음 사항에 유의한다.

(1) 귀납, 유추 등을 통해 학생 스스로 수학적 사실을 추측하고, 이를 정당화할 수 있게 한다.

(2) 수학적 사실이나 명제를 분석하고, 수학적 관계를 조직하고 종합하며, 학생 자신의 사고 과정을 반성하게 한다.

(3) 수학적 추론을 통해 합리적으로 사고하는 능력을 키우고, 일상생활에서 자신의 의견을 정당화할 때 적절한 근거에 기초하여 논지를 전개할 수 있게 한다.

차. 수학적 의사소통 능력을 신장시키기 위하여 교수 · 학습에서 다음 사항에 유의한다.

(1) 수학 용어, 기호, 표, 그래프 등의 수학적 표현을 이해하고 정확히 사용하게 한다.

(2) 수학적 아이디어를 말과 글로 설명하거나 시각적으로 표현하여 다른 사람과 효율적으로 의사소통할 수 있게 한다.

(3) 수학적 아이디어를 표현하고 토론하며 다른 사람의 수학적 아이디어와 사고를 이해하는 과정을 통해 의사소통의 중요성을 인식하게 한다.

카. 학생들의 인성을 함양시키기 위하여 교수 · 학습에서 다음 사항에 유의한다.

(1) 다른 학습자의 풀이 방법과 의견을 존중하며, 이를 통해 타인을 배려하는 성품을 기르게 한다.

(2) 자신의 수학적 아이디어를 설득력 있게 논리적으로 표현하여 그 타당성을 입증하고 이에 기초하여 합리적으로 결론을 내리는 과정을 통해 민주 시민의 소양을 기르게 한다.

(3) 수학 문제를 해결함에 있어 결과에 이르는 과정이 중요함을 인식하게 한다.

타. 수학에 대한 긍정적 태도를 신장시키기 위하여 교수 · 학습에서 다음 사항에 유의한다.

(1) 생활 주변 현상, 사회 현상, 자연 현상 등의 여러 가지 현상과 관련지어 수학을 배움으로써, 수학에 대한 가치를 인식하고 수학의 필요성을 알게 한다.

(2) 수학에 대한 흥미, 관심, 자신감을 갖도록 학습 동기와 의욕을 유발한다.

파. 수학 교수 · 학습 과정에서 교육기자재 및 수학 교과 교실의 활용은 다음 사항에 유의한다.

(1) 교수 · 학습의 전 과정을 통하여 적절하고 다양한 교육 기자재를 활용하여 수학 학습의 효과를 높이도록 한다.

(2) 계산 능력 배양을 목표로 하지 않는 경우의 복잡한 계산 수행, 수학의 개념, 원리, 법칙의 이해, 문제 해결력 향상 등을 위하여 계산기, 컴퓨터, 교육용 소프트웨어 등의 공학적 도구와 다양한 교구를 활용한다.

(3) 구체적인 조작과 탐구 활동을 통해 수학의 개념과 원리를 이해하고 수학 주제에 대해 모둠으로 토론함으로써 수학 학습의 효율을 높일 수 있도록 수학 교과 교실을 구축하여 활용한다.

하. 수학 학습 시 학생 스스로 학습 목표를 설정하고 학습을 수행하며 학습 결과를 스스로 평가하는 자기 주도적 학습 능력을 신장시킨다.

갸. 학교에서 수준별 수업을 운영할 때에는 다음 사항에 유의한다.

(1) 수준별 수업을 위해 집단을 편성할 때에는 학생 개인의 학습 능력과 수준, 적성과 희망 등을 감안하고, 교사 수급과 유휴 교실 등 학교 상황을 고려한다.

(2) 수준별 수업은 내용 요소를 차별화하기보다는 내용의 깊이나 접근 방법에 차이를 두어 진행한다.

6. 평가

가. 수학 학습의 평가는 학생의 인지적 영역과 정의적 영역에 대한 유용한 정보를 제공하고, 학생 개개인의 수학 학습과 전인적인 성장을 돕고 교사의 수업 방법을 개선하는 데 활용되어야 한다.

나. 수학 학습의 평가에서는 학생의 인지 발달 단계를 고려하고, 교육과정에 제시된 내용의 수준과 범위를 준수한다.

다. 수업의 전개 국면에 따라 진단평가, 형성평가, 총괄평가 등을 적절히 실시하되, 지속적인 평가를 통하여 다양한 정보를 수집하고 수업에 활용한다.

라. 수학 학습의 평가에서는 선택형 위주의 평가를 지양하고 서술형 평가, 관찰, 면담, 자기평가 등의 다양한 평가 방법을 활용하여 수학 학습에 대한 종합적인 평가가 이루어질 수 있게 한다.

마. 인지적 영역에 대한 평가에서는 학생의 수학적 사고력 신장을 위하여 결과뿐만 아니라 과정도 중시하여 평가하되, 수학의 교수 · 학습에서 전반적으로 요구되는 다음 사항을 강조한다.

(1) 수학의 기본적인 개념, 원리, 법칙을 이해하고 적용하는 능력

(2) 수학의 용어와 기호를 정확하게 사용하고 표현하는 능력

(3) 수학적 지식과 기능을 활용하여 추론하는 능력

(4) 다양한 상황에서 발생하는 여러 가지 문제를 수학적으로 사고하여 해결하는 능력

(5) 생활 주변 현상, 사회 현상, 자연 현상 등의 여러 가지 현상을 수학적으로 관찰, 분석, 조직하는 능력

(6) 수학적 사고 과정과 결과를 합리적으로 의사소통하는 능력

(7) 수학적 지식과 기능을 바탕으로 창의적으로 사고하는 능력

바. 정의적 영역에 대한 평가에서는 학생의 수학에 대한 긍정적 태도를 신장시키기 위하여 수학 및 수학 학습에 대한 관심, 흥미, 자신감, 가치 인식 등의 정도를 파악한다.

사. 수학 학습의 평가에서는 평가하는 학습 내용과 방법에 따라 학생에게 계산기, 컴퓨터, 교육용 소프트웨어 등의 공학적 도구와 다양한 교구를 이용할 수 있는 기회를 제공한다.

2. 고급 수학Ⅱ

1. 추구하는 인간상

우리나라의 교육은 홍익인간의 이념 아래 모든 국민으로 하여금 인격을 도야하고, 자주적 생활 능력과 민주 시민으로서 필요한 자질을 갖추게 하여 인간다운 삶을 영위하게 하고, 민주 국가의 발전과 인류 공영의 이상을 실현하는 데 이바지하게 함을 목적으로 하고 있다.

이러한 교육 이념을 바탕으로, 이 교육과정이 추구하는 인간상은 다음과 같다.

가. 전인적 성장의 기반 위에 개성의 발달과 진로를 개척하는 사람
나. 기초 능력의 바탕 위에 새로운 발상과 도전으로 창의성을 발휘하는 사람
다. 문화적 소양과 다원적 가치에 대한 이해를 바탕으로 품격 있는 삶을 영위하는 사람
라. 세계와 소통하는 시민으로서 배려와 나눔의 정신으로 공동체 발전에 참여하는 사람

2. 고등학교 교육목표

고등학교 교육은 중학교 교육의 성과를 바탕으로, 학생의 적성과 소질에 맞는 진로개척 능력과 세계 시민으로서의 자질을 함양하는 데 중점을 둔다.

(1) 성숙한 자아의식을 토대로 다양한 분야의 지식과 기능을 익혀 진로를 개척하며 평생학습의 기본 역량과 태도를 갖춘다.
(2) 학습과 생활에서 새로운 이해와 가치를 창출할 수 있는 비판적, 창의적 사고력과 태도를 익힌다.
(3) 우리의 문화를 향유하고 다양한 문화와 가치를 수용할 수 있는 자질과 태도를 갖춘다.
(4) 국가 공동체의 발전을 위해 노력하며, 세계 시민으로서의 자질과 태도를 기른다.

3. 목표

수학과는 수학의 개념, 원리, 법칙을 이해하고 기능을 습득하여 주변의 여러 가지 현상을 수학적으로 관찰하고 해석하는 능력을 기르며, 수학적 문제 상황을 수리 · 논리적 사고를 통하여 합리적으로 해결하는 능력과 태도를 기르는 교과이다.

복잡하고 전문화되어가는 미래 사회에서 사회 구성원에게 필요한 핵심 역량은 창의적사고 능력, 문제 해결 능력, 정보처리 능력, 의사소통 능력 등으로, 이는 주로 수학적 추론, 수학적 문제 해결, 수학적 의사소통과 같은 수학적 과정의 교수 · 학습을 통하여 증진된다. 수학적 과정을 통해 길러진 핵심 역량은 타 교과의 성공적인 학습에 기반이 될 뿐 아니라, 나아가 개인의 전문적 능력의 증진과 창의 · 인성 중심의 21세기 지식 기반 사회의 민주 시민에게 필요한 소양과 경쟁력을 갖추는 데에도 토대가 된다.

한편, 학교 수학에서는 인지적 능력의 증진은 물론 수학에 대한 흥미와 호기심, 수학 학습에 대한 자신감과 긍정적인 태도 등 정의적 영역의 개선과 더불어 상대방을 이해하고 배려하는 바람직한 인성을 길러야 한다. 수학은 개인차가 크게 나타나는 교과이므로 학생의 인지 발달 단계, 학습 수준, 학습 특성 등을 고려하여 적절한 교수 · 학습 방법을 적용해야 한다.

고급 수학Ⅱ는 심화 과목으로 일반 과목에서 학습한 수학의 기본 지식과 기능을 바탕으로 더욱 심화된 수준의 수학적 개념, 원리, 법칙을 체계적으로 이해하고, 수학적 사고력, 창의적 사고력, 문제 해결력 등을 신장시킬 수 있도록 하는 과목이다.

고급 수학Ⅱ는 심화된 수학적 지식과 사고 방법을 습득하고, 논리적 추론 능력을 키워 문제를 합리적으로 해결하는 능력과 태도를 기르게 함으로써 자연과학 및 공학 분야뿐만 아니라 사회과학의 학습에 기초를 제공한다.

고급 수학Ⅱ의 내용은 '복소수와 극좌표', '미적분의 활용', '편미분'으로 구성된다. '복소수와 극좌표' 영역에서는 복소수의 극형식, 극좌표와 극방정식을, '미적분의 활용' 영역에서는 미분의 활용, 미분방정식, 적분의 활용을, '편미분' 영역에서는 이변수함수의 뜻, 극한과 연속, 편미분, 편미분의 활용을 다룬다. 고급 수학Ⅱ 과목의 목표는 다음과 같다.

수학적 개념, 원리, 법칙을 이해하고, 수학적으로 사고하고 의사소통하는 능력을 길러, 여러 가지 현상과 문제를 수학적으로 고찰함으로써 합리적이고 창의적으로 해결하며, 수학 학습자로서 바람직한 인성과 태도를 기른다.

가. 복소수와 극좌표, 미적분의 활용, 편미분에 관련된 개념, 원리, 법칙과 이들 사이의 관계를 이해하고, 이를 활용하는 능력을 기른다.

나. 수학적으로 사고하고 의사소통하는 능력을 기른다.

다. 사회 및 자연의 수학적 현상에서 파악된 문제를 합리적이고 창의적으로 해결하는 능력을 기른다.

라. 수학에 대하여 관심과 흥미를 가지고, 수학의 가치를 이해하며, 수학 학습자로서 바람직한 인성과 태도를 기른다.

4. 내용의 영역과 기준

가. 내용 체계

영 역	내 용
복소수와 극좌표	· 복소수의 극형식
	· 극좌표와 극방정식
미적분의 활용	· 미분의 활용
	· 미분방정식
	· 적분의 활용
편미분	· 이변수함수의 뜻
	· 극한과 연속
	· 편미분
	· 편미분의 활용

나. 영역 성취 기준

(1) 복소수의 극형식과 극좌표를 이해하고, 극방정식으로 주어진 곡선의 그래프를 그릴 수 있다.

(2) 코시의 평균값 정리, 테일러 급수, 테일러 다항식을 이해하고, 간단한 미분방정식의 해를 구할 수 있다.

(3) 회전체의 부피, 회전(곡)면의 넓이, 모멘트, 질량중심을 구할 수 있다.

(4) 간단한 이변수함수의 그래프를 그리고, 이변수함수의 극한과 연속을 이해하며, 편미분을 이해하여 이를 활용할 수 있다.

- 120 -

다. 학습내용 성취 기준

㈎ 복소수와 극좌표

[1] 복소수의 극형식

① 복소평면의 뜻을 안다.

② 복소수의 극형식의 뜻을 알고, 이를 이용하여 여러 가지 문제를 풀 수 있다.

③ 드 무아브르의 정리를 이해한다.

[2] 극좌표와 극방정식

① 극좌표와 극좌표계의 뜻을 안다.

② 직교좌표와 극좌표의 관계를 이해한다.

③ 극방정식으로 주어진 곡선의 그래프를 그릴 수 있다.

〈용어와 기호〉 복소평면, 실수축, 허수축, 극형식, 편각, $e^{i\theta}$, 드 무아브르의 정리, 극평면, 극좌표, 극좌표계, 극방정식

〈교수·학습상의 유의점〉

① 극방정식으로 주어진 곡선의 그래프는 대칭성을 이용하는 간단한 경우만 다룬다.

② 극방정식으로 주어진 곡선의 그래프를 그릴 때 공학적 도구를 활용할 수 있다.

㈏ 미적분의 활용

[1] 미분의 활용

① 코시의 평균값 정리를 이해하고 활용할 수 있다.

② 테일러 급수의 뜻을 알고, 간단한 함수의 테일러 급수를 구할 수 있다.

③ 테일러 다항식의 뜻을 알고, 이를 이용하여 함수의 근삿값을 구할 수 있다.

[2] 미분방정식

① 미분방정식의 뜻을 알고, 간단한 미분방정식의 해를 구할 수 있다.

② $y' = ky, y'' = -y$꼴의 미분방정식의 해의 성질을 이해한다.

[3] 적분의 활용

① 극방정식으로 표현된 곡선으로 둘러싸인 영역의 넓이를 구할 수 있다.

② 회전체의 부피를 구할 수 있다.

③ 회전(곡)면의 넓이를 구할 수 있다.

④ 모멘트와 질량중심의 뜻을 알고 이를 구할 수 있다.

〈용어와 기호〉 코시의 평균값 정리, 로피탈의 정리, 테일러 다항식, 테일러의 정리, 테일러 급수, 미분방정식, 모멘트, 질량중심

〈교수·학습상의 유의점〉

① 로피탈의 정리의 증명은 $\frac{0}{0}$꼴만 다루며, 나머지 꼴은 증명을 다루지 않고 적용에 중점을 둔다.

② 테일러 급수는 $\sin x, \cos x, e^x, \ln x$ 등과 같이 간단한 경우만 다룬다.

③ 미분방정식은 상황의 이해에 중점을 두어 다루고, 그 풀이는 $y' = ky, y'' = -y$와 같이 간단한 경우만 다룬다.

④ 미적분의 활용에서 공학적 도구를 활용할 수 있다.

㈐ 편미분

1 이변수함수의 뜻

① 이변수함수의 뜻을 안다.

② 등위곡선을 사용하여 이변수함수의 그래프를 좌표평면에 표현할 수 있다.

③ 간단한 이변수함수의 그래프를 그릴 수 있다.

2 극한과 연속

① 이변수함수의 극한의 뜻을 알고, 그 극한을 구할 수 있다.

② 이변수함수의 극한의 성질을 일변수함수의 극한과 비교하여 이해한다.

③ 이변수함수의 연속의 뜻을 알고, 그 성질을 이해한다.

3 편미분

① 편미분계수와 편도함수의 뜻을 알고, 이를 구할 수 있다.

② 이계편도함수의 뜻을 알고, 이를 구할 수 있다.

③ 연쇄법칙을 이해하고, 이를 활용할 수 있다.

4 편미분의 활용

① 그래디언트의 뜻을 알고, 이를 구할 수 있다.

② 그래디언트를 이용하여 곡면의 접평면을 구할 수 있다.

③ 임계점과 안장점의 뜻을 알고, 이를 구할 수 있다.

④ 이변수함수의 극값을 구할 수 있다.

- 122 -

⑤ 편미분을 활용하여 최대·최소 문제를 해결할 수 있다.

〈용어와 기호〉 이변수함수, 등위곡선, 편미분계수, 편도함수, 이계편도함수, 연쇄법칙, 그래디언트, 임계점, 안장점, $\lim_{X \to P} f(X)$, $\lim_{(x,y) \to (a,b)} f(x,y)$,

f_x, f_{xx}, f_{xy}, $\frac{\partial f}{\partial x}$, $\frac{\partial f(x,y)}{\partial x}$, $\frac{\partial^2 f}{\partial x^2}$, $\frac{\partial^2 f}{\partial x \partial y}$, ∇f

〈교수·학습상의 유의점〉

① 이변수함수의 극한과 연속은 직관적으로 다룬다.

② 고계편도함수는 이계편도함수까지 다룬다.

③ $z = f(x,y)$의 그래프를 그릴 때 공학적 도구를 활용할 수 있다.

5. 교수·학습 방법

가. 교육과정의 성취 기준은 학생의 특성, 내용의 연계성, 지역성 및 현실성을 고려하여 지도한다.

나. 학년군별 내용의 배열 순서가 반드시 교수 · 학습의 순서를 의미하는 것은 아니므로, 교수 · 학습 계획을 수립하거나 학습 자료를 개발할 때에는 내용의 특성과 난이도, 학교 여건, 학생의 수준 등을 고려하여 내용, 순서 등을 재구성할 수 있다.

다. 교육과정에 제시된 내용을 지도한 후 학습 결손이 있는 학생에게는 보충 학습, 우수한 학생에게는 심화 학습의 기회를 추가로 제공할 수 있다.

라. 수학과 수업에서는 교육 내용과 학생의 특성을 고려하여 발견 학습, 탐구 학습, 협동 학습, 개별 학습, 설명식 교수 등 다양한 교수·학습 방법을 활용할 수 있다.

마. 수학의 개념, 원리, 법칙, 기능의 교수 · 학습에서는 다음 사항에 유의한다.

(1) 생활 주변 현상, 사회 현상, 자연 현상 등의 여러 가지 현상을 학습 소재로 하여 수학의 개념, 원리, 법칙을 도입한다.

(2) 구체적 조작 활동과 탐구 활동을 통하여 학생 스스로 개념, 원리, 법칙을 발견 하고 이를 정당화하게 한다.

(3) 문제를 해결할 때 수학의 기본적인 개념, 원리, 법칙, 기능을 이용할 수 있게 한다.

바. 의미 있는 발문을 하기 위하여 교수 · 학습에서 다음 사항에 유의한다.

(1) 발문을 할 때는 학생의 인지 발달과 경험을 고려하며, 발문에 대한 학생들의 반응을 의미 있게 처리한다.

(2) 학생의 사고를 촉진시키기 위해 가능하면 열린 형태의 발문을 통해 하나의 문제를 여러 가지 방법으로 해결하게 하고 다양한 방법을 비교하여 설명해 보게 한다.

사. 수학적 창의력을 신장시키기 위하여 교수 · 학습에서 다음 사항에 유의한다.

(1) 수학적 창의력의 신장이 이루어지도록 수학적 문제 해결력, 추론 능력, 의사소통 능력을 강조한다.

(2) 다양한 아이디어를 산출할 수 있는 수학적 과제를 통해 학생들의 확산적 사고를 촉진시킨다.

(3) 하나의 수학 문제를 여러 가지 방법으로 해결한 후 그 해결 방법을 비교해 보고, 더 높은 차원으로 확장해서 사고할 수 있게 한다.

(4) 수학 개념이나 용어의 정의를 직접적으로 제시하기보다 학생 스스로 개념과 용어의 필요성을 인식하고 정의해 보게 한다.

아. 수학적 문제 해결력을 신장시키기 위하여 교수 · 학습에서 다음 사항에 유의한다.

(1) 문제 해결은 전 영역에서 지속적으로 지도한다.

(2) 학생 스스로 문제 상황을 탐색하고 수학적 지식과 사고 방법을 토대로 해결 방법을 적절히 활용하여 문제를 해결하게 한다.

(3) 문제 해결의 결과뿐만 아니라 문제 해결 방법과 과정, 문제를 만들어 보는 활동도 중시한다.

(4) 생활 주변 현상, 사회 현상, 자연 현상 등의 여러 가지 현상에서 파악된 문제를 해결하면서 수학적 개념, 원리, 법칙을 탐구하고, 이를 일반화하게 한다.

자. 수학적 추론 능력을 신장시키기 위하여 교수·학습에서 다음 사항에 유의한다.

(1) 귀납, 유추 등을 통해 학생 스스로 수학적 사실을 추측하고, 이를 정당화할 수 있게 한다.

(2) 수학적 사실이나 명제를 분석하고, 수학적 관계를 조직하고 종합하며, 학생 자신의 사고 과정을 반성하게 한다.

(3) 수학적 추론을 통해 합리적으로 사고하는 능력을 키우고, 일상생활에서 자신의 의견을 정당화할 때 적절한 근거에 기초하여 논지를 전개할 수 있게 한다.

차. 수학적 의사소통 능력을 신장시키기 위하여 교수 · 학습에서 다음 사항에 유의한다.

(1) 수학 용어, 기호, 표, 그래프 등의 수학적 표현을 이해하고 정확히 사용하게 한다.

(2) 수학적 아이디어를 말과 글로 설명하거나 시각적으로 표현하여 다른 사람과 효율적으로 의사소통할 수 있게 한다.

(3) 수학적 아이디어를 표현하고 토론하며 다른 사람의 수학적 아이디어와 사고를 이해하는 과정을 통해 의사소통의 중요성을 인식하게 한다.

카. 학생들의 인성을 함양시키기 위하여 교수 · 학습에서 다음 사항에 유의한다.

(1) 다른 학습자의 풀이 방법과 의견을 존중하며, 이를 통해 타인을 배려하는 성품을 기르게 한다.

(2) 자신의 수학적 아이디어를 설득력 있게 논리적으로 표현하여 그 타당성을 입증하고 이에 기초하여 합리적으로 결론을 내리는 과정을 통해 민주 시민의 소양을 기르게 한다.

(3) 수학 문제를 해결함에 있어 결과에 이르는 과정이 중요함을 인식하게 한다.

타. 수학에 대한 긍정적 태도를 신장시키기 위하여 교수 · 학습에서 다음 사항에 유의한다.

(1) 생활 주변 현상, 사회 현상, 자연 현상 등의 여러 가지 현상과 관련지어 수학을 배움으로써, 수학에 대한 가치를 인식하고 수학의 필요성을 알게 한다.

(2) 수학에 대한 흥미, 관심, 자신감을 갖도록 학습 동기와 의욕을 유발한다.

파. 수학 교수 · 학습 과정에서 교육기자재 및 수학 교과 교실의 활용은 다음 사항에 유의한다.

(1) 교수 · 학습의 전 과정을 통하여 적절하고 다양한 교육 기자재를 활용하여 수학 학습의 효과를 높이도록 한다.

(2) 계산 능력 배양을 목표로 하지 않는 경우의 복잡한 계산 수행, 수학의 개념, 원리, 법칙의 이해, 문제 해결력 향상 등을 위하여 계산기, 컴퓨터, 교육용 소프트웨어 등의 공학적 도구

와 다양한 교구를 활용한다.

(3) 구체적인 조작과 탐구 활동을 통해 수학의 개념과 원리를 이해하고 수학 주제에 대해 모둠으로 토론함으로써 수학 학습의 효율을 높일 수 있도록 수학 교과 교실을 구축하여 활용한다.

하. 수학 학습 시 학생 스스로 학습 목표를 설정하고 학습을 수행하며 학습 결과를 스스로 평가하는 자기 주도적 학습 능력을 신장시킨다.

갸. 학교에서 수준별 수업을 운영할 때에는 다음 사항에 유의한다.

(1) 수준별 수업을 위해 집단을 편성할 때에는 학생 개인의 학습 능력과 수준, 적성과 희망 등을 감안하고, 교사 수급과 유휴 교실 등 학교 상황을 고려한다.

(2) 수준별 수업은 내용 요소를 차별화하기보다는 내용의 깊이나 접근 방법에 차이를 두어 진행한다.

6. 평가

가. 수학 학습의 평가는 학생의 인지적 영역과 정의적 영역에 대한 유용한 정보를 제공하고, 학생 개개인의 수학 학습과 전인적인 성장을 돕고 교사의 수업 방법을 개선하는 데 활용되어야 한다.

나. 수학 학습의 평가에서는 학생의 인지 발달 단계를 고려하고, 교육과정에 제시된 내용의 수준과 범위를 준수한다.

다. 수업의 전개 국면에 따라 진단평가, 형성평가, 총괄평가 등을 적절히 실시하되, 지속적인 평가를 통하여 다양한 정보를 수집하고 수업에 활용한다.

라. 수학 학습의 평가에서는 선택형 위주의 평가를 지양하고 서술형 평가, 관찰, 면담, 자기평가 등의 다양한 평가 방법을 활용하여 수학 학습에 대한 종합적인 평가가 이루어질 수 있게 한다.

마. 인지적 영역에 대한 평가에서는 학생의 수학적 사고력 신장을 위하여 결과뿐만 아니라 과정도 중시하여 평가하되, 수학의 교수 · 학습에서 전반적으로 요구되는 다음 사항을 강조한다.

(1) 수학의 기본적인 개념, 원리, 법칙을 이해하고 적용하는 능력

(2) 수학의 용어와 기호를 정확하게 사용하고 표현하는 능력

- 126 -

(3) 수학적 지식과 기능을 활용하여 추론하는 능력

(4) 다양한 상황에서 발생하는 여러 가지 문제를 수학적으로 사고하여 해결하는 능력

(5) 생활 주변 현상, 사회 현상, 자연 현상 등의 여러 가지 현상을 수학적으로 관찰, 분석, 조직하는 능력

(6) 수학적 사고 과정과 결과를 합리적으로 의사소통하는 능력

(7) 수학적 지식과 기능을 바탕으로 창의적으로 사고하는 능력

바. 정의적 영역에 대한 평가에서는 학생의 수학에 대한 긍정적 태도를 신장시키기 위하여 수학 및 수학 학습에 대한 관심, 흥미, 자신감, 가치 인식 등의 정도를 파악한다.

사. 수학 학습의 평가에서는 평가하는 학습 내용과 방법에 따라 학생에게 계산기, 컴퓨터, 교육용 소프트웨어 등의 공학적 도구와 다양한 교구를 이용할 수 있는 기회를 제공한다.

색인

(ㄴ)

(ㄷ)

(ㄹ)

(ㅁ)

(ㅂ)

(ㅅ)

(ㅇ)

(ㅈ)

(ㅎ)